英語教師のための英語史

英語教師のための
英語史

片見彰夫　川端朋広　山本史歩子
［編］

寺澤　盾　鈴木敬了　片見彰夫
大野英志　家入葉子　福元広二
山本史歩子　秋元実治　川端朋広
［著］

開拓社

は　し　が　き

『英語教師のための英語史』という本を出版しようと決めたきっかけは，2014年から実施している英語の教員免許取得のための必須科目で行ったアンケートである．このアンケートの本来の目的は，学生たちが英語教員を目指すうえで，どのようなことを学びたいのか，この授業に何を期待しているのかを知ることであった．そして，学生たちの意見を授業に反映したいと考えていた．

アンケートの結果は意外なものであった．当然，現代英語に関する内容が多くなるだろうと予想していたが，英語史に関わるものが大半を占めていたからである．具体的には，1) 発音と綴り字の乖離の謎，2) 動詞・名詞の規則変化と不規則変化の理由，3) 語の多義性，4) 語順の優位性，5) 英語の歴史や方言に関する質問が上位を占めていた．なぜこのようなことを学生たちが知りたいと考えているのか，その理由については次のように綴っていた．中学・高校と英語を学んできたが，殆どの時間をひたすら暗記に費やしてきた．事実，どうして名詞の複数は 's' を付加するのに，'foot' は 'foots' ではなく 'feet' になるのかという質問をしても返ってくる答えは，「英語という言語は日本語と異なるから」，あるいは「英語はそういう言語だから」というものだったそうである．ゆえに，今でも謎のままであり，大学の授業でこの謎を解明したい．そうすれば，自分が英語教員になった時にきちんと生徒からの質問に答えることができるからという内容であった．

確かに，英語に限らず外国語として母語以外の言語を学ぶとき，暗記を伴う学習は必須であるが，例えばドイツ語が母語であれば，同じゲルマン語派の言語同士，推論と暗記を組み合わせることはできる．しかしながら，日本語のような孤立語を母語とする場合，不規則変化を学習させるには暗記が唯一絶対的な手段であり，避けて通れないのは事実である．ゆえに，暗記学習を否定する意図は全くないが，暗記をさせる前提として上述したような問に対して，少なくとも歴史的説明を与えることは可能である．その上で，暗記をさせれば生徒たちの動機も少しは違ってくるのではないだろうか．

現実的な問題として，英語を教えること以外にも，課外活動，学級運営，進路指導など日々大量の仕事に忙殺されている現場の先生たちに英語史の知識を文法指導に求めることは更なる負担を強いることになる．そこで，手軽に実際の授業に役立ち，即戦力になるような英語史の本を出版できれば，先生たちだけではなく，生徒にも英語に対するより深い知識を提供できるのではないかという考えに至ったのである．

　幸いなことに，この趣旨に賛同して，各分野の著名な専門家が本著の執筆を快諾して下さった．日ごろから，英語史と英語教育のコラボレーションの重要性に深いご理解を示して下さっている気鋭の研究者たちである．時代別による構成では，年代ごとの繋がりが一番の課題であるが，そのような問題も十分踏まえてご執筆して頂けたことに編者としては頭が下がる思いである．

　グローバル化という言葉が社会に浸透して久しいが，なかなか限られた人材・時間・教材で推進するのは易しいことではない．中等英語教育は益々実践的な学びへと移行している．理論と実践は優先順位を争う関係ではなく車の両輪である．理論を強化するための手段として英語史の知識を授業に必要に応じて応用することは，生徒たちの「なぜ？」に応えるものであり，ことばの不思議に興味を抱かせるきっかけにもなる．ことばへの純粋な興味こそが実践的な学びへと繋がっていくと信じている．

　本著は，古英語から現代英語まで時代ごとに区分し，各時代は2つの章から構成されている．前半は，各時代の背景・語彙・文法を取り上げて説明を行っている．扱う文法はできるだけ中等教育で扱う項目に限定をしている．現代英語と比較することで，今日の英語における発音・語彙・綴り字・意味・構文がなぜそのような姿になったのか検証できるように心がけた．新しい試みとして，後半はその時代に書かれた作品を通して，生きた文脈の中で当時の英語に対する知識を深められるように配慮した．読み終わった後，英語が辿った波瀾に富んだ変化を1つの物語のように感じていただければ何よりの喜びである．

　さらに，時代ごとに，「ほっと一息 Tea Time」のコラムで面白エピソードを紹介している．授業の導入に役立ててもらえれば幸いである．各部の最後には，教室で実践可能な簡単な Classroom Activity を載せた．Ⓐは小・中学生向けに，Ⓑは高校生向けである．英語史の知識を実際にクラスルームで活用する際の参考にしていただきたい．Classroom Activity の作成については，古英語と中英語は片見彰夫が，初期近代英語と後期近代英語は山本史歩子が担当し

た．各 Activity では，数人の執筆者から貴重なコメントを頂戴した．ここに感謝申し上げたい．

　この企画の立案から青山学院大学名誉教授秋元実治先生には大変なご尽力を頂いた．先生の貴重なご助言に心から感謝申し上げる次第である．

　最後に，本書の出版を快く快諾され，校正から索引構成まで労をとって頂いた開拓社の川田賢氏にここに衷心より感謝を捧げたい．

　2018 年 3 月

編者一同

目　次

はしがき　v

序　章　イントロダクション
　　　─英語史と英語教育のインターフェイス─
　　　 ················· 山本史歩子・片見彰夫・川端朋広　1
1. 英語史と英語教育 ··· 1
2. 英語史と日本における英語教育のこれまで ················· 2
　2.1. 岸田隆之・早坂信・奥村直史 ··························· 2
　2.2. 寺澤盾 ··· 2
　2.3. 堀田隆一 ·· 3
　2.4. 最近の流れ ·· 3
　2.5. 海外編 N. Schmitt and R. Marsden ················· 4
3. 日本の英語教育政策と英語史の役割 ························· 5
　3.1. 英語史と初等英語教育 ·································· 6
　3.2. 英語史と中等英語教育 ·································· 6
　3.3. 英語史と高等英語教育 ·································· 8
4. 英語史の実用性の課題 ·· 8
5. 内容概説 ··· 9

第 I 部　古英語（450-1100）

第 1 章　古英語
　　　 ·· 寺澤　盾　12
1. 英語のはじまり ··· 12
2. 古英語の語彙 ··· 14
　2.1. 数を表す語 ·· 14
　2.2. 四季を表す語 ··· 16
　2.3. 親族名称 ·· 17

ix

2.4. 人を表す語 ･･･ 19
　3. 古英語の文法 ･･ 19
　　3.1. 古英語の人称代名詞 ･･ 19
　　ほっと一息 Tea Time（古英語編 1）二人称複数代名詞の復活？ ･･････････ 21
　　3.2. 古英語の名詞 ･･ 23
　　ほっと一息 Tea Time（古英語編 2）不規則複数 ･･････････････････････ 24
　　3.3. 古英語の動詞 ･･ 25
　4. おわりに ･･ 29

第 2 章　*Beowulf*（ベーオウルフ）
　　　　　　･･ 鈴木敬了　30
　1. はじめに ･･ 30
　2. あらすじ ･･ 31
　　ほっと一息 Tea Time（古英語編 1）人名の由来 ･･････････････････････ 33
　3. 古英語詩の特徴 ･･ 34
　4. 作品読解 ･･ 36
　5. おわりに ･･ 50
　　ほっと一息 Tea Time（古英語編 2）
　　　sheep や fish は群れをなすから単複同形なのか ････････････････････ 51

　Classroom Activity Ⓐ ･･ 52
　Classroom Activity Ⓑ ･･ 53

第 II 部　中英語（1100-1500）

第 3 章　中英語
　　　　　　･･ 片見彰夫　56
　1. はじめに ･･ 56
　2. ノルマン征服（The Norman Conquest）･･･････････････････････････････ 57
　3. 多様な方言と標準化 ･･ 59
　4. カクストンと活版印刷 ･･ 64
　5. 借入語の流入 ･･ 65
　6. 語尾の水平化と，語順の確立 ･･ 69
　　6.1. 名詞 ･･ 69

- 6.2. 動詞 ……………………………………………………………… 71
  - 6.2.1. 動詞の過去形 ………………………………………… 71
  - 6.2.2. 不規則変化動詞の由来 ………………………………… 72
- 6.3. 語順の確立 ……………………………………………………… 72
- 6.4. 形容詞 …………………………………………………………… 73
- 6.5. 副詞 ……………………………………………………………… 74
7. 物語形式（narratology）と英語学の観点から探る中英語 ………… 74
  - 7.1. Thomas Malory のアーサー王物語 ………………………… 74
  - 7.2. 神秘主義者 Julian of Norwich（ノリッジのジュリアン）のキリスト教散文 ………………………………………………… 75
8. おわりに …………………………………………………………… 78
ほっと一息 Tea Time（中英語編）…………………………………… 79

第4章　Chaucer の言語と作品
　　　　　　　　　　　　　　　　　　　　　　　大野英志　83

1. はじめに …………………………………………………………… 83
2. 語形 ………………………………………………………………… 84
3. 語彙 ………………………………………………………………… 85
   - 3.1. 意味変化 ……………………………………………………… 85
   - 3.2. 借用語 ………………………………………………………… 86
4. 統語法 ……………………………………………………………… 90
   - 4.1. 二人称代名詞 ………………………………………………… 90
   - 4.2. 独立不定詞 …………………………………………………… 91
   - 4.3. 非人称構文 …………………………………………………… 94
     - 4.3.1. 「夢」の動詞 ……………………………………………… 94
     - 4.3.2. think ……………………………………………………… 97
   - 4.4. 法助動詞 ……………………………………………………… 100
5. 方言 ………………………………………………………………… 102
6. おわりに …………………………………………………………… 104
ほっと一息 Tea Time（中英語編）…………………………………… 104

Classroom Activity Ⓐ ………………………………………………… 106
Classroom Activity Ⓑ ………………………………………………… 107

第 III 部　初期近代英語（1500-1700）

第 5 章　初期近代英語
　　　　　　　　　　　　　　　　　　　　　　　　家入葉子　110

1. はじめに ………………………………………………………… 110
2. 語彙と綴り字，そして発音 …………………………………… 110
3. 人称代名詞と関係代名詞 ……………………………………… 113
　ほっと一息 Tea Time（初期近代英語編 1）
　　名詞の単数形複数形——sheep と cornflakes ……………… 115
　ほっと一息 Tea Time（初期近代英語編 2）his 属格 ……… 118
4. 動詞およびその周辺 …………………………………………… 118
5. 形容詞と副詞，その他 ………………………………………… 126
6. おわりに ………………………………………………………… 132

第 6 章　Shakespeare の英語
　　　　　　　　　　　　　　　　　　　　　　　　福元広二　133

1. はじめに ………………………………………………………… 133
2. 時代背景について ……………………………………………… 134
3. Shakespeare の作品 …………………………………………… 134
4. Shakespeare の詩形 …………………………………………… 135
　　4.1.　脚韻付き韻文（rhymed verse）………………………… 136
　　4.2.　無韻詩（blank verse）…………………………………… 138
　　4.3.　散文 ………………………………………………………… 139
5. Shakespeare の文法 …………………………………………… 140
　　5.1.　二人称代名詞 you と thou ……………………………… 140
　　5.2.　三人称単数現在形（三単現）の -s と -th ……………… 143
　　5.3.　助動詞 do ………………………………………………… 145
　　5.4.　進行形 ……………………………………………………… 147
　　5.5.　2 通りの比較法と二重比較 ……………………………… 148
　　5.6.　談話標識（discourse marker）…………………………… 150
　　　　5.6.1.　I say ……………………………………………… 150
　　　　5.6.2.　I think …………………………………………… 151
6. 挨拶表現 ………………………………………………………… 152
7. まとめ …………………………………………………………… 154

8. Shakespeare の作品一覧 ································· 154
　ほっと一息 Tea Time（初期近代英語編 1）
　　ハリーポッターにも Shakespeare が出てくる？ ·············· 156
　ほっと一息 Tea Time（初期近代英語編 2）
　　doubt や debt の b はなぜ読まないのだろうか ··············· 157

Classroom Activity Ⓐ ·· 159
Classroom Activity Ⓑ ·· 160

第 IV 部　後期近代英語 (1700-1900)

第 7 章　後期近代英語
　　　　　　　　　　　　　　　　　　　　　山本史歩子　162

1. はじめに ·· 162
2. 英語の標準化 ·· 163
3. 規範文法 ·· 165
4. 規範文法家たち ·· 166
5. 後期近代英語の特徴 ·· 170
　5.1. 関係代名詞 ··· 170
　5.2. 否定における助動詞 DO ································· 174
　5.3. 多重否定 ··· 175
　5.4. 進行形と進行形の受動態 ································· 176
　5.5. Be going to の発達 ···································· 178
　5.6. その他の特徴 ··· 179
　ほっと一息 Tea Time（後期近代英語編 1）言語と社会 ············ 181
6　辞書の発達 ·· 182
7. おわりに ·· 184
　ほっと一息 Tea Time（後期近代英語編 2）英語になった外来語 ······ 185

第 8 章　Victorian Novels の文体と文法
　　　　—Wilkie Collins と Conan Doyle を中心に—
　　　　　　　　　　　　　　　　　　　　　秋元実治　186

1. はじめに ·· 186
2. Wilkie Collins と Conan Doyle について ······················ 186

- 2.1. Wilkie Collins (1824-1889) ……………………………… 186
- 2.2. Conan Doyle (1859-1930) ……………………………… 187
- 3. 先行研究 ……………………………………………………… 188
- 4. 分析例 ………………………………………………………… 188
  - 4.1. 挿入詞（Parenthetical）……………………………… 188
  - 4.2. Pray vs. please およびその異形 …………………… 191
  - 4.3. 合成述語構文 ………………………………………… 192
  - 4.4. Be going to とその関連構文 ………………………… 195
  - 4.5. Get-passive …………………………………………… 197
  - 4.6. 動詞＋補文 …………………………………………… 198
    - 4.6.1. Decline ………………………………………… 198
    - 4.6.2. Disguise ………………………………………… 198
    - 4.6.3. Forbear ………………………………………… 199
    - 4.6.4. Meditate ………………………………………… 199
    - 4.6.5. Object …………………………………………… 199
    - 4.6.6. Prefer …………………………………………… 199
    - 4.6.7. Propose ………………………………………… 200
  - 4.7. 仮定法 ………………………………………………… 200
  - 4.8. Be accustomed to NP/-ing/Verb ……………………… 202
  - 4.9. There is no ~ing 構文 ………………………………… 203
- 5. おわりに ……………………………………………………… 204
- ほっと一息 Tea Time（後期近代英語編）
  - アフタヌーンティー（afternoon tea）とハイティー（high tea）……… 204

Classroom Activity Ⓐ ……………………………………………… 206
Classroom Activity Ⓑ ……………………………………………… 207

第 V 部　現代英語（1900-）

第9章　現代英語とグローバル化
　　　　　　　　　　　　　　　　　　　　　　川端朋広　210
- 1. はじめに ……………………………………………………… 210
- 2. 現代英語における語法・文法上の変化 …………………… 211
  - 2.1. 目につきやすい変化 ………………………………… 212
  - 2.2. 新語法とそれに対する抵抗感 ……………………… 217
  - 2.3. 目につきにくい体系的変化 ………………………… 220

2.4.　インターネットの影響 ……………………………………… 223
　　2.5.　「変化」か「乱れ」か？ ……………………………………… 224
　3.　発音とアクセントをめぐって ……………………………………… 225
　4.　世界語としての英語をめぐって：グローバル化と反グローバル化 ……… 227
　　4.1.　非英語圏における英語使用と「反」グローバル化 ………… 228
　　4.2.　英語圏における英語の強要とそれに対する反発 …………… 230
　　4.3.　グローバル化時代の英語教育 ………………………………… 231
　5.　おわりに …………………………………………………………… 233
　　ほっと一息 Tea Time（現代英語編）政治的に正しいおとぎ話？ ………… 234

あとがき ………………………………………………………………… 237

Classroom Activity 解答と解説 ……………………………………… 241

参考文献 ………………………………………………………………… 249

索　　引 ………………………………………………………………… 263

執筆者紹介 ……………………………………………………………… 269

序章

イントロダクション
―英語史と英語教育のインターフェイス―

山本史歩子　　片見彰夫　　川端朋広
青山学院大学　青山学院大学　愛知大学

1. 英語史と英語教育

　英語史と英語教育のコラボレーションが昨今注目を集めている．過去数年の間に，英語史と英語教育関連の著書が多く出版されていることに関心の高さが如実に示されている．

　初等・中等教育では現代英語が学習の対象であるが，研究者たちは，有史，時には先史の時代までさかのぼり，ことばを記述しようとしてきた．ことばは過去から途切れることなく存在し，かつ変化を続けながら現代の形で存在している．その現代のことばでさえ日々変化に曝されているのである．

　過去を置き去りにして，現代の形だけからあらゆることばの謎を説明することは不可能であると言っても過言ではなかろう．ましてや，それが母語でなければなおさらである．母語と異なる言語を学べば，当然母語の干渉により理屈や論理に合わない疑問が生じたり，学校文法という比較的粗い網から抜け落ちる言語現象を不思議に思ったり，時には苛立ちを感じたりするであろう．学習者が最初に感じる「なぜ？」にタイミングよく真摯に対応できなければ，結局「外国語イコール暗記」という安易な図式が成立して，外国語学習にともなう異なる価値観の発見，つまりそれらの言語の歴史・文化・社会・人を知る機会も知ろうとする意欲も失われてしまう．逆に，その最初の機会に文法の謎とその史的背景の両方を知る機会に恵まれたら，ことばを新しい窓から見ることができるかもしれない．

2. 英語史と日本における英語教育のこれまで

英語史と日本における英語教育のコラボレーションに関する流れを概観する．多くの著名な研究者たちが英語史の英語教育への有用性について考察している．

2.1. 岸田隆之・早坂信・奥村直史

2002 年に出版された『歴史から読み解く英語の謎』は，英語の教員が英語の歴史について知識を得ようとする際に，知りたい知識を容易に提供することを目的として書かれたものである．無論，英語史から得た知識を直接生徒たちに還元することはないであろうが，英語教員として知っていることが重要であり，英語史の知識を柔軟に導入することが望ましいとしている．文法別に章立てがされており，形式は Q and A 式である．質問は発音と綴り字の乖離や進行形や受動態の発達など，英語教育に関連するテーマを主として取り上げており，解答は簡潔にまとめられている．この書の目的の通り英語教員が短時間で無理なく読める内容となっている．

2.2. 寺澤盾

2008 年に出版された『英語の歴史：過去から未来への物語』(2008) のまえがきの中で，現代英語と英語史の関連に焦点を当てることで，英語学習者に有益な情報をできるだけ多く取り扱うことを明記している．興味深い点は，助動詞 do の発達，発音と綴り字の乖離，借用語といった英語史のテーマばかりではなく，世界的に大ブームとなった『ハリー・ポッター』のイギリス版とアメリカ版を比較して表現の違いを言語だけでなく，文化や社会構造まで触れて解説をしていることである．さらには，社会言語学で扱う言語現象，言語における性差別 (sexism) や 政治的正しさ (political correctness) まで幅広く言及し，これ 1 冊で，英語の過去・現在・未来まで学ぶことができる包括的な書となっている

2016 年「変容する現代英語——英語史と英語教育の接点」の中で，英語史と英語教育の関係について論じている．英語史が英語教育に果たす役割は現実的には限定的であると指摘しながらも，その可能性を示唆している．

2.3. 堀田隆一

2011 年に出版された『英語史で解きほぐす英語の誤解』では，英語史と英語教育の関連性について明示はしていないものの，この著書の中で達成されるべき 3 つの目標を掲げており，いずれも英語教育と深く関わる内容である．文字や発音に関しては日本語（文字と音の 1 対 1 の関係は，かなであれば明瞭であるが，漢字となると英語以上に複雑で多義になる）と比較することで，決して特別に習得が困難な言語を習得しようとしているのではないことを示唆している．

2016 年に出版された『英語の「なぜ？」に答えるはじめての英語史』では，大学や大学院で英語学を学ぶ学生，英語教員を対象に著者が英語学習者ならば誰でも 1 度は疑問に感じたであろうテーマを独自の視点で選び，古英語時代にさかのぼって丁寧に答えている．また，疑問に答えるだけではなく，実例と照らし合わせながら英語に対する思い込みや偏見から英語学習者を解放してくれる書である．

両書とも日本人英語学習者を鼓舞するような語り口が印象的である．

2.4. 最近の流れ

2014 年『英語教育』9 月号では，「英語のなぜを解きほぐす──指導に役立つ英語史──」というタイトルで 20 頁以上の特集が組まれている．執筆者たちは，日本人英語学習者にとって興味深いと思われる言語現象を取り上げて英語史の観点から説明を与えている．その歴史的説明が生徒の知的好奇心を掻き立て学習意欲に繋がることを提唱している．特に，石崎 (2014: 12-13) と長瀬 (2014: 14-15) は，実際に生徒から受けた質問を例に挙げながら英語史の英語教育に果たす役割，特に生徒の「なぜ？」に真摯に応えることの重要性を指摘している．具体的には，nowadays の s は何であるのか，debt の綴り字には b があるのになぜ発音されないのか，仮定法では主語が三人称単数であるにもかかわらず were が用いられる理由は何かといった純粋な問である．石崎は，生徒が不思議に思った時こそ指導の機会と捉え，適切な指導をするためにも教員は常に準備をする必要があると提唱している．長瀬は歴史的説明が生徒たちの学習にどれほどの効果があるのか議論の余地があると前置きをしながらも，「小さな種をまいておくこと，小さな火をともすことが，教師の役割」と述べている．

田辺 (2017) は，「英語史は役に立つのか？──英語教育における英語史の貢

献―」というタイトルで英語史が英語学習者のみならず英語教員の学習にも寄与すると論じている．英語教員が適切な英語史の知識を有することで，教える文法項目の優先順位を知ることが可能になると述べている．また，英語史の知識を有する英語教員は，①生徒からの質問に対する曖昧な即答の回避，②文法を規範的な側面からだけでなく語源を根拠とする説明を与えることができると提唱している．

2.5. 海外編 N. Schmitt and R. Marsden

2006 年に出版された *Why is English Like That?* (2006) は，日本人英語学習者向けに書かれたものではないが，ESL 学習者と EFL 学習者を指導する教員用のテキストである．8 章から構成されるこの書は，英語学習者が学習の過程で沸き起こる「なぜ？」に焦点を当て，その疑問に答える形式で各章を文法・音・語彙・綴り字・世界の英語・英語の未来に分類をして幅広く扱っている．この書の魅力はたくさんの「なぜ？」に対する問に歴史的説明を用いていることである．例えば，名詞の格や数を説明するために現代英語と古英語のパラダイムを比較して古英語を知らない教員でも理解し易いように解説している．英語教員だけでなく学習者の頭を悩ませる名詞の複数形に見られる不規則変化については，Zero―複数 (e.g., fish, sheep, deer, etc.), N―複数 (e.g., ox → oxen, child → children, brother → brethren, etc.), Mutated―複数 (e.g., foot → feet, man → men, mouse → mice, etc.) から外国からの借用語 (e.g., criterion → criteria (from Greek), datum → data (from Latin)) に至るまで，古英語の知識を駆使しながら簡潔に説明されている．

非英語母語話者の英語教員にとっては有益な書であるといえるが，学習者の年齢や英語教育の背景によっては直接応用することは難しい側面もある．

英語史と英語教育のコラボレーションが注目され始めたのは 21 世紀に入ってからであるが，その以前から日本人の文献学者（philologist）たちは日本における英語教育について深い考察を重ねてきたであろう．ようやくゆっくりではあるが，英語史と英語教育の連携の重要性を確認するに留まるだけでなく，実質的に動き出したといえる．

3. 日本の英語教育政策と英語史の役割

　平成 31 年（2019）から始動する文部科学省による再課程認定（「平成 30 年 4 月 1 日において免許状の所要資格を得させるための課程として認定を受けている教職課程が，平成 31 年 4 月以降も引き続き教職課程を有するための課程認定（再課程認定）を受ける場合は，文部科学大臣に再課程認定の申請を行わなければならない」）[1] が，教職課程を配置している大学の学部・学科では懸念事項の 1 つではないだろうか．再課程認定は，教職に関わる科目と教える教員の資質に関わる適性審査である．中でも小学校の高学年から英語が必修科目になることもあり，英語は高い関心を集め，大学は厳格な教員審査や教員養成課程に適切なシラバスの作成など抜本的な見直しを迫られている．

　文部科学省は，大学に対して教職課程科目において「文芸」と「実践性」の両面に等しく力を入れることで質の高い教員を養成することを求めてきた．しかしながら，大学の教育は文芸に重きを置く傾向が見られ，実践性，つまり指導力や教授法にいささか問題があるという見解を示してきた．

　しかしながら，「文芸」と「実践」のバランスに決定的な問題があるとは一概にはいえない．むしろ，大学では文芸の科目と実践の科目が関連性を与えられておらず，その点にこそ問題があるのではないだろうか．従来，英語学・音声学・英語史・文学と英語科教授法は互いに干渉することなく配置されてきた．どの科目も目的は質の高い英語教員の養成であるという点で一致してはいるが，目的を達成するルートも違えば接点すらないという現状が少なからずどこの大学でもあると推察される．このような状況では，英語教員の卵たちに，大学では独立した学びであるにもかかわらず，現場ではこれらすべてを融合した授業を行うよう期待することはいささか無理難題とも思われる．

　英語史と英語教育のコラボレーションが簡単に達成されるのであれば，現場の英語の教員も，生徒も，我々研究者も苦労はしない．中・高等学校で英語を教える教員と大学教員はともに，たとえ局所的であっても，いかに実践レベルで英語史を英語教育に応用できるかを証明することが今後の課題となっていくだろう．

---

[1] 詳しくは，文部科学省のホームページを参照のこと．
　http://www.mext.go.jp/a_menu/koutou/kyoin/1387995.htm

今回の再課程認定は，こうした難問について様々な現場で英語教育に携わるすべての英語教員が考える良い機会と捉えたい．

3.1. 英語史と初等英語教育

小学校の教育免許を取得する学生は，「国語教育との連携によることばの面白さや豊かさへの気づき」を児童たちの指導に生かすことができなければならないと，『教職課程認定申請の手引き（平成31年度開設用再課程認定）』に記載されている．[2] このことばの面白さや豊かさを教授できる科目はそう多くはない．英語史は，ことばに加えて，これらを伝えることができる数少ない分野の1つである．なぜなら，古い時代のことばを学ぶことは必然的に当時の生活様式・文化・慣習を学ぶことになるからである．例えば，古英語の時代，deer（古英語ではdeor）は「動物」を表していた．animalはフランス語由来の語である．当時の人々にとって「鹿」という生き物がどれほど重要で身近であったか容易に想像できる．彼らの生活様式をdeerということばを通して学ぶことができるのである．事実，英語には「鹿」に対応する語が多くある（e.g., buck（牡鹿），stag（5歳以上の牡鹿），doe（女鹿），fawn（1歳未満の仔鹿），hind（赤シカの雄），hart（赤シカの雌））．また，中英語期，フランス語やラテン語からの借用による意味の棲み分けが見られた．例えば，「牛」は家畜では英語のox，食材になるとフランス語のbeefになる．当時の英仏の力関係が語彙に表出している．日本語にも多くの借用語があり日常的に使用している．借用の経緯や英語や英語に関係する国々のことばや文化を日本語や日本の文化と比較することは，「ことばの面白さや豊かさへの気づき」に繋がるのではないだろうか．

3.2. 英語史と中等英語教育

再課程認定における中等英語教育では，「英語コミュニケーション」，「英語学」，「英語文学」と「異文化理解」が科目として認定されている．残念ながら「英語史」は，「英語学」の中に埋め込まれているのである．その「英語学」では学習項目として次の3つが掲げられている．

---

[2] 『教職課程認定申請の手引き（平成31年度開設用再課程認定）』pp. 111–112.

学習項目
① 英語の音声の仕組み
② 英文法
③ 英語の歴史的変遷，国際共通語としての英語

英語の歴史的変遷の先に国際語としての英語がリンクしていることはいうまでもない．③はまさに英語史の分野である．平成29年3月に提示された『中学校学習指導要領解説　外国語編』においても，残念ながら教える内容に英語史や英語史関連事項は一度も登場しないが，指導計画の中に次のような記述がある．

(1) 英語を使用している人々を中心とする世界の人々や日本人の日常生活，風俗習慣，物語，地理，歴史，伝統文化，自然科学などに関するものの中から，生徒の発達の段階や興味・関心に即して適切な題材を効果的に取り上げるものとし，次の観点に配慮すること．
 (ア) 多様な考え方に対する理解を深めさせ，公正な判断力を養い豊かな心情を育てるのに役立つこと．
 (イ) 我が国の文化や，英語の背景にある文化に対する関心を高め，理解を深めようとする態度を養うのに役立つこと．
 (ウ) 広い視野から国際理解を深め，国際社会と向き合うことが求められている我が国の一員としての自覚を高めるとともに，国際協調の精神を養うのに役立つこと．

(『中学校学習指導要領解説　外国語編』: 94-96)

英語史という文言は明記されていないが，英語史を学ぶことにより，フランス語，ラテン語，ギリシャ語，インド語，イタリア語，オランダ語，日本語，中国語など様々な外国語がどのような時代背景で英語に入ってきたかを理解することが可能である．借用語は，英語が他の国々へ与えた影響を知るきっかけにもなり，必然的にイギリスは無論，他の英語圏の国々やアジア，ヨーロッパ，アフリカ諸国の歴史・伝統・文化の理解へと導いてくれる．

英語史は古英語から現代英語（場合によっては英語の未来）までを学びの対象とし，各時代の人々が育んできたことば・文化・歴史に対する英知を磨く学問である．

実際の教育現場で，生徒たちに英語史——各時代の英語の有り様とその時代を反映する社会・人・文化——を通じて英語の世界を体感させることは生きた学習といえる．

3.3. 英語史と高等英語教育

最後に，編者たちの学生時代，英語の教員免許取得には「英語史」は必修科目であった．教授するのは現代英語であっても，古英語の知識は現代英語だけでは説明がつかない言語現象を理解するために必要だからである．日本語（国語）や日本の歴史・文化をより深く理解するために古典を必修科目として学ぶのと同じである．昨今，大学によっては英語史を学ばなくとも教員免許が取得できると聞く．イギリス史やアメリカ史から学ぶ歴史・文化・社会とは異なる歴史・文化・社会を英語史は提供してくれる．英語史の知識が教師としての自信や誇りを高めてくれると提唱したい．

教職課程科目から離れて，大学における英語教育に目を向けると英語を専門とする学部・学科でようやく「英語史」，「古英語」，「中英語」といった名称の科目が登場するが，喜んでもいられない．その理由は大学から英語史関連の科目が次から次へと姿を消しているからである．事実，編者たちが青山学院大学の学生だったころ，英語史の教員は少なくとも 2 名はいた．多いときは 3 名いたことを記憶しているが，現在は 1 名だけである．当然，教員の数が減れば英語史関連科目も減ってしまい，古い英語を楽しむといった大学ならではの豊かな学びは風前の灯である．

4. 英語史の実用性の課題

前節で，英語史が英語教育に果たす役割は決して小さいものではないことを確認した．では実際にどのようなアプローチが可能であろうか．生徒たちに古英語や中英語をそのまま示しても効果を期待できない．むしろ，英語嫌いが続出する懸念がある．

歴史的説明は発音から，綴り字・語彙・文法・意味に至るまで可能である．しかしながら，例えば，発音と綴り字の乖離は大母音推移で説明がつくが，大母音推移を生徒たちにどうやって説明するかが問題である．他にも，ox の複数形は oxen であるが，それを説明するには，名詞の強変化型と弱変化型から

始まり，男性名詞の弱変化型複数語尾，語末の母音の弱化までが一連の説明になる．生徒たちが理解するにはかなり難しい．

　英語史と英語教育のインターフェイスは昨今注目され始めたばかりである．英語史の英語教育への応用に関する有効性は浸透しつつあると推察されるが，運用レベルでは散発的に実践報告が示されているに過ぎない．

　今後の課題はいかに実践的に英語史を教育の現場に導入させるかであろう．さしあたり，文法の頻出項目に焦点を当てた説明と，人・社会・文化の学びの双方向から授業に取り入れてみてはどうであろうか．

5. 内容概説

　第Ⅰ部では古英語を扱う．第1章（寺澤盾）では，ゲルマン民族の大移動から，ブリテン島へのアングロ・サクソン人の定住，そしてノルマン征服へと至る歴史的背景が概説され，その後，数詞や親族名称などの一般性の高い語彙の解説，そして最後には，名詞や動詞の屈折変化についての説明がなされている．難解とされることの多い古英語の文法であるが，ここでは説明対象をあえて限定することで，理解を高めることを目指している．

　第2章（鈴木敬了）は，古英語期を代表する叙事詩であるベオウルフの紹介である．作品の背景知識から，あらすじ，詩形上の特徴についての説明がなされた後，実際の詩行を解説していくが，カタカナによる読み方や現代英語訳，日本語訳を併置することで，初学者でも直ちに古英語の実物に触れ，本質に迫ることができる．

　第Ⅱ部では中英語を扱う．第3章（片見彰夫）は，ノルマン征服からジョン王のフランス領土喪失，さらには英仏百年戦争に至る外面史を紹介し，そこから，当時の方言地図，借入語の流入，各品詞の屈折変化の概説，マロリーなど散文作品の文体的特徴といったテーマが順次，解説されている．

　第4章（大野英志）では，中英語後期を代表し，英文学史全体においても傑出した存在であるチョーサーの作品について，詩形，語形，統語法，などの項目を，実際の例文を用いて解説している．また，全体的な解説だけではなく，「夢」を表す動詞 dream と mete の比較考察など，個別的なテーマもあえて扱うことで，より深い読みへの道筋も示している．

　第Ⅲ部では初期近代英語を扱う．第5章（家入葉子）では，綴り字と発音

の乖離を引き起こす契機のひとつとなった大母音推移や，当時は高頻度で使用されていた二人称単数 thou についての説明，さらには，現在では見られない動詞の (e)th 語尾など，当時の英語を特徴づける変化や特徴が挙げられている．古英語，中英語と比べると，かなり現代英語に近づいてはいるが，いくつかの明確な違いを概観することができる．

　第6章（福元広二）は，初期近代英語期を，そして，ある意味ではイギリス文学全体を代表するともいえる劇作家であるシェイクスピアの英語について解説をしている．当時の時代背景や，出版形態といった，韻文における形式，散文の特徴，文法的な特徴から，談話標識の使い方といった語用論的特徴まで幅広い説明がなされている．

　第IV部では，後期近代英語を扱う．第7章（山本史歩子）では，英国の発展と近代化にともなって生じてくる，規範文法の台頭についての紹介がなされている．また，英語の標準化という流れについても，関係代名詞の用法，否定の助動詞 do，多重否定，進行形，句動詞などの項目に基づいて解説がなされている．また，この時期の特徴として忘れてはならない，辞書の発達についても触れられている．

　第8章（秋元実治）は，ヴィクトリア朝を代表する作家であるコリンズやドイルを取り上げ，その作品を通して，文体や文法上の特徴に迫っている．I think のような挿入詞，take a look のような合成述語構文，be going to と関連構文，仮定法構文，などの多様な形式について，豊富な実例が示されている．後期近代英語は一見，現代英語との違いがわかりにくいが，ここで示される例を見ると，どういった点に注目すべきかがわかるだろう．

　第9章（川端朋広）は，現代英語とグローバル化を取り上げる．現代の特徴である電子資料などを使用して，実際に進行しつつある変化について，検証，紹介がなされている．それと同時に，言葉を使用する人々の，変化に対する態度，考え方といったことも無視できない問題として紹介されている．また，英語という言語をとりまく世界的な状況として，英語圏，非英語圏の国々における英語の公用語化の問題や，それに対する反発についても考察している．

第Ⅰ部

古英語
(450-1100)

第 1 章

古 英 語

寺澤　盾
青山学院大学

1.　英語のはじまり

　英語はもともと誰によってどこで話されていたのだろうか．英語という言語が形成されつつあった1500年あまり前に時計の針を戻してみよう．当時，この言語を話していたのは，アングル人，サクソン人，ジュート人，フリジア人であった．彼らはいずれもゲルマン民族であり，居住していたのは現在英国があるブリテン島ではなく，ヨーロッパ大陸——デンマークから北西ドイツおよびオランダ——であった．アングル人などは，いわゆる「ゲルマン民族の大移動」の中で5世紀ごろから100年ぐらいの間に徐々にブリテン島へ移動・定住をはじめ，以降，大陸のゲルマン語とは独立した言語，すなわち英語が発達することに

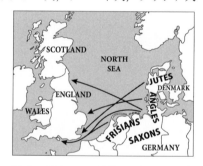

図1　ゲルマン民族のブリテン島への移動

なる．より厳密にいうと，彼らが話していた英語は古英語（Old English）と呼ばれる．なお，English に含まれる Engl- は，Angles（アングル人）に由来する．
　その後，アングル人やサクソン人など（アングロ・サクソン人ともいう）は七王国を築き繁栄したが，その栄華は長くは続かなかった．というのも，8世紀末以降北欧からデーン人の侵入に悩まされることになる．ヴァイキングとも

呼ばれたこうした北欧人は，初期には修道院や町を襲い略奪行為を働いたが，9世紀中ごろ以降，英国の北部・東部・北西部に定住するものも現れた．七王国の1つウェセックスのアルフレッド大王は878年にデーン人と条約を結び，ロンドンからチェスター方向へ延びる線の東北側をデーン人の法で統治できる地域——デーンロー（Danelaw）——と認めた．これによって，一時的にはデーン人の進出を抑えることはできたが，1016年にはデーン人のクヌートが英国王になるという事態が起った．

1042年にエドワード王が王位を北欧人より英国人に奪還したが，1066年エドワード王が亡くなると，ハロルド2世が王位についた．それに対して，エドワード王の母と血縁関係にあり，フランス北西部のノルマンディーの公爵であったウィリアムも王位を主張する．そして，有名なヘースティングズ（Hastings）の戦いにおいて，ウィリアムはハロルドを破り英国王ウィリアム1世として即位した．これがノルマン征服（Norman Conquest）と呼ばれる出来事である．この一大事件によって，その後，約200年間は征服者の言語であるフランス語が

図2　ノルマン征服を描いたバイユーのタペストリー（中央がウィリアム）

宮廷，議会，法廷などで用いられることになり，英語は表舞台からしばらくの間，姿を消すことになる．ノルマン征服により，英語にも大きな変化がもたらされ，古英語も終焉を迎えることになる．

以上のような社会史の観点から見ると，古英語の始まりは449年，終わりはノルマン征服のあった1066年ということになるが，言語の変化は社会の変動よりも緩やかに起こるので，言語学上，古英語はおおよそ450年から1100年までの英語を指して用いられる．なお，古英語の始まりについては，古英語で書かれた文献で今日残存する最も古いものの年代（700年ごろ）とする考えもある．

さて，今からおおよそ千年以上前に用いられていた英語の姿はどのようなものだったのだろうか．以下では，古英語の語彙と文法に焦点を当て，現代英語の理解や英語教育に資するような形で説明していきたい．

2. 古英語の語彙

古英語の語彙について，いくつかの意味分野に焦点を当て，そうした意味分野がどのような語彙で表されていたか，現代英語とも比較しながら見ていきたい．

2.1. 数を表す語

まずは，古英語で 1～15 までの数（基数）がどのように表されていたか見てみよう．下の表には比較のために現代英語の対応語も添えてある．

表1：古英語における 1～15 までの数（基数）

	古英語	現代英語
1	ān	one
2	twēgen, tū, twā	two
3	þrīe, þrēo	three
4	fēower	four
5	fīf	five
6	siex	six
7	seofon	seven
8	eahta	eight
9	nigon	nine
10	tīen	ten
11	endleofan	eleven
12	twelf	twelve
13	þrēotīene	thirteen
14	fēowertīene	fourteen
15	fīftīene	fifteen

古英語で「1」を表すのは ān であるが，ān は現代英語の不定冠詞の a, an と同語源である．不定冠詞の形はもともと，an であったが語末の -n が弱化・脱

落し a という形が生まれた．ただ，an apple のように an に後続する語が母音で始まる場合は，母音の連続を避けるために an という古い形が保持された．その結果，現代英語に見られるような a（母音以外で始まる語の前で）と an（母音で始まる語の前で）の使い分けが生じた．

さて，現代英語で「1」を表す one はどこから来たのだろうか．実は，one も古英語の ān (/aːn/ と発音) に由来する．古英語の /aː/ は一部の方言を除き，中英語の /ɔː/ をへて現代英語の /ou/ となり o と綴られるようになる．an から発達した on (/oun/ と発音) は，その語頭に /o/ と同じ円唇の子音 /w/ が付加され，/wun/ をへて /wʌn/ となった．なお，one の語末の -e は，n の前の母音が長母音（その後二重母音となり，さらに短母音化）であることを示すために付加されたものである．

古英語で「2」，「3」を表す語を見てみると，いずれも複数の形態をもつ．これは古英語では名詞に「男性名詞」，「女性名詞」，「中性名詞」という文法性 (grammatical gender) があり，それに応じて一部の数詞も異なる形が用いられたためである．例えば，twēgen は男性名詞を修飾するときに用いられた男性形で，tū, twā は中性形，twā は女性形となる．（さらに「2」，「3」を表す古英語は格変化もする．）現代英語の two は中性形・女性形の twā に由来する．一方，twēgen は「2」を表す古形 twain として残っているが，『トムソーヤの冒険』などで知られるアメリカの文豪 Mark Twain（マーク・トウェイン；本名 Samuel Langhorne Clemens）の名前にもその名残が見られる．Clemens はミシシッピ川の水先案内人をしていたが，蒸気船が航行できる深さを示す合図の言葉であった Mark twain!（水深 2 尋[約 3.6m]）を筆名にした．

「3」を意味する þrīe（男性形），þrēo（中性・女性形）は見慣れない文字 (þ) で始まっている．この文字は「ソーン」(thorn) と呼ばれ，ローマ字ではなくてゲルマン人が用いていたルーン文字 (runes) に由来し，ここでは無声の /θ/ を表し，現代英語の th に相当する．

「4」から「10」までは，現代英語の形との関連が比較的容易に見えてくるかと思うが，「11」に関しては注釈が必要である．古英語の endleofan は最初の要素 en(d) は「1」の意味で leofan は現代英語の left（残された）に対応し，endleofan 全体で「(10 数えて) 残り 1，すなわち 11」を表した．現代英語の eleven は endleofan の異形 ellefne に由来する．

最後に，「13」を表す古英語形を見てみよう．þrēotīene は現代英語の thirteen と異なり，語中の r が母音の前に来ている．現代英語の「3」に関連する単語を学習していると，three では r が母音の前に来ているのに，thirteen, thirty, third では r は母音の後にあるという不思議に出会う．実は，thirteen, thirty, third に対応する古英語（þrēotīene, þrītig, þridda）ではいずれも r は three と同様に，母音の前にあり，極めて規則的であったことがわかる．これらの語では，その後 r と母音の位置が入れ替わった異形が現れ，それらが標準形となったため，形態上 three と齟齬をきたすことになった．なお，隣接する音が入れ替わる現象は，言語で広く見られ，音位転換（metathesis）と呼ばれる．

2.2. 四季を表す語

現代英語では，「春夏秋冬」を表す語として，spring, summer, fall（イギリス英語では autumn），winter が用いられるが，古英語で四季がどのように表されていたか見てみよう．下の表には比較のために現代英語の名称も添えてある．

表2：古英語で四季を表す語

	古英語	現代英語
春	lencten	spring
夏	sumer	summer
秋	hærfest	fall, autumn
冬	winter	winter

「夏」と「冬」に関しては，それぞれ sumer（＝summer）と winter が用いられていたが，1年を sumer（温かいほうの半年）と winter（寒いほうの半年）と二分することもあった．「春」と「秋」を表す場合，古英語では現代英語とは異なる単語が使用された．「春」に関しては，lencten が用いられたが，これは現代英語の Lent（四旬節；復活祭［Easter］の前の40日間の断食期間）と同語源である．しかし，この語は季節を表すのか，宗教行事を表すのかあいまいな場合があるため，次第に使用されなくなり，1500年ごろから spring（源，泉）が「1年の始まり，春」の意味で用いられるようになった．

一方，「秋」を表す古英語の単語は hærfest であったが，これは現代英語の

harvest に繋がる．hærfest が次第に「収穫（期）」の意味のほうに特化していくと，「秋」を表す言葉として中英語期にフランス語から autumn が借用されて，さらに 16 世紀中頃には fall of the leaf（落葉［の季節］）から fall が「秋」の意味で用いられるようになった．イギリス英語では，fall が衰退し，autumn が用いられるようになったが，アメリカ英語ではイギリスで廃れてしまった fall が優勢である．

2.3. 親族名称

次に，古英語で親族を表すのにどのような言葉が用いられていたか見てみよう．下の表には比較のために現代英語の名称も添えてある．

表3：古英語の親族名称

	古英語	現代英語
父	fæder	father
母	mōdor	mother
息子	sunu	son
娘	dohtor	daughter
兄弟	brōþor	brother
姉妹	sweostor	sister
祖父	ealdefæder	grandfather
祖母	ealdemōdor	grandmother
孫息子	nefa, sunsunu	grandson
孫娘	nefene, nift	granddaughter
おじ	ēam（母方），fædera（父方）	uncle
おば	mōdrige（母方），faþu（父方）	aunt
甥	sweostorsunu, brōþorsunu, suhterga	nephew
姪	nefene, nift, brōþordohtor	niece
いとこ	faþusunu, fæderan sunu, mōdrigan sunu, (ge)swigra	cousin

「父母」を表す古英語については，現代英語の対応語との結びつきを容易に認めることができる．古英語の fæder, mōdor では語中の子音が /d/ であるが，中英語から近代英語にかけて /d/ が後続の /r/ の影響で摩擦音 /ð/ となった．

「息子」を意味する古英語は sunu であるが，sunu の語尾の -u は弱まり脱落した．さらに語幹の母音字 u が現代英語では son のように母音字 o に置き換わっているのには理由がある．これは，中世の写本では u

を綴るとき 2 本の縦線（ミニム）が用いられたが，同じく縦線で書かれる m, n などが続くと縦線が連続して紛らわしいので，そうした場合 u を o と綴ったためである．son の母音は当初は /u/ と発音されたが，近代英語期以降，/u/ が /ʌ/ となる音変化が起こり，son /sʌn/ と発音されるようになった．

「娘」を意味する古英語 dohtor /doxtər/ では子音字 h が /x/（ドイツ語の Bach の ch の発音）と発音されたが，中英語以降次第に発音されなくなり現代英語では daughter の gh（古英語の h に対応）は黙字（silent letters）となっている．

「兄弟姉妹」関係を表す古英語は，現代英語との関連を見てとることができるが，現代英語の sister は古英語の sweostor から直接来ているのではなく，語頭が sw- でなく s- である古ノルド語（systir）に由来する．古ノルド語は，ヴァイキングが話していた言葉で，ノルウェー語やデンマーク語など北欧諸語の祖先にあたる．

「祖父母」や「孫」を指す古英語は，現代英語とは異なる．「祖父母」を意味する古英語はそれぞれ ealdefæder 'old father', ealdemōdor 'old mother' であったが，中英語以降，grandfather や grandmother が用いられるようになった．同様に古英語の nefa, sunsunu 'son's son'（ともに孫息子）や nefene, nift（ともに孫娘）も現代英語ではそれぞれ grandson, granddaughter に取って代わられている．なお，grand- はフランス語起源であるので，「祖父母」や「孫」を表す現代英語は，前半部分がフランス借用語で後半部分が英語本来語という混種語（hybrid）になっている．三親等以上（おじ，おば，甥，姪，いとこ）になると，古英語で用いられていたものは，中英語以降フランス借用語に置き換えられて現代英語には伝わっていない．興味深いのは，「おじ」や「おば」を表す古英語では，母方か，父方かによって異なる形が使われていたことで

2.4. 人を表す語

親族名称から「人」を表す語に目を向けてみよう．古英語で「人（々）」を表す代表的なものとしては，dryht, folc, guma, lēod, mann, þēod, wer が挙げられる．このうち，現代英語に伝わっているのは folc (folk) と mann (man) だけある．ただし，guma は bridegroom（花婿）の -groom に，wer は werewolf（オオカミ人間）の were- に痕跡をとどめている．

このほか，古英語には「人」を表す興味深い表現が見られる．例えば，人を「魂をもつ者」として表す gāst-berend 'spirit-bearer', sāwol-berend 'soul-bearer' のような迂言的な複合語が用いられる．前者に見られる gāst は現代英語では ghost である．この語はもともと「魂，霊魂」を表していたが，現在は「亡霊」へと意味変化している．ただし，古い意味は give up the ghost（死ぬ）のような慣用表現に化石的に残っている．

また，言語能力は人間固有の特徴とも言えるが，人を reord-berend（言葉をもつ者）と表すこともある．ほかに，「人」を表す複合語としては，eorþ-būend 'earth-dweller', fold-būend 'earth-dweller', grund-būend 'ground-dweller', land-būend 'land-dweller', woruld-būend 'world-dweller' がある．

こうした迂言的な比喩表現はケニング（kenning）と呼ばれ，主に古英語の韻文で用いられた．

3. 古英語の文法

以下では古英語の文法を概観してみよう．

3.1. 古英語の人称代名詞

英文法を学習しているとさまざまな不思議な現象に出会う．例えば，現代英語の二人称代名詞では単数形（「あなた」）でも複数形（「あなたたち」）でも同じ形（you）を用いるが，一人称・三人称代名詞では単数・複数に応じて異なる形態を用いる．

表4：現代英語の人称代名詞体系（主格形のみを挙げてある）

	単数	複数
一人称	I	we
二人称	you	
三人称	he, she, it	they

なぜ英語の人称代名詞はこのような均衡を欠いた体系になっているのだろうか．その理由は，英語の歴史を遡ることで明らかになる．ここで，古英語の人称代名詞を見てみよう．

表5：古英語の人称代名詞体系（主格形のみを挙げてある）

	単数	複数
一人称	ic	wē
二人称	þū	gē
三人称	hē, hēo, hit	hīe

上の表には見慣れない語形がたくさん現れているので，戸惑われるかもしれないが，まずは二人称代名詞について見てみよう．重要なのは，古英語では二人称において単数の場合と複数の場合とで異なる形態が用いられていたことである．言い換えれば，古英語では二人称を含めすべての人称代名詞で単数形と複数形が区別された非常にバランスのとれた体系であったと言える．現代英語に見られる人称代名詞の体系の不均衡は，英語の歴史において二人称代名詞に本来あった単複の区別が失われた結果なのである．

　古英語の二人称代名詞単数形の þū (/θuː/ と発音) は古英語以降も生き延び，William Shakespeare（ウィリアム・シェイクスピア）の作品や『ジェームズ王聖書』（1611年）でも thou という形で用いられたが，日常の語彙としては次第に使われなくなり現代では古語となっている．

　ところで，現代英語の you の由来は何だろうか．古英語の二人称代名詞の複数形は，以下のように格変化した．

表6：古英語の二人称複数代名詞

主格	gē
属格	ēower
与格（～に）	ēow
対格（～を）	ēow

　実は，現代英語では主格にも用いられる you は古英語の与格形または対格形の ēow に由来する（同様に古英語の ēower は現代英語の your 対応）．ēow, ēower の語頭の ē- は gē- を経由し y- となった．

　一方，古英語の主格形 gē (/jeː/ と発音) は中英語以降も ye（最初は /jeː/, のちには /jiː/ と発音される）として用いられたが，次第に本来目的格（与格と対格を合わせた名称）であった you に取って代わられるようになった．

（古英語編 1）

二人称複数代名詞の復活？

　現代英語の二人称代名詞では，単数・複数の区別は失われてしまったが，独自の複数形が復活する傾向が一部の英語変種・方言に観察される．例えば，*Y'all* are always welcome here.（君たちはいつでも歓迎だ）では y'all（you all の縮約形）が二人称複数代名詞として用いられているが，you all や y'all（属格 y'all's）はアメリカの南部方言や黒人英語の特徴として知られている．

　また，米国では近年，複数の相手をさす表現として you guys がよく聞かれる（e.g. I'll treat *you guys* to a steak dinner to celebrate our championship.［君たちに優勝を祝してステーキをご馳走しよう］）．guy という語は，1605 年イギリス議会の爆破を計画した主犯ガイ・フォークス（Guy Fawkes, 1570–1606）に由来し，本来は「男，奴」を意味したが，現在では you guys という語句は女性を含む集団に対しても使用で

きる.

　二人称複数代名詞としては，ほかに you people, you folks, you に複数語尾 -s を付けた youse, you-uns (you ones より) が用いられることがある．youse はアイルランド，オーストラリア，ニュージーランドの英語で多く見られる．

　こうした数ある二人称複数形のうち，いずれかが（有力なのは you guys か？）将来，英語の人称代名詞体系に取り込まれ，二人称でも単複を区別する均衡のとれた体系が復活する可能性は十分あると思われる．

　ここでもう一度，古英語の人称代名詞の変化表（表5）を見てみよう．一人称単数は ic (/ɪtʃ/ と発音) という形であるが，中英語期から語末の子音 -c が落ち，i の形が標準化した．現代英語のように大文字の I が用いられるようになったのは，小文字で一字の i は隣接の文字に紛れてしまう恐れがあるため，視覚的に目立たせるためである．当初は，大文字の I 以外にも y (i と同じ音を表す) や j (i の下部を伸ばした文字) が一人称単数形として用いられることがあったが，最終的には大文字の I に落ち着いた．

　古英語の三人称代名詞にも現代英語のそれと形が異なるものがある．hit は語頭の h が発音されなくなり欠落し，現代では it になっている．三人称単数女性形は古英語では hēo で，現代英語の she とは大分違うように見える．she と hēo の関連ははっきりせず，she の語源に関しては，hēo に由来するという説，古ノルド語の影響とする考えなど，諸説がある．余談になるが，東京の下町言葉では「ひ (hi)」と「し (shi)」がしばしば混同される（下町っ子は「東」を「しがし」と言ったりする）．そうしたことを考えると hēo が she に変化したとしても不思議はない．

　最後に，三人称複数形に目を向けると，古英語の hīe と現代英語の they の間には関連性を見出すことは難しい．というのは，英語では，語頭の h の音が th に変化するという発音変化はおこっていないので，音変化によって h- 形が th- 形になったということは考えられない．それでは，現代英語の三人称複数の they はどこから来たのだろうか．実は，これは英語本来語でなく，古ノルド語からの借用である．北欧のデーン人によるブリテン島侵略・定住につ

いてはすでに触れたが，その言語的影響があらわれるのは初期中英語になってからで，th- 形の三人称複数代名詞は 1200 年ごろから北部・中東部方言で書かれた文献に現れはじめ，徐々にロンドンなどの南部にも浸透していくことになる．

3.2. 古英語の名詞

現代英語では，名詞を複数形にするときはたいていの場合，語尾に -s を付ければすむ．例えば，日本の玩具メーカーが開発し世界中の子供に人気のある「たまごっち」は『オックスフォード英語辞典』にも収録されているが，以下の例文のように Tamagotchi の複数形は Tamagotchi*s* となる．

(1) As of 2010, over 76 million *Tamagotchis* have been sold worldwide.
(2010 年現在，7,600 万台を超えるたまごっちが世界中で売れている)

しかし，時代を遡ってみると状況は少し違ってくる．古英語には，複数形を形成する語尾がいくつか並存した．以下，その代表的なものを挙げておく（単数・複数主格のみ）．

表 7：古英語のさまざまな名詞複数形

	単数形	複数形
-as 複数	stān 'stone'	stān*as* 'stones'
-u 複数	scip 'ship' word 'word'	scip*u* 'ships' word 'words'
-a 複数	talu 'tale'	tal*a* 'tales'
-an 複数	nama 'name'	nam*an* 'names'
ウムラウト複数	mann 'man' bōc 'book'	m*e*nn 'men' b*ē*c 'books'

-as 複数は主格・対格で -as という語尾をつけて複数形を作るが，これが現代英語の -s 複数に発達する．-u 複数のうち一部は word (<word*u*) のように複数語尾 -u が落ち単複同形名詞となる．現代英語の単複同形の deer, sheep はその名残である．-an 複数は，主格・対格で -an（後に -en となる）という語

尾をつけて複数形を作るもので，現代では oxen, children などごく少数の語に化石的に残るのみである．-an 複数形を取る名詞を古英語文法では「弱変化名詞」と呼び，それ以外の名詞（ウムラウト複数も除く）を「強変化名詞」と呼ぶことがある．ウムラウト複数は母音を変化させて複数形を形成するもので，現代英語の man/men, tooth/teeth などに名残をとどめている．

このように古英語では複数形を形成する語尾がいくつか存在したが，中英語以降，本来は -s 複数でなかった多くの名詞が比較的優勢であった -s 複数形に同化していくことになる（ships, words, tales, names, books はいずれも古英語では -as 複数ではない）．その結果，現代英語では -s 複数が「一人勝ち」の状態で，それ以外の少数派が「不規則複数」というレッテルを貼られるようになったのである．

（古英語編 2）

不規則複数

英語に，不規則複数が存在するのには，もう 1 つ別の理由がある．英語は，16 世紀以降，英国おけるルネサンスの影響でラテン・ギリシアの古典語研究が盛んになり，その結果，多くのラテン語・ギリシア語が英語に借用された．特に名詞を両言語から借用する際は，複数形もラテン語・ギリシア語から直接借用することが多く，当然それらの言語の複数形は英語とは異なる複数語尾を伴うので，規則的でない（-s を伴わない）複数形が英語に導入されることになった．例えば，formula（単数）/ formulae（複数），alumnus（単数）/ alumni（複数），corpus（単数）/ corpora（複数），datum（単数）/ data（複数），index（単数）/ indices（複数）はラテン語由来の語で，いずれもラテン語文法に倣った複数形となっている．一方，analysis（単数）/ analyses（複数），phenomenon（単数）/ phenomena（複数）はギリシア語からの借用語である．

しかし，ラテン語・ギリシア語借用語の多くは，規則的な -s 複数に同化してしまったもの（campuses, statuses, viruses, circuses），ある

いは criteria, criterions（ともに criterion の複数形）のようにラテン語・ギリシア語由来の複数形と -s 複数の両形が併存していることもある。また，The data has to be processed before it is of any use. における data（本来は複数形）のように，-s のついていないラテン語・ギリシア語の複数形を単数形と誤って解釈する例も多く見られる（文法に厳格な人はこれを誤用とみなす）。

3.3. 古英語の動詞

現代英語では，動詞を過去形や過去分詞に活用させるとき，動詞の不定詞形に -ed, -d をつける方法と語幹母音を変化させる方法があるが，前者を規則変化，後者を不規則変化という．

ところが，現代英語ではこの2つのタイプの変化型が入り混じったような不可思議な活用変化をするものがある．例えば，fly（飛ぶ）は普通，過去形が flew，過去分詞が flown であり不規則変化となるが，野球用語として「飛球［フライ］を打つ，フライを打ってアウトになる」という意味では以下の例のように規則変化となる．

(2) He **flied** out to the left field.
 　　（彼はレフトフライでアウトになった）

一方，dive（潜る）は辞書で調べると dive-dived（過去）-dived（過去分詞）と規則変化する場合と dive-dove-dived のように規則変化と不規則変化が混じった場合の2通りが見られるが，前者はイギリス英語，後者はアメリカ英語で用いられる傾向がある．

現代英語では，不規則変化動詞の数は限られており大多数が規則変化となるが，古英語においては母音を変化させ過去形や過去分詞形を形成する動詞の数は相当数ある．古英語よりもさらにゲルマン語まで遡れば，もともと母音交替によって活用するタイプのほうが歴史が古く，-ed, -d を付けるタイプは後になってから生じたものである．このため，古英語では規則変化動詞や不規則変化動詞という用語はあまり適切でないので，母音交替によって活用する古いタ

イプを「強変化」，-ed，-d を付けて活用する新しいタイプを「弱変化」と呼ぶのが一般的である．

　英語の歴史を見てみると，もともと不規則変化（強変化）であった動詞が，後発ながら次第に優勢形式となっていく規則変化（弱変化）に同化していくという大きな流れがみられる．そのため，古英語では母音を変化させて活用する不規則変化（強変化）であった動詞が現代英語では規則変化となっている場合がしばしば見られる．例えば，現代英語では動詞 help は help-helped-helped のように規則的に活用するが，古英語では helpan（不定詞）-healp（過去単数）-hulpon（過去複数）-holpen（過去分詞）のように母音を交代させて活用する不規則変化（強変化）動詞だった．古英語では，不規則変化（強変化）動詞は過去形の単数と複数で母音が異なることがあるので，活用形では過去単数と過去複数の 2 つを挙げるのが慣習である．

　先ほど見た fly（飛ぶ）も古英語では，flēogan-flēah-flugon-flogen と活用していたが，「（野球で）フライを打つ」という意味において fly-flied-flied と規則変化となった．

　古英語では規則変化（弱変化）であった動詞が現代英語では不規則変化になっている場合も少数であるが見られる．現代英語では，dig は dig-dug-dug と活用し不規則変化をするが，本来は規則変化であった．dug という過去形は 16 世紀ごろに stick-stuck-stuck などの類推から生まれ，18 世紀以降は過去分詞形も dug が用いられるようになった．なお，『ジェームズ王聖書』やシェイクスピアでは dig は規則変化形 digged のみが使われている．

　以上のように，英語の歴史においては，古英語で不規則変化（強変化）であったものが規則変化（弱変化）に取り込まれていく傾向があり，こうした変化が当該の動詞の特定の意味のみにとどまっている場合や特定の英語変種にのみ生じている場合があり，結果として現代英語の fly や dive に見られるようなハイブリッドな活用形を生み出しているのである．

　さて，現代英語では動詞の活用変化といえば過去・過去分詞以外には直説法現在三人称単数（いわゆる三単現）の -s があるだけである．

表8: 現代英語の動詞活用（直説法現在）

	単数	複数
一人称	write	write
二人称	write	
三人称	write*s*	

 -s 語尾がつくことで，動詞が現在形（より厳密には直説法現在形）で主語が三人称単数であることがわかるメリットがある．しかし，一人称や二人称の場合は，単数でも複数でも語尾はつかないので，単複の区別はできない．さらに，動詞の語尾を見ただけでは主語が一人称か二人称かわからない（ただ英語の場合は主語を必ず明示しなくてならないので，実際に問題が生じることはないであろう）．

 このようなことを踏まえると，三人称単数のみが特別扱いを受けているのは不可思議である．こうした疑問を解決するために古英語の動詞活用を考察することは有用である．古英語の動詞の直説法現在の活用を wrītan 'write' を例にして見てみよう．

表9: 古英語の動詞活用（直説法現在）

	単数	複数
一人称	wrīt*e*	wrīta*þ*
二人称	wrīt*est*	
三人称	wrīt*eþ*	

 活用表を見ると，古英語では単数現在の場合，一人称では -e，二人称では -est，三人称では -eþ のようにすべての人称で独自の語尾変化をもっていたことがわかる．直説法複数現在では人称ごとの区別はしないが，単数のいずれの語尾とも異なる -aþ という独自の語尾変化をする．古英語の活用のシステムは三人称単数だけを「えこひいき」していない点で，フェアで合理的なものと言える．

 さて，古英語の動詞活用は，中英語以降，強勢を受けない語尾が弱化したことに伴い衰退していくことになる．中英語では三人称単数と複数語尾が区別さ

れなくなり，ともに -eth となったが，一部の方言では複数語尾として -en が採用された．しかし，-en においても語尾 -n が弱化し欠落していった．二人称単数の -est は，二人称単数代名詞の thou（古英語の þū より）が複数形の ye, you に取って代わられるにつれ，しだいに衰退の途を辿ることになる．ここにおいて唯一生き残った語尾は三人称単数の -eth であるが，中英語後期から北部方言から三単現の語尾 -s が導入され，しだいに後者のほうが優勢になっていく．シェイクスピアの作品では，三単現の語尾として -th と -s の 2 つが並存しており，1599 年以前の初期の作品では -th が優勢であったが（-th は 239 例，-s は 68 例），後期の作品ではそれが逆転している（-th は 29 例，-s は 185 例）．

以上より，現代英語で動詞の直説法現在で唯一三人称にのみ語尾 -s が残っているのは，もともとほかの人称や複数の場合にも用いられていた活用語尾が弱化・消失しまったことによる．したがって，三単現の -s が残存したのは（-th や -s がほかの音に比べて音声的に明示的であったことはあるものの）大部分は歴史の偶然であり，三単現の -s になにか特別の意味合いがあるためではない．

最後に古英語の be 動詞の活用を見てみよう．現代英語でも be 動詞はほかの動詞と比べると変則的な変化をするが，古英語まで遡るとさらに複雑な様相を呈している．まずは，下に挙げた古英語の be 動詞の変化表を見てみよう（変化表を簡略にするために仮定法における変化や不定詞形・命令形・分詞形は割愛してある）．

表 10：古英語の be 動詞の活用

			現在	過去
単数	一人称	eom	bēo	wæs
	二人称	eart	bist	wǣre
	三人称	is	biþ	wæs
複数	一・二・三人称	sind(on)	bēoþ	wǣron

現代英語では b- で始まる形は不定詞の be と分詞の being, been 以外は見られないが，古英語では b- 形が単数現在のすべての人称と複数現在で使われて

いることがわかる．現在形としては，b- 形のほかに e- 形（語源上，is, sind(on) も含む）があったが，eom と is はそれぞれ現代英語の am と is に対応していることは容易にわかるだろう．古英語では b- 形と e- 形はともに現在形で使われるが，前者は未来の意味で用いられる傾向があった．

　w- で始まる形は，現代英語でも過去形の was, were として生き続けている．ところで，現代英語では，be 動詞の複数現在形は are であるが，この形は上の表には見当たらない．実は，are は 16 世紀ごろに北部方言から入ったもので，ほかの be 動詞の変化形と比べると新参者と言える．are の導入によって古英語の bēoþ に由来する be は慣用的な the powers that *be*（[通例おどけて]当局，時の権力者）を除くと，標準語から消えていくが（もう 1 つの現在複数形 sind(on) は 13 世紀半ばに廃用），『ジェームズ王聖書』やシェイクスピアでは be が複数現在形としてしばしば用いられている．

4.　おわりに

　本章では，英語の最も古い段階である古英語まで遡り，その姿を主に語彙と文法に焦点を当てながら見てきた．1500 年余りの歴史を経た英語は，その間に起こったノルマン征服などの歴史的大事件の影響を受け，大きく変容してしまったように見えるかもしれない．しかし，2.1 節で見たように，数を表す現代英語の大部分は，古英語から引き継がれたものである．さらに，ある統計によると，古英語で用いられていた前置詞の 82%，代名詞の 80%，接続詞の 75% が現代英語に継承されているという．古英語と現代英語との間には確かな連続性が見られるのである．一方，古英語の文法について知ることで，現代英語に見られるさまざまな不規則性の理由——例えば，人称代名詞の中で，なぜ you だけが単複同形なのか——が明らかになる．英語の歴史を知ることは，私たちの現代英語に関する理解を深めてくれ，学習や教授の対象である英語をより興味深いものにしてくれる可能性がある．

第 2 章

Beowulf（ベーオウルフ）

鈴木　敬了
大東文化大学

1. はじめに

　古英語期の代表的文学作品とされる *Beowulf* は主人公の名で呼ばれており（長音記号をつければ Bēowulf），その形式は古英語詩の特徴である頭韻詩（alliterative poem）で書かれている．現存する唯一の写本（Cotton, Vitellius A. XV）は現在，ロンドンの大英図書館（British Library）に所蔵されている．写本の制作年代に関しては 2 人の写字生，Scribe A と Scribe B が使用した異なる書体から 11 世紀初め（1010 年頃）と推定されている．[1] 古英語期の他の重要文献と同様，古英語の 4 方言の内，主として標準的言語とされる西サクソン方言（West-Saxon）で書かれている．作品の成立は従来，遅くとも 8 世紀とされていたが，近年，9 世紀から 11 世紀までの諸説がある．[2] *Beowulf* の舞台は英国ではなくスカンジナビア，南スウェーデンであり，イェーアト（Geat）族とスウェーデン族の争いは史実に残るが，Beowulf が実在した記録は今のところ出ていない．作品には様々な奇怪な生物や怪物 Grendel（グレンデル），その母親，火竜が登場し，北欧神話的要素や火葬，埋蔵品などの異教徒的慣習

---

[1] Scribe A は *Beowulf* が収められている写本のうち，先行する散文 3 作品と *Beowulf* の初行から 1939 行の *scyran* までを，Scribe B は 1939 行の *moste* から *Beowulf* の 3182 行までと，それに続く詩（*Judith*）を書き写している．Fulk et al., eds. (2008: xxvii) 参照．

[2] 言語的，歴史的，文化的などの視点から異なる成立年代の説がある．詳細は Neidorf, ed. (2014) を参照．併せて制作場所もノーサンブリア，マーシア，ウェセックス，イースト・アングリア，ケントと諸説がある．Orchard (2003: 5-6) 参照．

が描かれている．その一方でキリスト教の色彩も見られる．[3]

2. あらすじ

第1部 (1-2199行)

　デーン族の歴代の王の誉は世に名高い．名祖 Scyld Scefing（シュルド・シェーヴィング）のデンマークへの到着と王として栄華を享受した後の旅立ちが語られる．

　Scyld の子孫は栄え，Scyld のひ孫 Hrothgar（フロースガール）は 50 年の治世の後に壮麗な Heorot（ヘオロット，'hart' 鹿の意）の館を建てる．しかしそこはすぐに沼地にすむ追放の身なる怪物 Grendel によって攻撃され，デーン人が餌食となる．12 年の歳月の間，殺戮が続く．隣国イェーアト族の Beowulf は，かつてその父が Hrothgar によって助けられた縁あって，Grendel の略奪を聞くやイェーアトの戦士たちとともに来る．彼の力量は Unferth（ウンフェルス）に疑われるが，Beowulf は怪物退治をした話を声高にし，Grendel と素手で対決することを請け負う．宴の後，皆が眠りにつくと Grendel がやってきて，イェーアトの 1 人を食べ，ついで Beowulf をつかむ．彼らはくんずほぐれつの争いとなり，館の内部は破壊される．Beowulf の家来の剣は歯が立たない．Grendel は逃げようとするが，Beowulf は腕をつかみつづけ，その腕をもぎ取る．Grendel は夜の闇に逃げる．翌日，皆 Grendel の大きなかぎ爪に驚く．Beowulf と家来は血の跡をたどって沼地へと向かい，水面にうかぶ血を見て Grendel が死んだものと思う．意気揚々と一行は帰路に就き，道すがら Beowulf を竜を退治した英雄 Siemund（シエムンド）になぞらえ歌で称える．Heorot に戻り，高価な褒美が与えられる．

　闇から Grendel の母親が息子の敵討ちにやってくる．Hrothgar の近臣のひとりの寝込みを襲い連れ去る．翌朝，Beowulf は襲撃を知らされると直ちに復讐を申し出る．一行は怪物の沼地に向かうが途中で殺されたデーン人の首を

---

　[3] *Beowulf* に先行する散文 3 作品にも竜，怪物，巨人が描かれている．Stanley（1966: 105-107）はこれらの題材が当時の人々を引き付けた表れとしている．キリスト教の色彩としては旧約聖書の Cain（カイン），天地創造，神の審判などの言及が指摘されている．Klaeber（1950: xlviii-li）参照．さらに Orchard（2003: 142-149）では Beowulf と Grendel の闘いが旧約聖書の David（ダビデ）と Goliath（ゴリアテ）との闘いに類似しているとの指摘がある．

見つける．そしてそこで見つけた奇怪な生き物を殺す．Beowulf が Unferth の剣を借り受け，そして沼に飛び込むと牙を持つ怪物たちが彼のよろいを突き刺そうとする．Grendel の母親は 50 年にわたり支配してきたねぐらに Beowulf を引きづりこもうとする，そこは驚いたことに水のない明りのともった館であった．Unferth の剣は食いこまない．形勢は不利であったが，神の介在により館の壁につるしてあった巨大な剣で Grendel の母親を殺す．水面に浮かぶ血をみて最悪の結果を思いデーン人は去るが，イェーアト人は主君の無事を願いとどまる．Grendel の血は不思議なことにその剣を氷のように溶かす．Beowulf は Grendel の首と剣のつかを持って戻る．イェーアトの一行は主君の無事を喜ぶ．Hrothgar は Beowulf を称え，大いなる宝物を与える．イェーアト人は別れの挨拶をし，贈り物を交換し，旅立つ．Beowulf は帰国し，Hygelac（ヒエラーク）に事の顛末を話す．

第 2 部（2200-3182 行）

その後 Hygelac は戦で亡くなり，息子 Heardred（ヘアルドレード）はスウェーデン族との闘いで殺される．Beowulf がイェーアト族の王となり，良き王となって 50 年に渡り国を治める．やがて空を飛び火を吐く竜が自分の守っていた財宝から盃が盗まれたことに怒り，イェーアトの国を脅かしていることを知る．財宝は失われた部族のものであり，その最後の者により遺棄され，そして竜によって三百年前に見出されたものである．竜は復讐に向かい人々の家を破壊する．詩人は老いた Beowulf の経歴を回顧する．彼は，わずかに鎖帷子（かたびら），片刃の剣，特別にしつらえた鉄製の盾で身を固めて竜と一人で対峙することを決意する．一行は家来を含め 12 人となり，13 番目の男として，その盗人を案内人とした．Beowulf は闘いの前にイェーアト族の老王 Hrethel（フレーゼル）とスウェーデン族の Ongentheow（オンゲンセーオウ）の悲運を想い，長い口上を述べる．Beowulf は大声で叫び，竜をそのねぐらからおびき寄せる．彼の剣は通用せず，単独では勝てない．Beowulf の供はおじけづくが Wiglaf（ウィーラーフ）の助けにより Beowulf は剣で竜を真っ二つに切る．しかしこの闘いで自らも致命傷を受ける．老王の死に際に Wiglaf は竜の財宝を分捕る．Beowulf は国を彼に譲り，葬儀の指示を与え，財宝を見つめて死ぬ．Wiglaf は忠義を尽くさなかった 10 人の臆病者の家来をなじる．そして指揮を執り，イェーアトの人々にその悲報を伝えるため伝令を送る．イェーアト

第 2 章 *Beowulf*（ベーオウルフ）　　33

の人々は亡き Beowulf を弔うと共に竜を見にやって来る．人々は Beowulf の指示に従い，海に突き出た岬に彼と竜の財宝を埋葬する．彼らは彼の死を悼み，彼の栄光を称えて詩が終わる．

（古英語編 1）

人名の由来

古英語期を代表する人物の 1 人，Wessex（ウェセックス王国）の Alfred the Great（アルフレッド大王）の古英語綴り Ælfrēd は ælf 'elf' と rēd = ræd 'counsel' の要素からなる名前である．elf は超自然的妖精を意味し，アルフレッド大王の場合は卓越した力を備えた肯定的イメージであるが，作品 *Beowulf*（112a）の ylfe 'elves' では人間に害を与える否定的存在として描かれている．日本でも人気のある J. R. R. Tolkien 作, *The Hobbit, or There and Back Again*（ホビットの冒険）や *The Lord of the Rings*（指輪物語）の登場人物に魔法使いの Gandalf がいる．その名前は北欧神話の Gandalfr

Winchester の
アルフレッド大王像

からとられているとされるが，-alf もまた古ノルド語（Old Norse）で 'elf' の意味である．古英語期を代表するもう 1 人，リンディスファーン（別名ホーリーアイランド）の St. Cuthbert（聖人カスバート）は，cuth 'known' と bert < beorht 'bright' の要素から作られた名前である．Bēowulf は bēo 'bee' + wulf 'wolf' あるいは beado 'war' + wulf 'wolf' など諸説がある．[4]

人名の作り方のもう 1 つの方法は「誰々の息子」という父の名にちな

---

[4] Fulk et al., eds. (2008: 464–465) 参照．

んだ (patronymic) 命名法がある. 古英語では -ing をつけて son of の意味を表した. Scēfing は son of Sheaf の意味であり, Æþelwulfing (æþele 'noble') は son of Æthelwulf の意味である. したがって Browning は son of Brown の意味である. 古ノルド語由来としては -son があり, Stevenson, は son of Steve の意味であり, Adamson, Wilson, Jackson, Peterson, Johnson など探してみると数多く見つけられる. 地理的にスカンジナビア地方に由来するためスキーの選手の名前に多いのもうなずける. また同様に Mac-, Mc- は Scotland 系で MacDonald は son of Donald の意味であり, ほかにも MacKenzie, McCagg などがある. O'- は Ireland 系で O'Connor は son of Connor の意味であり, ほかに O'Connell, O'Neil, O'Hara などがある. Anglo-French (1066年のノルマン人の征服以降, 英国で使用されたフランス語方言) では Fitz- であり, もともとラテン語の fīlius 'son' から由来していて FitzGerald は son of Gerald の意味である.

　ほかには地形 (topographical) や職業にちなんだ命名法がある. 前者の例では Hill, Dale (谷) などがあり, 職業では Butcher, Cook, Miller (粉屋), Thatcher (屋根ふき職人), Weaver (織屋) その女性形の Webster (古英語 webbestre) などがある.

3. 古英語詩の特徴

　古英語詩の文体的特徴としては2つの相反する原理, すなわち繰り返し (repetition) とバリエーション (variation) が働いていると言える.[5] また形式上の特徴は *The Riming Poem* などの作品に脚韻詩があるものの大部分は頭韻詩であることである. 各詩行は2つの半行に分けられる. 最初の半行を a 半行 (a-verse), 後半を b 半行 (b-verse) と呼ぶことが多いので, 以下これに従う. この2つの半行は頭韻 (alliteration) で結ばれる. a 半行に2つか1つ, b 半行に1つ現れる. 頭韻は ge- などの強勢のない接頭辞 (prefix) を除いた初

---

[5] 詩的語彙や定型表現 (formulas) が特徴とされる. Stanley (1966: 105-107) および Orchard (2003: 57-97) 参照.

頭音の繰り返しであり，初頭音が子音の場合は同一子音で頭韻するが，母音の場合は同一母音でなくほとんどが異母音で頭韻する．例えば Beowulf 5 行目の詩行 monegum mægþum, meodosetla oftēah では子音の m で a 半行に 2 つ，b 半行に 1 つ頭韻している．この頭韻に関連して古英語詩特有の詩語としてケニング (kenning) と呼ばれる技法がある．複合語や句によって事物を表現する隠喩表現であり，代称とも言われ，古ノルド語の詩にも見られる．例えば海を表すケニングとして hronrād 'whale + road'「鯨の道」や，swanrād 'swan + road'「白鳥の道」などがある．太陽は woruldcandel 'world + candle'「世界のろうそく」や rodores candel 'the sky's candle'「空のろうそく」，船は sæwudu や sundwudu で 'sea + wood'「海の木」とする詩的表現である．ケニングの第一要素は頭韻に参加するが，海を意味する語 sǣ, sund と同意のケニング swanrād がともに s- で始まるので頭韻の要因だけでなく発達した詩的表現であろう．そのほか，神を表す līffrēa 'the lord of life'「生命の主」や wuldres wealdend 'the ruler of glory'「栄光の支配者」に見られる形容語句 (epithet) や単一語のさまざまな言い換えが見られる．

また統語的なバリエーションとして定型句と呼ばれる表現がある．

(1) in geārdagum (1b)[6] 'in days of yore'
(2) on aldordagum (718a) 'in days of life'
(3) on ealderdagum (757a) 'in days of life'
(4) on geārdagum (1354a), (2233a) 'in days of yore'

これらをまとめて [preposition] + X-dagum の型とする口承定型句理論 (Oral-Formulaic Theory) がある．[7] on ðyssum windagum (1062a) 'in these days of strife' のようなバリエーションもあるのでこれらを包含するためにはこの抽象化された型はプロトタイプ（典型）と見るべきであろう．ケニング同様，この定型句で注目すべきは X の部分が頭韻に参加して頭韻詩の形式を支えていることである．またこの定型句表現を使えばリズムも同一になる利点が

---

[6] 用例に続く数字は行数，a, b は各半行を指す，それらはまた on-verse, off-verse とも呼ばれる．句読点は Dobbie (1953) に従っている．Klaeber 第 3 版を改訂した Fulk et al., eds. (2008) の句読点の問題点については小倉 (2015: 88–90) 参照．

[7] Cassidy and Ringler, eds. (1971: 270–272) 参照．

ある.

　古英語詩のリズムを扱う韻律論（metrics）の中で最も有名なものに Sievers の five types[8] があり，その後の韻律論の発展の基礎となっている．正常な半行は a 半行，b 半行にかかわらず，4 音節からなり，2 つの弱い音節の弱音部と強い強勢のある音節の強音部からなり，それぞれ /，×で表される．以下は *Beowulf* の例である．

Type A	/ ×	/ ×	hȳran scolde	(10b)
Type B	× /	× /	Ðǣm fēower bearn	(59a)
Type C	× /	/ ×	Oft Scyld Scēfing	(4a)
Type D	/	/ \ ×	lēof lēodcyning	(54a)
Type E	/ \ ×	/	healærna mǣst	(78a)

しかしこれらの型は最も頻度の高い A から並べられており，やがて，さらに細分化した下位分類の設定，タイプそのものの拡大など多くの理論が展開されている．[9]

4. 作品読解

　はじめに *Beowulf* の冒頭から 11 行までを見る．参考までにカタカナで発音を表記したが，以後は古英語原文の母音につけた長音記号（ ̄）に注意して読んで欲しい．現代英語訳と日本語訳は原文の読解を助ける目的で逐語訳に努めた．

　　　ホウェット　ウェー　ガールデナ　　　　　　イン　イェアールダグム
　　　Hwæt! Wē Gārdena　　　　in geārdagum,[10]
　　　Listen! We the Spear-Danes' in days of old
　　　聞け．我らは槍のデーン族の　いにしえの

---

[8] Sievers (1893) は Bliss (1967) 等に引き継がれ写本の校訂に応用されている．詳細は Terasawa (2011) 参照．

[9] 伝統的韻律論の問題点は藤原 (1989: 107-167) や Momma (1997: 55-75) などを参照．

[10] Gārdena の語頭 g [g] と前母音の影響で口蓋化（palatalization）した geārdagum の語頭 g [j] が頭韻しているが，さらに d も頭韻し，交差頭韻（crossed alliteration）となっている．詳細は Orchard (2003: 59) 参照．geārdagum 与・複．

第2章 *Beowulf* (ベーオウルフ)

<ruby>þēodcyninga,<rt>セーオドキュニンガ</rt></ruby>	<ruby>þrym<rt>スリム</rt></ruby>	<ruby>gefrūnon,<rt>イェフルーノン</rt></ruby>[11]
of the people's kings	the glory	have heard of
部族の諸王の	栄光を伝え聞く.	

<ruby>hū<rt>フー</rt></ruby>	<ruby>ðā<rt>サー</rt></ruby> <ruby>æþelingas<rt>アゼリンガス</rt></ruby>	<ruby>ellen<rt>エレン</rt></ruby>	<ruby>fremedon,<rt>フレメドン</rt></ruby>[12]
how	those princes	brave deeds did	
いかにかの公達が	勇猛な業をなしたるかを.		

<ruby>Oft<rt>オフト</rt></ruby> <ruby>Scyld<rt>シルド</rt></ruby> <ruby>Scēfing<rt>シェーヴィング</rt></ruby>	<ruby>sceaþena<rt>シェアゼナ</rt></ruby>	<ruby>þrēatum,<rt>スレーアトゥム</rt></ruby>[13]
Often Scyld Scefing	from enemy bands	
幾度も Scyld シェーフの息子は	敵の群れから	

5　<ruby>monegum<rt>モネグム</rt></ruby> <ruby>mǣgþum,<rt>メーイズム</rt></ruby>　　<ruby>meodosetla<rt>メオドセトラ</rt></ruby>　<ruby>oftēah,<rt>オフテーアハ</rt></ruby>[14]
　　from many races　　　mead-benches took away
　　あまたの部族から　　　酒席を奪い

<ruby>egsode<rt>エイゾデ</rt></ruby> <ruby>eorlas.<rt>エオルラス</rt></ruby>　　<ruby>Syððan<rt>シィスサン</rt></ruby> <ruby>ǣrest<rt>エーレスト</rt></ruby> <ruby>wearð<rt>ウェアルス</rt></ruby>[15]
terrified noblemen.　　After　first　was
気高き人々を畏れさせた. はじめは

---

[11] þēodcyninga < þēodcyning 属・複. þ と ð のルーン文字 (rune) は現代英語の th の音価を持ち, 有声音の間で有声化して [ð] となる. f, s も同様に 2 つの音価を持つ. gefrūnon < gefrignan 過・複, 対格目的語 þrym をとり SOV 語順. 古英語の過去時制は過去完了, 過去進行, 現在完了の時制をカバーする. ここは文脈から現在完了時制.

[12] fremedon < fremman 過・複は, 対・目 ellen をとり SOV 語順.

[13] sc は前母音の前で [ʃ]. sceaþena < sceaþa 属・複, þrēatum < þrēat 与・複を修飾.

[14] oftēah < oftēon 過・単, 与格 sceaþena þrēatum monegum mǣgþum と属格 meodosetla の 2 つの目的語をとる.

[15] egsode 過・単, 対・複 eorlas をとる. wearð < weorðan 過・単は過去分詞 funden < findan とともに受動態をつくる, weorðan は動作を表す.

フェーアシェアフト fēasceaft	フンデン funden,	ヘー サス hē þæs	フローブレ frōfre	イェバード gebād,[16]
helpless	found	he for that	consolation	experienced

助けもなく見出された後　彼はそれゆえ慰めを受け

| ウェーオクス wēox | ウンデル under | ウォルクヌム wolcnum, | ウェオル weorð- | スミュンドゥム myndum | サーハ þāh,[17] |
| thrived | under | the clouds | in honour | | prospered |

偉大となり雲の下で　　　栄誉を誇った

oðþæt him æghwylc　þāra ymbsittendra
until him each one　of those neighbours
ついには彼に　　　　　周りに住む者たちの誰もが

10　ofer hronrāde　　　hȳran scolde,[18]
across the whale-road　obey had to
鯨の道（＝海）を越え　従う他なく

gomban gyldan.　　Þæt wæs gōd cyning!
tribute pay　　　That was a good king!
貢物を献上するに至る．げに良き王であった．

Scyld のひ孫 Hrothgar が壮麗な館 Heorot を建てるが沼地から怪物 Grendel がやってきてデーン人が餌食となる．隣国イェーアト族の Beowulf は Grendel との対決する決意を述べる．

---

[16] þæs 'that' 属・単の副詞的用法．gebād < gebīdan 過・単．

[17] wēox < weaxan 過・単，þāh < þēon 過・単．

[18] hronrāde < hronrād 対・単，ofer は与格，対格をとるが動きを表す時に対格をとる．hronrād「鯨の道」は海を表すケニング．hȳran 与格 him を目的語にとる．scolde < sculan 過・単，義務を表す．本動詞＋助動詞の語順，本動詞が b 半行の左側で頭韻している．*Beowulf* における語順に対する頭韻の影響に関しては拙論 Suzuki (2004)，Suzuki (2013) 参照．

631　Bēowulf maþelode,　　bearn Ecgþēowes:[19]
　　　Beowulf spoke　　　　the son of Ecgtheow
　　　Beowulf, エッジセーオウの子は語った

Beowulf の1行目から21行目（文字部分 175×105 mm）

　　　"Ic þæt hogode,　　þā ic　　on holm gestāh,[20]
　　　I　that resolved　　when I　on the sea　set out
　　　「我はかく決意した，　海に乗り出し

---

[19] maþelode < maþelian 過・単.
[20] 前母音 i の後で c は口蓋化し [tʃ]. hogode < hogian 過・単. gestāh < gestīgan 過・単.

sǣbāt   gesæt   mid mīnra secga gedriht,[21]
sea-boat sat down   with my   men's company
我が強者どもの一団とともに船に座りし時

þæt ic ānunga   ēowra lēoda[22]
that I entirely   of your people
完全に   あなたの民の

635 willan geworhte   oþðe on wæl   crunge,[23]
     the will would fulfill   or   in slaughter fall
     のぞみを満たすことを   さもなくば戦場で倒れよう

     fēondgrāpum fæst.   Ic gefremman sceal
     fast in the enemy's grasp I perform   shall
     固く敵につかまれて.   我はお見せしよう

     eorlic ellen,   oþðe endedæg
     manly courage   or   last-day
     もののふの勇気を   さもなくば最後の日を

     on þisse meoduhealle   mīnne gebīdan."
     in this mead-hall   my (last-day) live
     この酒宴の館で   迎えよう.」

     Ðām wīfe þā   word   wēl līcodon,[24]
     the lady those words   well pleased
     その貴婦人をそれらの言葉は 大いに喜ばせた

---

[21] gesæt < gesittan 過・単.

[22] þæt 接続詞, 先行する þæt (632) と呼応している.

[23] geworhte < gewyrcan 仮・過・単, crunge < cringan 仮・過・単, 仮定法 (subjunctive) で従属節内の願望を示す. 英語では仮定法が願望法もカバーする. (例, God save the King. の save など).

[24] līcodon < līcian 'like, please' 過・複の主語は þā word で与格目的語 ðām wife (< wīf) をとり, OSV 構文. この動詞は if you please タイプの非人称構文 (you は主語でなく与格目的語) にも使われる. gilpcwide Gēates は主語の þā word (< word 複) のバリエーション.

640 gilpcwide　　　　Gēates;　　　ēode goldhroden[25]
　　　boastful speech of the Geat　　went adorned with gold
　　　そのイェーアト人の自信に満ちた口上は．　黄金に飾られし

　　　frēolicu folccwēn　　　tō hire frēan sittan.
　　　noble　folk-queen　　　to her lord　to sit
　　　高貴な民の女王は　　　自分の主のもとに行き座った．

宴の後，人々は眠りにつく．そこに Grendel がやってきてイェーアトの1人を襲い食べるが，Beowulf との闘いが待っていた．Grendel は Beowulf の尋常ならざる力を知ることになる．

750 Sōna　　　　þæt　　　onfunde　　　　fyrena hyrde [26]
　　　Immediately　that　　discovered　　　the keeper of crimes
　　　すぐ　　　　それに　気がついた　　　邪悪な国の主は

　　　þæt hē ne mētte　　　middangeardes,
　　　that he not met　　　on middle-earth
　　　自分が出くわしたことがない　この世界で

　　　eorþan scēata,　　　on elran　　men[27]
　　　in earth's regions　in another man
　　　この地上で　　　　何人にも

　　　mundgripe māran.　　Hē on mōde wearð[28]
　　　hand-grip harder　　He in heart became
　　　まさる強い手の握りに．怪物の心に

---

[25] Gēates 属・単 = Bēowulf, ēode < gān 過・単.

[26] þæt 次行の þæt と呼応し onfunde < onfindan 過・単の目的語．fyrena < fyren 属・複.

[27] eorþan < eorþe 弱・属・単, scēata < scēat 属・複，先行の middangeardes のバリエーションで場所を表す属格の副詞用法．
　前置詞 on は与格は状態 'in' 対格で動作 'into' を表す傾向がある．ここは men < man 与・単.

[28] māran < micel 形・比 (最上級は mǣst)．mōde < mōd 与・単．wearð < weorðan 過・単.

forht on ferhðe;	nō þȳ ǣr fram meahte.[29]	
fearful in spirit	none the sooner away could	
恐れの感情が湧いた.	だが離れることは叶わなかった.	

755 Hyge wæs him hinfūs, wolde on heolster flēon,[30]
　　his mind was ready to depart　　wanted into darkness to flee
　　逃げようと気ははやった　　　　暗闇に逃げ込みたかった.

　　sēcan dēofla gedrǣg;　　　ne wæs his drohtoð þǣr
　　seek devils' assembly　　　not was his experience there
　　悪魔の群れを求めて.　　　　おのれの経験にはなかった

　　swylce hē on ealderdagum　　ǣr gemētte.
　　such as he in days of his life　　before met
　　これまで生きた日々に　　　　以前に会ったことは.

　　Gemunde þā se gōda,　　mǣg Higelāces,[31]
　　thought of then the good　kinsman of Higelac
　　その時, 思い起こした　　Higelac の良き身内の者は

　　āfensprǣce,　　uplang āstōd[32]
　　evening-speech　　upright stood
　　夕べの口上を,　　まっすぐに立ち上がり

760 ond him fæste wiðfēng;　　fingras burston.[33]
　　and him firmly grasped　　fingers cracked
　　そして 敵をしっかりとつかんだ.　指が折れた.

---

[29] ferhðe < ferhð 与・単. meahte < magan 過・単, magan は許可の may に変化するが, 古英語では可能 can の意味で使われた.

[30] him 与格の属格用法, hyge...him で 'his mind' と解釈される. mōd (753b), ferhð (754a), hyge は頭韻を支えるバリエーション. 前置詞 on は対格 heolster をとり動作 'into' を表す.

[31] gemunde < gemunan 弱・過・単. Higelāces < Higelāc 属・単.

[32] āfensprǣce < āfensprǣc 対・単. āstōd < āstandan 過・単.

[33] wiðfēng < wiðfōn 過・単, 与・目 him をとる, burston < berstan 過・複.

Eoten wæs ūtweard;	eorl furþur stōp.[34]
The giant was pulling away.	The earl further stepped.
その巨人は逃げようとした．	ますらおはさらに踏み込んだ．
Mynte se mǣra,	þǣr hē meahte swā,[35]
Intended the notorious one	wherever he could so
悪名高きものは	どこにでも可能なところへ
wīdre gewindan	ond on weg þanon[36]
further off escape	and away from there
より遠くに のがれて	そこから離れて
flēon on fenhopu;	wiste his fingra geweald
flee to the land in the fens	knew his fingers' power
沼地のねぐらに逃げたかった．	自分の指の力が
765 on grames grāpum.	Þæt wæs gēocor sīð
in an angry grip.	That was a bitter journey
怒れる手中にあると知った．	それは苦々しき旅であった
þæt se hearmscaþa	tō Heorute ātēah.[37]
that the terrible enemy	to Heorot journeyed
そのまがまがしき敵が	Heorot に旅をしたことは．

　Grendel は Beowulf につかまれた肩と腕を残して逃げる．その後，母親が息子の敵討ちにやって来て Hrothgar の近臣のひとりを連れ去る．翌朝，Beowulf は復讐に行くが母親との闘いは形勢不利で館の壁につるしてあった巨大な剣をつかむ．

---

[34] stōp < steppan 過・単．

[35] mynte < mintan 過・単．meahte < magan 過・単．

[36] wīdre < wīd 形・比・対・単．on＋対・単 weg で 'away' の意味，alive も同じ成り立ちのため限定用法，alive man とは言えないゆえんである．

[37] ātēah < ātēon 過・単．

1550 Hæfde   ða   forsīðod   sunu Ecgþēowes[38]
would have then perished   Ecgtheow's son
亡くなっていただろう   エッジセオウの息子は

under gynne   grund,   Gēata cempa,
under the wide ground   the champion of the Geats
この広い大地の下で   イェーアト族の擁護者は

nemne him heaðobyrne   helpe gefremede,[39]
unless him the warcorslet   help brought
もし彼をその鎧が   助けなかったら

herenet hearde,   ond hālig god
the war-net hard   and holy God
その固い防護の網が   そして聖なる神が

gewēold wīgsigor;   wītig drihten,[40]
controlled war-victory   the wise Lord
戦いの勝利を支配しなかったならば．   賢き主は

1555 rodera   rædend,   hit on ryht gescēd[41]
of the heavens the Ruler   it with right decided
天国の支配者は   それを正しく決められた

ȳðelīce,   syþðan hē eft   āstōd.
easily   when he again stood
たやすく   再び彼が立ち上がった時に．

---

[38] forsīðod < forsīðian 過去分詞．sunu Ecgþēowes, Gēata cempa は Beowulf のバリエーション．

[39] nemne 接続詞 'unless'．helpe < help 対・単．gefremede < gefremman 過・単

[40] gewēold < gewealdan 過・単，接頭辞 ge [je] を除き w で頭韻．

[41] rodera rædend, 前行の wītig drihten とともに前々行の hālig god のバリエーション．gescēd < gescādan 過・単．

Geseah ðā   on searwum   sigeēadig   bil,
saw   then in war-gear   a victory-blessed sword
その時武具の中に見た   勝利に祝福された剣を

eald   sweord eotenisc,   ecgum   þȳhtig,⁴²
an old sword   giant   in edges strong
古代の巨人の剣を   強固な刃を持つ

wigena   weorðmynd;   þæt wæs wǣpna   cyst,⁴³
warriors' glory   It was   of weapons the choicest
戦士たちの栄誉を. それは武器の中で最上等であった.

1560 būton hit wæs māre   ðonne ǣnig mon ōðer⁴⁴
except that it was larger   than any man other
ただしそれは   他の誰も

tō beadulāce   ætberan meahte,⁴⁵
to war-sport   bear   could
闘技に   携え得る以上に大きく

gōd ond geatolic,   giganta geweorc.
good and adorned   giants' work
優れて飾りを施された   巨人たちのわざものであった.

Hē gefēng þā fetelhilt,   freca   Scyldinga⁴⁶
He seized the belted hilt   hero of the Scyldings
彼はその帯付の剣柄をつかんだ、シルディング族の英雄は

---

⁴² eotenisc 形,「巨人に属する,巨人によって作られた」の意味.
⁴³ wǣpna < wǣpen 属・複, cyst 形, 属・複の名詞をとる.
⁴⁴ būton ここは接続詞＋直説法 (indicative), 前置詞の場合は主に与格をとる. māre < micel 形・比.
⁴⁵ meahte < magan 過・単.
⁴⁶ gefēng < gefōn 過・単.

	hrēoh ond heorogrim	hringmǣl gebrægd,[47]
	fierce and savage	ring-patterned blade drew
	猛々しく凶暴な	輪飾りの刃を抜いた.

1565 aldres orwēna,   yrringa slōh,[48]
     of life despairing   angrily struck
     捨て身になって   怒りとともに打ち込んだ

     þæt hire wið halse   heard grāpode,[49]
     so that her against the neck   the hard (blade) caught
     それで（Grendelの母親の）首を   硬い刃がとらえ

     bānhringas bræc.   Bil eal ðurhwōd
     the bone-rings broke   The sword all went through
     その骨の輪を打ち砕いた.   その剣は完全に貫いた

     fǣgne flǣschoman;   hēo on flet gecrong.[50]
     doomed (to death) flesh-covering   she to the floor fell
     死すべき運命の肉の覆い（＝体）を.   女は床に倒れた.

     Sweord wæs swātig,   secg weorce gefeh.[51]
     The sword was sweaty   the warrior in the work rejoiced
     その剣は汗（＝血）にまみれた，戦士はその業に喜んだ.

1570 Līxte se lēoma,   lēoht inne stōd,[52]
     brightened the gleam   the light within appeared
     明かりが増した.   光がなかに現れた.

---

[47] gebrægd < gebregdan 過・単.

[48] aldres < aldor 属・単. slōh < slēan 過・単.

[49] halse > hals 与・単. heard 形（名詞用法）. grāpode < grāpian 過・単.

[50] fǣgne < fǣge 対・単, flǣschoman < flǣschoma 対・単,「肉の覆い＝体」のケニング. gecrong < gecringan 過・単.

[51] gefeh < gefēon 過・単は与格または属格の目的語をとるが，ここは weorce < weorc 与・単.

[52] līxte < līxan 過・単. stōd < standan 過・単.

第 2 章　*Beowulf*（ベーオウルフ）　　　　　　　　　　　47

    efne swā of hefene　　　　hādre scīneð[53]
    just as　from heaven　　　clear　shines
    まるで天から　　　　　　　明るく輝く

    rodores　candel.[54]
    the sky's candle
    空のろうそく（＝太陽）のように．

かくして Beowulf は Grendel の母親も倒す．不思議なことに Grendel の血はその剣を氷のように溶かしたのであった．Beowulf はその後イェーアト族の王となり，やがて国を荒らす火竜と闘う．勝利はするが自身も致命傷を負い，宝を眺めつつ最後の口上を述べる．

    "Ic　ðāra　frætwa　　　　　frēan　　　ealles ðanc,[55]
    I for those treasures　　　to the Lord of all thanks
    「我は それらの宝物に対する　御礼を万物の主に

2795　wuldurcyninge,　　　　wordum　　secge,[56]
    to the King of glory　　　with words　say
    栄光の王に　　　　　　　　ことばで申す．

    ēcum dryhtne,　　　　　　þe　ic hēr on starie,[57]
    to the eternal Lord　　　　which I here on gaze
    永遠の主に　　　　　　　　ここで目にするものに対して

    þæs ðe ic mōste　　　　　mīnum lēodum[58]
    because I was allowed　　for my people
    なぜなら我は許されて　　　我が民のため

---

[53] scīneð < scīnan 現・単．
[54] rodores < rodor 属・単，rodores candel「太陽」のケニング．
[55] ðāra frætwa (< frætwe) 共に属・複．frēan < frēa 与・単，ealles < eall 属・単．ðanc 対・単は属格名詞 ðāra frætwa をとる．
[56] wuldurcyninge < wuldurcyning 与・単．wordum < word 与・複，secge < secgan 現・単．
[57] þe 不変化の関係詞．starie < starian 現・単．
[58] þæs ðe 理由を表す慣用表現．mōste < mōtan 過・単は義務の must に変化するが，古英

ǣr swyltdæge   swylc gestrȳnan[59].
before (my) death-day   such   to gain
死ぬる日の前に   これほどのものを得たのだから．

Nū ic on māðma hord   mīne bebohte[60]
Now that I for the hoard of treasures myself have sold
今やその秘蔵の宝のために   我が身を

2800 frōde feorhlege,   fremmað gēna[61]
     old   life   attend to hereafter
     老いた命を捧げた上は，耳を傾けよ，これから先

lēoda þearfe;   ne mæg ic hēr leng   wesan.[62]
people's needs no can I here longer be
民の求めに． 我はもはやここにはいられない．

Hātað heaðomǣre   hlǣw gewyrcean[63]
Order the battle-famous   barrow to make
戦の誉れ高き者たちに命じて 塚を造らせよ

beorhtne æfter bǣle   æt brimes   nōsan;[64]
splendid after the funeral fire on the sea's nose
立派なものを我が火葬のあとに 海の岬に

語では許可 may の意味．

[59] swyltdæge < swyltdæg, 前置詞 ǣr+与・単．

[60] nū 接続詞．māðma < māðum 属・複．bebohte < bebycgan 過・単だが現在完了時制に解釈．

[61] frōde < frōd 形・対・単，feorhlege < feorhleg 対・単は前行の mīne (< ic 対・単) と共に前行 bebohte の目的語．fremmað < fremman 命・複．

[62] þearfe < þearf 対・単．mæg < magan 現・単．leng < lange 副・比．

[63] hātað < hātan 命・複．heaðomǣre 形・対・複の名詞用法．hlǣw 対・単は gewyrcean の目的語．

[64] beorhtne < beorht 形，対・単 hlǣw を修飾．bǣle < bǣl 与・単数，æfter は与格をとる．brimes < brim 属・単，nōsan < nōsu 与・単．æt は与格をとる．

sē scel tō gemyndum　　　mīnum lēodum[65]
it must as a memorial　　to my people
それは必ずや記念の物として　我が民にとって

2805　hēah hlīfian　　on Hronesnæsse,
　　　high stand　　　on Whale's ness
　　　高くあるべし　　鯨岬に

　　　þæt　hit sǣlīðend　　syððan　hātan[66]
　　　so that　it seafarers　　thereafter will call
　　　さすればそれを船乗りたちは　後にこう呼ぶだろう

　　　Bīowulfes biorh,　　ðā ðe brentingas[67]
　　　Beowulf's barrow　　when they their ships
　　　ベーオウルフの塚と　彼らが船を

　　　ofer flōda　genipu　　feorran　drīfað.[68]"
　　　over of the seas the darkness　from afar drive
　　　暗き海を越えて　　遠きところより走らせる時に.」

　この遺言に従い塚が築かれ火葬が執り行われた．イェーアトの女が鎮魂の歌を繰り返し歌い，またイェーアトの民も挽歌を歌った．彼らは口々にBeowulf の人柄や武勲を称えた．人々に対して最も慈悲深く，偉大であり，名誉を最も重んじた人であったと．

---

[65] scel（ケント方言のつづり= sceal）< sculan 現・単，sculan は義務 'must' を表す．mīnum（< mīn），lēodum（< lēod），共に与・複．

[66] sǣlīðend 主・複. hātan 仮・現・複，仮定法の用法は広く，ここは目的を示す従属節で使われている．

[67] Bīowulfes < Bēowulf 属・単，biorh = beorh これら2語にみられる写本のio の綴りはケント方言で標準的西サクソン方言のeo に対応する．Scribe B は同一写本の次の作品 Judith では一貫して eo と綴っており，Beowulf の元のテキストではすでに io と綴られていたとする説がある．詳細は Fulk (1992: 287) 参照．brentingas < brenting 対・複．

[68] genipu < genip 対・複，ofer は与格，対格をとるが動きを表す時，対格をとる．drīfað < drīfan 現・複．

5. おわりに

　Beowulf の原文を声に出して読めば，現代英語の語彙との接点がより感じられるだろう．また日本語の逐語訳を読めば，古英語の語順の多くが日本語のSOV（主語＋目的語＋動詞）語順と同じであることに気づく．仮に古英語が現在まで続いたとしたら英語は発音や語順の面で日本人学習者にとって，より身近なものとなっていたであろう．

　古英語期，主節ではSVO語順，従属節ではSOV語順がふつうの語順となっていたが初期中英語の12世紀になると，全体にSVO語順が優勢となる．一般に格語尾の消失がSVO語順を引き起こしたとされるが古英語期にすでに名詞を中心に格語尾を消失（主格＝対格）していたので他の要因が関わっていたものと思われる．

　古英語詩に見られた頭韻は中英語期の脚韻詩の伝統とともに今に伝わる．Shakespeare 由来の "All that glitters is not gold." などのことわざや Jane Austen の *Pride and Prejudice* の題名など，その例は枚挙に暇がない．

　英語は世界の言語の中で最も変化の激しい言語と言われる．これは上記の語順変化に加え，6世紀以降のキリスト教布教の影響や繰り返された侵略の歴史による語彙の増大（1世紀のローマ帝国支配によるラテン語，5世紀のアングロ・サクソン族の定住による古英語，8世紀のバイキング侵攻による古ノルド語，1066年のノルマン人の征服によるノルマン・フランス語）の要因が大きい．その結果，英語には膨大な借用語（loan-word）が入った．現代英語の語彙の比率はある統計によると，おおよそ古英語由来の本来語が25%，ラテン語またはフランス語系が50%，ギリシャ語系が10%，古ノルド語などの北欧語系が5%，その他の言語が10%となっている．こうした借用語は多くの類語を生み，豊かな文学を育む土壌となっている．

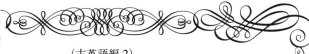

(古英語編 2)

sheep や fish は群れをなすから単複同形なのか

　群れは一体として見えるから単複同形であると説明されることがある．古英語期 scēap 'sheep', dēor 'animal, deer', swīn 'swine' は中性名詞で，その主格，対格はもともと単複同形であった．たしかに古英語期に -s 複数形であったものが単複同形に変化した例が見られる．古英語 fisc 'fish' の複数形は fiscas で -s 複数形だったが *The Oxford English Dictionary*（*OED*）では 1300 年に単複同形が現れる．同様に salmon 1387 年, trout 1603 年, fowl 1603 年, duck 1818 年と広がる．したがって中英語期以降に，群れを成す動物が認知的要因で単複同形になったと言えなくもない．

　しかし horse は古英語期，hors で単複同形の中性名詞であったが，-s 複数形に移行している．*OED* によると -s 複数形 horses が 1205 年に現れる．同様の変化が他の単複同形の中性名詞 bone, word, thing, year, wife などに拡大する．単複同形の horse も完全には消えず，集合名詞的意味を持つ Shakespeare 作品や 1818 年の用例に残る．

　群れをなす cow は現在 cows と古風な kine の 2 つの複数形を持つ．古英語期に単数形 cū の複数形は cȳ, cȳe と母音を変えて作られ単複同形ではなかった．その流れをくむ kine は後に -n 複数形が誤って追加され，children とともに二重複数形の例となった．一方，-s 複数形 cows は 1607 年に現れる．bird の場合は古英語期，単数形 brid, 複数形 briddas で -s 複数形であったが，その後，語中の ri が ir と音位転換したものの -s 複数形のまま現在に至っている．

　英語教育と英語史を結びつけると興味深いことが見えてくる．

Classroom Activity A

I. 以下の動詞の過去形，過去分詞を書きなさい．

　　　　　　　　過去形　　　　過去分詞
① come ― (　　　　　) ― (　　　　　)
② make ― (　　　　　) ― (　　　　　)
③ take ― (　　　　　) ― (　　　　　)
④ give ― (　　　　　) ― (　　　　　)
⑤ is ― (　　　　　) ― (　　　　　)
⑥ work ― (　　　　　) ― (　　　　　)
⑦ dig ― (　　　　　) ― (　　　　　)
⑧ go ― (　　　　　) ― (　　　　　)

II. 以下の名詞を複数形にしなさい．
① child　　　② ox　　　③ foot
④ kimono　　⑤ octopus　⑥ datum
⑦ analysis　⑧ kibbutz　⑨ fish
⑩ sheep

III. 次の語の語源を辞書で調べなさい．
① lady　　　② lord　　　③ daisy
④ gossip　　⑤ silly

IV. 以下の古英語の語を，現代英語にしなさい．
① seofon　　② lencten　　③ ealde-mōdor
④ scip　　　⑤ tala

Classroom Activity B

I. 以下の古英語の各語が，現代では（ ）内の綴りとなった理由を述べなさい．

① sunu (son)　② dohtor (daughter)　③ sweostor (sister)
④ ēower (your)　⑤ ic (I)

II. 以下のケニングが何を表すのか答えなさい．

① swan-rād　② brim-hengest　③ burg-āgend
④ woruld-candel　⑤ bān-hūs

III. 現代英語と古英語を結び付けなさい．

現代英語
① fingers' power　② with the witnessing of many good men
③ after his lifetime　④ with all things
⑤ the son of Ecgtheow　⑥ that was a good king
⑦ to my people　⑧ (the) wise Lord

古英語
ア．wītig drihten　イ．mid eallum þingum　ウ．bearn Ecgþēowes
エ．on manegra godra manna gewitnysse　オ．mīnum lēodum
カ．fingra geweald　キ．æfter his dæge　ク．þæt wæs gōd cyning

IV. 以下の古英語を，現代英語にしなさい．

① On þys ilcan gēre forðfērde ÆÞered wæs on Defenum ealdorman.
② Līcaþ þǣm cyninge þæt tō donne.
③ Hwæs sunu eart þū? And hwæs dohtor eart þū?
④ Þæt wīf geaf þǣm menn þā bōc.
⑤ Se bera slōh þone cyning.
⑥ Ic gefremman sceal eorlic ellen.
⑦ Hwæt sceal ic sing?

第Ⅱ部

中英語
(1100–1500)

第3章

中 英 語

片見　彰夫
青山学院大学

1. はじめに

　人間の身体の尾骶骨(びていこつ)が，少しへこんでいるのは古代，そこに短い尾が人類にあった影響である．英語に所々残るこの様な以前の姿の名残は，英語の不思議を解き明かしてくれる鍵を提供してくれる．

　さて，中英語 (Middle English, ME) とは，どのような英語なのであろうか？統語では，語順が確立したことが特徴であり，語彙の面ではフランス語を中心に多くの外来語が流入し，定着した時代といえる．そして特筆されるのは，文法上の性の消失と，屈折の単純化という文法の簡略化である．文法と語彙の点で，現代英語からは離れた印象を与える古英語から，現代英語への過渡期として，中英語の理解は欠かせないものであるといえる．

　2008年（平成20年）に改訂された中学校学習指導要領では外国語科の目標として，コミュニケーション能力の基礎を養うことが掲げられており，その要点の一つとして，「外国語を通じて，言語や文化に対する理解を深める」という点が挙げられている．2009年（平成21年）改訂の高等学校学習指導要領でもやはり，「英語を通じて，言語や文化に対する理解を深めること」が英語科の目標の一つとして記載されている．言語と文化は密接に関係していることはあらゆる言語にあてはまる．中英語期はその両面のダイナミックな相互作用が最も顕著に反映された時代といえる．英語史の知識を教師が有し，学習者に伝えることは，中高の教室や大学においても重要な位置を担いうる．以下，中英語を外面史と内面史の主な特徴から見てみよう．

2. ノルマン征服 (The Norman Conquest)

　8世紀から10世紀にかけて，スカンジナビア半島からバイキング (Viking) と呼ばれるデーン人の一派がブリテン島を襲撃した．彼らからブリテン島を守り，デーンロー (Dane law) 協定を結んだのが，ウェセックスのアルフレッド大王 (Alfred the Great) である．北欧から，フランス北部のノルマンディーへ移住したデーン人においては，間もなく自らの言語である古ノルド語 (Old Norse) の使用が廃れ，フランスの言語や習慣を取り入れ始めたのであった．

　当時，イングランドとノルマンディーとは関係が密接であった．イングランドのエドワード懺悔王 (Edward the Confessor, 在位 1042-1066) も，またフランス語で教育を受けた1人であった．子のない彼の死後，王位継承問題が勃発することになる．イングランド人のハロルド (Harold) が王位についたが，ノルマンディー公ウィリアム (William the Conqueror) が，エドワードを客人としてもてなした時の口約束である皇位継承権を主張して両者は激しく対立することになる．ウィリアム率いるノルマン軍は，東サセックス州南東部の港市ヘースティングズで衝突した．[1] 熾烈な戦闘の結果，1066年ウィリアム側が勝利をおさめ，イングランド王に在位することとなる．この出来事は，今日の英語を形成するうえで，非常に大きな影響を及ぼすことになる．ウィリアムは，権力の源である土地を臣下に分け与えた．そして，徐々に権力ある地位をノルマン人へと移し始めたのである．彼らはアングロフランス語というノルマンディー訛りのフランス語を話したことから，フランス語が支配者階級の言語となっていく．当時は国境の概念が現代とは異なることから，人々は自由に往来可能であり，イングランド王は，フランスの大部分の領地の王も兼ねていた．この傾向は250年から300年は続いたと考えられるが，人口の90％以上を占める人々が英語を用いる状況は変わらなかった．ここに支配者階級（王，貴族，家臣）としてのフランス語話者と，被支配者階級の英語を話す人々という階層区分が生まれることになる．現在の国際語としての英語の地位を思う

---

[1] 新王ハロルドは，ヘースティングズへ向かう前まで，同じくイングランド王の継承権を言い張るノルウェーのハーラル王の軍と戦い，撃破した後に急遽，南部に取って返し，ウィリアムの軍と戦ったのであった．イングランドの歴史を分かつこの歴史的な出来事が，ヘースティングズの戦い (the Battle of Hastings) であった．

と，その違いに驚くのではないだろうか．

さらに興味深い点がある．ノルマン人による征服以降300年間，英語は書き言葉の知識のない人々によって用いられたため，当時の英語は文献が少ないのである．固定された初期記録をもたない話し言葉は，変化が激しく，この時代をもって中英語の時代が始まったともいえる．

英仏2言語使用に加えて，ラテン語が教会の言語であったため教養ある人々の多くは，英，仏，ラテンの3言語を使用していたことになる．話し言葉としての英語，書記ではフランス語，そして宗教の場ではラテン語という多言語地域が当時のイングランドだったのである．

イングランドとノルマンディーの境も存在せず，国王が両方の土地を統べ，貴族が両方の領土に土地を保有することも広く行われていた．ところがこのような平和共存の時代は長くは続かなかった．欠地王ジョン（John Lackland, 在位1199-1216）による悪政の結果である．名君主リチャード1世（Richard I）の弟であったジョンは，兄の死後離婚し，リュジニャン（Lusignan）家とすでに婚約していた娘と強引に結婚してしまったのである．そのためリュジニャン一族は敵意から，フランス王フィリップ・オギュスト（Philip Augustus）に支援を求めた．イギリス王によるフランス領土所有を快く思っていなかったフィリップは，ここぞ好機ととらえて，ジョンに対して領土没収を宣言した．さらにジョンを窮地に招いたことは，フランス王に忠誠であった甥であるブリタニー公アーサー（Arthur of Brittany）を処刑したというゴシップが，衆目に信じられてしまったことである．このため，フランスの法廷から弾劾されたジョンは，フランス全貴族を敵に回し戦うことになったが，あえなく1214年の戦いで惨敗を喫し，領土回復はとん挫した．その結果，ノルマンディーのみならず，フランスにおける大部分の領土を失ったのである．

物事は歴史的見地から後世になって振り返ると，その因果関係に驚くことがある．実は，悪王ジョンの失政こそが，英語がイギリスの公用語になる大きな原動力となるのである．[2] Johnのフランス領土喪失により，イギリスの領土を

---

[2] 現在のイギリス憲法の一部となる大憲章（Magna Carta）を1215年に承認させ，法律の進歩も促した事は世界史上特筆されている．内容は，国王による徴税制限，司法制度の確立，財産没収の禁止，教会の自由などを骨子とする貴族の特権を確認し，王の専横を具体的に制限する特許状である．

持つ貴族は，イギリスへの帰属意識を深めることとなり，その結果英仏二重言語使用は消滅への道をたどるのである．

3. 多様な方言と標準化

英国放送協会 (British Broadcasting Company, BBC) の容認発音 (Received Pronunciation) は，クイーンズ・イングリッシュ (Queen's English) とも呼ばれ，現在のイギリス英語の標準発音とされている．国土面積は，日本のおよそ $\frac{2}{3}$，人口は日本の約半分にもかかわらず，今日でもイギリスでは多様な方言が話されている．特に，中英語期は方言においては混沌の状態であった．イングランドに活版印刷をもたらした William Caxton（ウィリアム・カクストン）（本章の4節を参照）によると，ロンドンの水夫が発した「卵」(eggys) という語を，わずか80キロしか離れていないケントに住む農婦は理解できなかったという逸話が紹介されている．ケントの言葉では「卵」は eyren であったからである．

当時の方言は，以下の5地域に区分される．

方言地図

I. 北部グループ (Northern Group)

北部方言 (Northern dialect)

　三人称複数人称代名詞 they[3] は，イギリス北部の Danelaw 地域から南部へと広がっていった．そのため，北部方言では，古ノルド語からの借用形の þam (them) となっている．人称代名詞 they は，イングランド北部の Danelaw 地域から南部へと広がっていったのである．

(1) In ilk a synful man or woman, Þst es bunden in dedly syn, er thre wrechednes, þe wylk brynges **þam** to Þe dede of hell.

　　　　　　　　　　　　　　　　　(*The Form of Living*, Chapter1: 85)

'There are, in every sinful man or woman tied down by mortal sin, three kinds of weakness which bring them to the everlasting death of hell.'

三人称単数現在直説法（現代英語での三人称単数の -s）の動詞屈折語尾は単数複数共に -es であった．また助動詞 shall, should の語頭音は，/s/ であるという点がこの方言の特徴である．

II. 中部グループ (Midland Group)

i) 東中部方言 (East Midland dialect)

　三人称単数現在直説法の語尾は -eth，三人称複数現在直説法の語尾は -en である．shall, should の語頭音は，/ʃ/ であった．

(2) Whan that Aprill, with his shoures soote,
　　The droghte of March **hath** perced to the roote
　　And bathed every veyne in swich licuor,
　　Of which vertu engendred is the flour...

---

[3] 古英語では，3人称複数代名詞は，hie であったが，中英語期に they に置き換えられた．このように基本語が外来語に置き換わるということは非常にまれな事象である．they は従来形の同義語 hie と共存しながら徐々に浸透していったのである．南部では，though を表す þey と同形となったため，こちらが þouȝ へと変わった．このような事例は，同音異義衝突 (homonymic clash) と呼ばれる．類例として，queen（女王）/ quean（淫売婦）や gate（門）/ gait（道）などが挙げられる．

Thanne **longen** folk to goon on pilgrimages...
(*The Canterbury Tales*, General Prologue, l.1-12)
'When April with its sweet showers
Has pierced the drought of March to the root
And bathed every vein in such liquid
From which strength the flower is engendered...
Then people long to go on pilgrimages...'

ii) 西中部方言 (West Midland dialect)

三人称複数人称代名詞では，古英語型の hem が残っている．shall, should の語頭音は，/ʃ/ であった．

三人称単数現在直説法語尾は，-es, -eth, 複数語尾は，-en, -eth であった．

(3) If he **hem** stowned vpon fyrst, stiller were þanne
Alle þe heredmen in halle, þe hyʒ and þe loʒe.
(*Sir Gawain and the Green Knight*, l.301-2)
'If he had astonished them at first, stiller were then all the retainers in hall, the high and the low.'

III. 南部グループ (Southern Group)

i) 南西部方言 (South Western dialect)

三人称単数現在直説法の語尾は単複ともに，-eth を用いた．三人称複数代名詞の目的格は，hem であった．shall, should の語頭音は，/ʃ/ となる．

(4) ...men of myddel Engelond, as hyt were parteners of the endes, **vnderstondeth** betre the syde longages, Northeron and Southeron, than Northeron and Southeron **vunderstondeth** eyther other.
(*Trevisa's Translation of Higden's Polychronicon* from Sisam, Kenneth, 2005: 149)
'...people in middle England, as it were partners of the end understand better the side languages, northern and southern, than northern and southern understand each other.'

ii) 南東部方言 (South Eastern dialect) 別名　ケント方言 (Kentish dialect)

三人称現在直説法の語尾は 単数,複数とも -eth (-eþ),三人称複数代名詞の目的格は hem であった.shall, should の語頭音は /ʃ/ であった.

(5) Dahet habbe þat ilke best
    þat **fuleþ** his owne nest.

    (*The Owl and the Nightingale* l.99-100)

    'A curse be upon that beast
    that defiles his own nest.'

East Midland 方言が,Chancery Standard(官庁標準)と相まって英語標準化の中心として現代の書き言葉標準の原型となった背景には,ロンドンが政治,経済の中心地として栄え,人口が増大したことが大きい.それに加えて考えられるのは,学術文化の発信地としての,ケンブリッジ・オックスフォード両大学の存在である.そして,地理上も南北両方に接していることから,両方言の橋渡し,ひいては,イングランド全体の言葉の仲介的立場を有するようになった.中でも,London 方言は一地区の枠を超えて,一般的に用いられるようになった.そして,15 世紀になると,地方方言は書物や書記記録の中には見当たらなくなる.しかし,標準化の影響は,中英語後期では未だ不確定であったことも,心に留めておく必要がある.以下,北部方言地域である Yorkshire の書き手による劇作 *Second Shepherds' Play* からの引用である.

(6) **Ich** shall make complaynt, and make you all to thwang
    At a worde, And tell euyn how ye **doth**. (Cawley (1958: 48))
    'I shall make a complaint, and make you be flogged at a word, and tell you how you do.'

北部で書かれたにもかかわらず,南部の一人称単数代名詞の ich が,北部の語彙である I の代わりに用いられている.また,北部では -(e)s 動詞語尾が標準であったが,やはり南部の語尾 -th が doth に生じている.このように,各方言ごとの違いも一方言に限定されるものではなく,多様なバリエーションが存在していた.当時の文献は写字生によって 1 冊ずつ筆写されており,各人の文体上の特徴も影響したからである.そのため,文献学では校訂本ではなく,元本である写本を調査することが重要になってくる.

次に,一般大衆の言語であった英語がいかに,国語としての地位を築いて

いったかの経緯をたどる．ここでも，契機となったのは歴史的要素，つまり以下2つの外面史に着目することが必要になってくる．

・英仏百年戦争（The Hundred Years' War, 1337–1453）

　何度かの休戦を入れながら，百年以上続いた．最初は優勢であったイギリス軍であったが，Jeanne d'Arc（ジャンヌダルク）[4] が現れ，形勢が逆転し，Calais（カレー）港以外はすべてフランスで得たものを失った．この戦争によって，両国民の国民感情が確立することとなった．これはイギリス人にとって英語のみを自国の言語と考える基盤となった．

・ペスト（黒死病）の流行による農民の立場の向上

　当時のイギリスの人口約400万人のうち，150万人が命を落としたという．貴族や聖職者にも多くの死者がでたことから，一般大衆では，さらに多くの被害が及んだことが見込まれる．この結果，惨禍を生き延びた農民はより多くの農地を得ることとなる．加えて労働力の不足による社会的需要の増大から，彼らの地位は高まることとなった．食糧，労働の担い手である彼らとコミュニケーションを図ることは貴族階級からも必然的となった．災いが英語の地位を高めたという歴史の不思議である．

　教育と書き言葉の普及を示す貴重な資料として，『パストン家書簡集』（*The Paston Letters*）が存在する．富裕な名家である彼らにおいても，読み書きは英語であったことが分かる．以下 (1)–(3) に示すように公の場でも，英語の定着は着実に進み，やがて豊かな中英語文学の時代を迎えることになる．

(i) 1362年　大法官の英語による開会宣言が行われた．
(ii) ギルド制度発達による新しい中産市民階層（製造業者，貿易商人）が形成されており，彼らの用いた言語も当然ながら英語であった．
(iii) 1385年には，英国のすべての文法学校（grammar school）で，フランス語ではなく，英語で教育が行われているという記述が，John of Trevisa によって記された『万国史』（*Polychronicon*）にあることか

---

[4] オルレアンの少女（the Maid of Orlèans）と呼ばれる．劣勢のフランスを救う使命を神から託されたと信じ，国難を救ったといわれる．フランス側では聖女と見なされるが，イギリスでは異端とされ1431年ルーアンの司教らによって火刑に処せられた．

ら，この頃までには英語による学校教育が定着したことが分かる．

4. カクストンと活版印刷

　William Caxton（c.1422-1491）は，イギリス最初の印刷業者であった．1476年から自らフランス語で書かれた数々の文献を翻訳したのみならず，チョーサー（Chaucer），ガワー（Gower）などを含めて，80作品ほどを印刷，出版した．彼が仕事をしていた時代は1つの語に多くの綴りや発音があったのである．加えて，大母音推移（初期近代英語（第5章）を参照）による発音の大きな変化が生じ始めていた時期とも重なるため，その仕事は困難を極めたものであったことが想像できる．

　印刷によって手書き写本時代には成しえなかった冊数の流通が可能になり，英語標準化の一助となった．彼は事業者として自分の印刷工房で利益を上げ続けることが重要であった．そのため，最も一般的な書き言葉のロンドン英語で，印刷を行ったのである．カクストンはその結果，政府の事務官が使っていた英語（Chancery Standard）の定着に貢献することとなる．ところが，印刷によって混乱を起こす契機にもなった．彼の工房には多くのオランダ人が作業しており，オランダ流の改変を施すこともあったという．例えば，ghost は当時，gast であったものに，植字工が h を挿入して定着したものであるし，Þ の代わりに y を用いることがあった．現在でもイギリスの店には，Ye Olde Tea Shoppe という時代がかった掲示を目にすることがある．この Ye とは，Þe，つまり現代英語の the に相当する．そして，語末に e や p を重ねている．これは，字数を増やすことで行をそろえるという体裁を整えるための手段に由来しているのである．

　印刷業者が預かった原稿に大幅な加筆修正を行うこともあった．カクストンもオリジナルの原稿に加筆している．『アーサー王の死』（*Le Morte Darthur*）の作者は，Thomas Malory（トマス・マロリー）であり，1485年に出版された本は，アーサー王伝説の集大成として知られていたが，著者直筆の原稿は消失し存在していない．ところが，1934年になってカクストンと同時代の写本が発見され，こちらのほうがマロリーのオリジナルな文体に近いと考えられることが分かった．当時は著作権という概念が存在せず，原稿を受け取った印刷工房の主，カクストンがマロリーの中部方言に南部の要素を加えたのである．前

者は，カクストン版（C），後者は手稿が見いだされた，Winchester College Library にちなみ，ウィンチェスター写本（W）と呼ばれる．中尾（2005）による調査を参考に，綴り，語彙，文法の 3 点から異同の一部を示す．

- 綴り： 動詞複数形語尾として，W では 46 例の -th と 12 例の -s があるが，W の 46 例のうち 34 例が，また W の 12 例のうち 1 例が，C では -en に対応している：man and woman **rejoysyth** and **gladith** of somer commynge（W 1161.3）/ man and woman **rejoycen** and **gladen** of somer comynge（C 797.3-4）
- 語彙： ローマ皇帝ルシアスの呼称 'procuror' は C に現れるが，W には出てこない．
- 文法： 変異動詞の完了形を形成する助動詞が，W では have，C では be 動詞となっている．

(7) And there every of them tolde othir the aventures that **had befalle** then syth that they departed frome the courte（W 1012.22）/ And there eueryche told other of theire aduentures and merueils that **were befallen** to them in many Iourneyes...（C 708.38）

疑問文における迂言的 do の有無

(8) **doste thou know** this contrey or ony adventures that bene nyghe here honde?（W 254.33）/ **knowest thou** in thys countrey ony aduentures that ben here nyghe hand（C 184.30）

カクストンの業績は，以前は瞬時に消えていく聴覚が主であった思想の世界を，永続的な視覚へと変化させる転機をもたらしたことである．

5. 借入語の流入

英語には，様々な言語が借用（borrowing）されており，これらの語を借入語（loan words）と呼ぶ．主に学習者が用いる英和中辞典にも語源について説明が付されていることが多いが，学習において活用されることは多くないようである．高等学校「英語コミュニケーション」の教科書（2018（平成 30）年度

版）からの本文から，中英語期に借入された外来語の例を挙げる．

　"If I were an **astronaut**, I could go into space." Many of us dream of **traveling** in **space**, but it is **difficult** to become an **astronaut**. However, we should not give up our dream. A new **type** of scientific technology may take us into **space** more easily. It is called "the **space eleva**tor."
　　　　　(Lesson 9, p. 136, *LANDMARK Fit,* English Communication I, 啓林館)

　We can **challenge** ourselves every *single* day. That is, we can choose to **view** the world with a **different** lens—a lens that **allows** us to see **problems** in a new light.
　　　　　(Lesson 4, p. 41, PROMINENCE, English Communication III, 東京書籍)

・ギリシア語
　astro「天体，天文，星」+ naut「船乗り」

・ラテン語
　elevate（< elevator）（当初は，形容詞でも用いられ，「地平線上の高度や身分が高い」，の意味であったが，18世紀からは詩語となっている．）

・フランス語
　space, travel（travail と同一語．原義は「苦労して旅をする」フランス語で「悩む，労苦する」意味が生じ，これが英語に借入された．「旅行する」の意味では14世紀が初出である．difficult（difficulty の逆成（back formation）から生じた．（本章コラム2参照）多用されるのは16世紀後半以降），type（当初は，「象徴」の意味であった．近代英語期では「特質」，現代の「典型」，「型」の意味になるのは19世紀である），challenge, single（「外套，鎧を付けていない」という意味で初出），view（「実地検証」の意味で初出），different, allow

・スカンジナビア語
　take（1100年ごろに借入され，ゲルマン共通語の niman と併用されていた．）

第 3 章　中 英 語

Oxford English Dictionary（*OED*）第 2 版（1989）では，見出し語おおよそ 290,500 語，複合語と派生語が計およそ 157,000 語の合計 447,500 語程度が記載されている．この内，英語本来語が占める割合は約 8 割，フランス語が 1 割，ラテン語，スカンジナビア語，その他を合わせても 1 割ほどであり，フランス語からの借入語の占める割合が際立っている．フランス語が大量に流入した 1066 年のノルマン征服という歴史的転換点によって古英語と区分される中英語の特徴は，脈々と現代へと継承されているのである．

中英語期に借入された外来語の一部には以下のような語彙がある．

・ラテン語

古英語期と比べれば，中英語期にはラテン語借入は多くない．しかし，14-15 世紀には翻訳とともに主に学識語が流入する．

   temple, blaspheme, exemplary, tetimony, tincture, etc.

・スカンジナビア語

スカンジナビア人とイギリス人は，共に家庭を築いたり，提携して外敵に当たるなど，日常生活で共存していたため，古英語の時代から両者はよく融合していた．そのため，日常語を中心に中英語期でも多数入っている．

（名詞・代名詞）they（古英語期では 3 人称複数形が男・女それぞれ，hi, he であったが，単数形と語形が類似していたため，女性単数主格 she の確立に応じて，最初は北部そして中東部へと，they が広がっていった．なお，she の語源については，未だ定説はない．）

anger, husband, wife, skin, skirt（当時アイスランド人の衣服の skyrta は裾長でズボンの上まで被さっていた．その連想から，今日の着衣の skirt という語が生まれた．なお shirt も同様に skyrta を基にする語であり，このように同語源であるが異なった経路を経たために語形や意義が分化した語を二重語（doublet）という）ほか，中英語に初出した語で現代英語では二重語になっている組み合わせには，fashion と faction, coy と quiet, fragile（中英語で fragility の形でフランス語から借入された．形容詞として用いられたのは初期近代英語から）と frail，などがある．

（動詞）call, die, smile, lift, raise, scare, window, etc.

（形容詞）awkward, both, full, meek, same, etc.

（前置詞）till はじめは，場所「〜の所まで」や，目的「〜のために」の用法であったが，14 世紀初めには，現代と同じように，時「〜まで（ずっと）」でも用いるようになった．

このように，日常的に用いられる語や基本語として現代英語にも定着していることが特徴である．

・フランス語

　フランス語の多数は中英語期に英語へと入ってきたが，[5] 年代ごとの比率について，興味深い統計がある．1 つは Jespersen による *OED* に基づく調査である．[6] 1050 年から 1900 年まで 50 年刻みで統計が取られているが，1351 年から 1400 年の区分が最も大量に取り入れられていることが示されている．また，Baugh は，一定の基準で選んだ 1000 語で調べているが，やはり同時期が最も多いという結果を出している．ここから分かることは，フランス語借入語はノルマン征服後，直ちに大量に英語へ流入したのではないということである．話し言葉では，多少は早かったことは想定できるが，文献，記録では 300 年近く経った 13 世紀半ばごろから 1400 年頃に及ぶ時期が最大の借入期であったのである．

・オランダ語

　海運業での交易があったため，関連する名詞が中心に借入されている．
　　　　booze, buoy, clock, deck, golf, dock, groat, guilder, hop, etc.
近代英語期になると大陸沿岸地方から，さらに多くの語が取り込まれるようになる．

　英語語彙の際だつ特徴は，同義語の豊かさである．中英語期に借入が行われても，英語本来語と共存する場合もあり (lexical twins)，表現に輻輳性 (varia-

---

[5] 中英語借入のフランス語は，ノルマンディ地方の方言であったことから，ノルマン・フレンチ (Norman-French = NF) あるいはアングロ・フレンチ (Anglo-French = AF) と呼び，パリ中心のフランス語 (Central French = CF) とは語形や音韻に違いがある．例) hostel (AF, AN) hotel (CF)

[6] Jespersen (1938: 87, §95).

tion）を及ぼし，文体に膨らみを付与することが可能となる．なお，借入語は慣習的，文語的，丁寧な意味合いとなることが一般的である．

英語本来語	中英語期借入語（F: フランス語　L: ラテン語）
clothes	attire（F）
guts	courage（F）
wish	desire（F）
climb	ascend（L）
happiness	felicity（L）

中英語期には，フランス，ラテンの両言語から借入された異なる経路を辿りながらも同じ語源の三重語（lexical triplets）が生じ，文体上のニュアンスの差異を活かす英語表現の豊かさを生じ，現在に至っている．

英語本来語	中英語期借入語（F）	（L）
rise	mount	ascend
ask	question	interrogate
kingly	royal	regal

6. 語尾の水平化と，語順の確立

　屈折によって文を構成する総合的言語（synthetic language）であった英語は中英語になると，前置詞や語順によって表現される分析的言語（analytic language）へと大きな転換を迎える．この時代に「主語＋動詞」の語順が固まったことになる．加えて，中英語期は借入された大量の外来語語彙と合わせて，現代英語の文に近づいてくる時代でもある．

6.1. 名詞
名詞
　現代英語 stone を例に OE，ME の名詞活用を並列したのが表 1 である．

表1: 名詞の格変化

	OE 単	OE 複	ME 単	ME 複	ModE 単	ModE 複
主格	stan	stanas	ston	stones	stone	stones
属格	stanes	stane	stones	stones	stone's	stones'
与格	stane	stanum	ston(e)	stones	stone	stones
対格	stane	stanas	ston	stones	stone	stones

それぞれの格には現代英語とは異なる用法もあるが，ここでは便宜上，学校文法になぞらえて，ME の格を簡略に説明すると，主格 (Nominative) は現代英語と同じ，属格 (Genitive) は「所有格」，与格 (Dative) は「間接目的語」，対格 (Accusative) は「直接目的語」に相当する．ME では，現代英語 (ModE) に，ほぼ近い形になっていることがわかるであろう．しかし，中英語は現代英語への過渡期であり，依然として，古英語の複数語尾，-en が多くあったことも事実である．例としては，現代英語の brother, pea の複数形が brethren, peasen であったこと等が挙げられる．その多くが，現代では廃語となったが，children のように残ったものもある．この複数形は，ユニークな過程を経て形成されている．もともとの単数形 cild に，複数活用語尾 -ru がすでに付加されている上にさらに，複数語尾の -en が加えられた二重複数 (double plural) なのである．

その他，現代英語へ形跡をとどめる名詞の複数形として，foot-feet, tooth-teeth, man-men, goose-geese といった母音の変換によって作られる複数名詞が思いつくであろう．古英語以前のゲルマン祖語では，複数語尾として -iz が想定されている．すると，foot の複数形は fotiz ということになるが，この語尾にある -i が前母音であることから，前の母音 -o の調音点がひきつけられて，-e となり，fetiz となったのである．その後，古英語以前に，語尾が消失して，fet となり現代の語形 feet となる．この現象を i- ウムラウト (i-mutation)，またはドイツ語での類似現象になぞらえて，ウムラウト (umlaut) と呼ぶ．では，なぜ，book の複数形は beek とならなかったのであろうか．実は，もともとの語形は単数 boc，複数 bec だったのである．しかし，-s 複数形が主流となったことによって，類推 (analogy) 作用が働き，books となったのである．英語とは人間の営みを浮き彫りにする文化そのものである．単語の由

来を理解することで，背景にある様々な言語事象のみならず，用いた人間の様子も垣間見ることができ興味深い．その他，中英語の特徴として，古英語では別であった与格と対格の語形が，ほぼ融合していたことが挙げられる．これも現代英語に近づいた特徴である．

6.2. 動詞

古英語と同様に強変化，弱変化動詞の区別はあったが，類推によって多くの強変化動詞が弱変化となっていた．母音の変化により過去形を形成する強変化と異なり，弱変化では過去形はほぼすべての語尾で -de（のち -ed）であることから，現代英語に近づいたことがわかる．

6.2.1. 動詞の過去形

現代英語 find, love を例に ME の動詞活用を記したのが表 2 である．

表2：動詞過去形の活用

		強変化	弱変化
		finde(n)	love(n)
単数	1人称	fond	lovede
単数	2人称	founde, fond	lovedest
単数	3人称	fond	lovede
複数		founden, fonde	loved(en)

1. do 否定文はまだなかった．

don't 否定の登場は遅く，Shakespeare にも用例はない．18世紀に広く用いられるようになったのである．古英語では ne, na という語が普通であったが，中英語では not も現れた．

(9) Bot I may **not** love Þe so lyghtly, for oght Þat I se Þe fo withowten:...
'But I may not love you so readily, for something that I see you from outside...' *(The Form of Living*, VI.102)

否定辞 ne については，主要な語と一体化（縮約）されることも多かった．

ne am > nam, ne is > nis, ne wil > nil, ne wolde > nolde

6.2.2. 不規則変化動詞の由来

come-came-come, swim-swam-swum といった不規則変化動詞は，母音交替 (ablaut, gradation) によって過去形，過去分詞形を作る強変化動詞 (strong verbs) の名残である．では，なぜ go の活用は，go-went-gone となり，過去形が gooed* とはならないのであろうか．過去形の went は，「転じる，進む」という動詞 wend の過去形である．これは，語形変化の一項を別の語変化形で充当する補充法 (suppletion) によるものである．

6.3. 語順の確立

古英語期には SVO 語順への傾向が生じていたが，格語尾が果たす役割は大きかった．しかし，中英語期は語順の固定が強化され，現代の英語に一層近づいた点が特徴である．以下に，新約聖書「マタイによる福音書」同箇所から，それぞれの引用を併記する．

(10) Þa seo wyrt weox, and **Þone wæstm brohte**, þa **ætiewde se coccel hine.**

(11) whanne the erbe was growed, and **made fruyt**, thanne **the taris apperiden**.
'When the new wheat sprouted and ripened, the darnel appeared as well.'

(*The gospel According to Saint Matthew* 13: 26)

古英語 (10) では，いずれも SOV, VS 語順であるが，中英語 (11)[7] では，現代英語と同じ SVO, SV 語順となっている．ここで，水平化と語順の確立がもたらした通時的な文法変化である非人称構文について言及する．非人称構文中の動詞とは，論理的主語をもたず，常に三人称単数で用いられる動詞であり，現代英語で meseems や methinks などに残る．現代では形式主語として非人称の it があるが，古中英語では，非人称動詞も用いられた．例えば，「～を好む」という動詞 like は，古英語の時代は，lician という非人称動詞であっ

---

[7] Brinton and Arnovick (pp. 292-294).

た．(i) から (iv) は，時代が現代に近づくにつれて，動詞が人称化していく過程である．

(i) þam cynge licoden peran.
(ii) the king liceden peares.
(iii) the king liked pears.
(iv) he liked pears.　　　　　　　　　　(Jespersen (1927: 208-209))

(i) では，主語は peran であった．これは動詞が複数形（licoden）であることからも分かる．(ii) では，与格語尾 -e が消滅して king となるが，動詞は複数語尾 -en を残しているため，peares が主語であると判断できる．しかし，(iii) では，主語を示す文法マーカーがない．そのため，語順の観点から the king が主語として解釈されるようになり，(iv) では明確に主格代名詞となっている．このように，中英語期から定着する水平化と，それに伴う語順の確立が，非人称動詞の人称化への動機となっているのである．

6.4. 形容詞

語尾の母音が綴りでは，e にほぼ単純化された．これは，水平化 (levelling) といい，中英語が今日の英語の形式に大きく接近したといわれる理由である．しかし，以下に示すように，古英語時代の強変化，弱変化の名残があった．形容詞の語尾変化について現代英語 good を例に表3で示す．

表3：形容詞の語尾変化

	強変化	弱変化
単数	gōd	gōde
複数	gōde	gōde

弱変化は，定冠詞，指示代名詞，所有代名詞の後で用いられた．god の語尾に，e をつける語形が残り，中英語期末の15世紀には語尾が発音されなくなった．そして母音 o は，[uː] へと調音点が上がり，今日の語形と発音 good [gud] へと至る．

more や most で比較級や最上級を作り始めたのも中英語期である．この由来については，ラテン語によるとする説が有力である．ただし過渡期である当

時は 1, 2 音節の語, sad, bright, certain 等で用いられることが多かった. また, 句比較と, 屈折比較を同時に用いた more larger や most cleanest といった多重比較 (multiple comparison) も混在していた.

6.5. 副詞

一般的な副詞接辞として -ly の発生の経緯を見てみよう. 形容詞と区別するため, 古英語期では形容詞語尾 -lic に -e を添付して, -lice を形成した. その -lice の語末の -e が水平化の影響で発音されなくなったことで, 中英語前期には, -lic へと再帰した. やがて最後の子音 -c が弱化, 消失して -li となり, 現在の -ly へと落ち着いたわけである. その一方, 現代では -ly 語尾を伴わない副詞も一般的である. これらの副詞は, full や little などのように, 形容詞も兼ね備えていることも多い. 同一語が形容詞と副詞の両方を兼ねることは, 現代でも多いが, その理由は, そもそも副詞は形容詞から派生したからなのである.

副詞と形容詞の歴史的な関連性を現代に残すもう 1 例を挙げよう. always, sometimes, nowadays の語尾の -s は, どのような語源をもつのであろうか. 中学 1 年生の学習項目に, 名詞の所有格語尾の -'s がある. 中英語期に, alles weis (常に) という形で英語に現れた現代の always 等の語尾の -s も, 元来は同じものであった. 古英語の時代の所有格 (古中英語文法では属格と呼ぶのが一般的) には, 所有を表すほかに, 副詞を作るという働きがあったためである. なお, The theater is open Sundays. (主にアメリカ英語) などの用法は副詞的対格用法に相当するものであろう.

7. 物語形式 (narratology) と英語学の観点から探る中英語

中英語の作品は, 現代英語とは異なる物語展開や読みを必要とする場合があり, それが英語史を学ぶ楽しさでもある. 以下, 語用論や文体論の視点から散文の特徴を見てみよう.

7.1. Thomas Malory のアーサー王物語

イギリスやフランスに散在するアーサー王伝説を集大成し, *Le Morte Darthur* を著したのが, Sir Thomas Malory である. 彼はたびたび重罪で収監さ

れており，このような人物がイギリス文学に画期的な大作を残したことは謎である．

　当作品は従属節を含む複文が少なく，重文を連ねる単調な形式が中心である．このような年代記的文体はともすれば洗練さに欠ける点もあり，今日の文学散文では稀である．しかし，Malory は談話標識 (discourse marker) を巧みに用いることによって，ストーリー展開にメリハリを与えているのである．物語の進行には then，挿話を入れる際には so や thus を多用したのが中英語期の散文の特徴である．[8] 接続詞で文を連ねるという単調な形式の中で物語を展開するために Malory は談話標識を挿話から挿話へと橋渡しする，いわば「移動装置」として用いることによって，当時前例のなかった長文の物語を書いたのである．

　発話冒頭の well は，疑問文や問いかけへの応答の例がほとんどないことが特徴である．際立つのは物語展開上の要の場面で現れるということである．

(11) '**Wel**,' said Merlyn, 'I knowe a lord of yours in this land that is a passyng true man and a feithful, and he shal have the nourysshyng of your child; and his name is sir Ector,... (Book I: 10)

王妃イグレインがアーサーを身籠った際に，マーリンが彼女の夫ウーサー王へ向けた言葉である．王子アーサーの養育を誰に任せるかの提案で，well が前置きされている．同様に，now も場面転換や，読者の注意関心を喚起する文脈で用いられることが多く，重文を連ねる物語形式ながらも，読者を意識した文体効果が談話標識に表れている．

7.2. 神秘主義者 Julian of Norwich（ノリッジのジュリアン）の　　　キリスト教散文

　14 世紀は，イギリスの国語としての英語の地位が定着し，支配者階級にも共通の言葉として浸透した時期である．1066 年のノルマン人による征服によって切り離された国民文学であるが，その伝統を継承したのが神秘主義者によるキリスト教散文である．本節では，イギリス女性による最初の散文といわれる Julian of Norwich (c.1342-c.1413) による *A Revelation of Love*『神の

---

[8] Fludernik (1995: 359-392).

愛の啓示』(以下, *Revelation*) の Long version をサンプルとして, 中英語の言語, 文体の用例の一端を示す.

中英語期は, 語綴りの多様性 (本章のコラム 1 参照) だけではなく, 文法面でもバリエーションが存在していた. テキスト引用に併記した括弧内のローマ数字は章, 算用数字はページを表示している.

・所有格語尾 -s の有無

(12) **man soule** is a creature in God (xliiii.62); **man soule** made of God (liii.85); he made **mans soule** to ben his owen cyte (li.6); our lord hath to **mannes soule** willing us to be occupied in knowing and loveing of him (vi.6)

「人の (man's)」では, man, mans, mannes の 3 種の異形が用いられている.

・単数と複数の語形の区別が曖昧

(13) he wil make **al creature** to loven....〈中略〉...if a man love **a creature** singularly above **al creatures**, (xxv.37)

不定冠詞 a とは単数形であるが, al (= all) とは単複両方の語形が可能である.

・三人称複数目的格として them と hem の両方が容認

古ノルド語起源の them と本来語 hem の両方が, 同一文献中に現れている (本章の 3 節を参照). 当散文は East Midland 方言であり, ノリッジはイングランド中部に位置するという地理的要因の影響も加わり, 双方の用法が共存していると考えられる.

生起数は, them 25 例 (25.6%), hem 61 例 (74.4%) となっており, 次のような to they という用例もある. これは, they の使用が確立していなかったことの反映だといえよう.

(14) for I would it were comfort **to they**, for al this sight was shewid

general. (viii: 12)
'for I wamted it to comfort them, for all this vision was showm for everyone'

・先行詞が人でも関係代名詞主格として which が生起

関係代名詞 which の用法は 12 世紀に始まった．当初は物と人間両方を先行詞に伴い，非制限用法が主であったが，15 世紀から漸増し始め，徐々に that の領域も兼ねるようになっていった．*Revelation* は，14 世紀の英語であり，which が頻度を増していく過程の作品であった．各関係代名詞の生起数は以下のようになっている．

表 4：*A Revelation of Love* における関係代名詞の生起状況

	制限用法	非制限用法	先行詞人	先行詞物	計
that	540	10	65	485	550
whom	30	5	35	0	35
which	95	198	11	282	293
the which	9	5	0	14	14

which において，制限用法の割合が高まってきている傾向が分かる．

13 世紀末に北部方言に，the which の用例が初出する．以後使用地域が拡大して中英語では一般的となる．古英語の se þe が the which へと置換されたか，関係詞句 se (þe) swa hwelc 'the so which' が源であるとも考えられる．15-16 世紀には，一層頻繁となるが，18 世紀前半までにはほぼ廃用となった．

・不定詞では，to と for to の両方の形式が存在

その割合は，およそ 5 対 1 であったというデータもある．[9] for to は，15 世紀に向けて減少していく．*Revelation* では，to の 574 用例数に対して，for to

---

[9] *A Book of London English 1384-1425* を調査したデータに依る．Mustanoja (1960: 514).

は 23 例であった.

(15) Then was I stered to be sett upright, underlenand with helpe, **for to** have more fredam of my herte **to** be at Gods will,... (iii: 4)
'Then I wanted to be set upright, so that my heart could be more freely at God's disposition,...'

・二項語 (**word pair**) が頻用されている
　OE 期から, 現代英語まで継続している英語の通時的な特徴である. ここでは and による例を挙げる.

　　同義語 (類義語) 連結： joy and bliss, mercy and grace, worship and bliss, love and grace, joy and liking, virtue and grace, ...
　　対義語連結： heaven and earth, weal and woe, ghostly and bodily, meekly and mightly ...

8. おわりに

　学習者の多くは, 国際語としての英語を前提と考えていることが多いが, 歴史をたどればヨーロッパの小国 (イギリス) への侵略者 (アングロ・サクソン人) による支配から始まった言語であることがわかる. その後, ノルマン征服により, しばらく英語は公の文献から姿を消すが, 人々の間では最も一般的な言語であったことは変わりなく, 14 世紀に力強く立ち上がったのであった. 古英語からの散文の伝統も継承されており, その 1 人が本節でも取り上げた Julian of Norwich 等の神秘主義者による散文である. ゲルマン系言語である英語は, 中英語期のフランス語を中心とした外来語の借入, そして語尾の水平化と語順の確立という文法上の変化をしながら今日の形式を整え始めた. 現代でも英語は変化に対して門戸を閉ざすことなく広く受け入れ, 変遷を続けている.
　歴史の試練にひるむことなく, 時代に合わせて姿を変えながら今日の国際語としての地位を築いた英語, そのダイナミックスが濃縮されている時代が中英語期であるといえる.

（中英語編）

1. 1つの語に様々な綴りがあった.

　印刷技術の登場以前は，綴りが固定されておらず，1語に複数の綴りが存在した．people には 20 以上の綴り（pepylle, puple, peeple ...）she には 60 以上，そして，through では 500 以上のヴァリエーションがあった．綴りが現在のように固定されておらず，発音綴り（spelling pronunciation）であったことも原因である．中には，busy のように，スペリングと発音 /bizi/ がそれぞれ別方言から残り，今日に至っている語もある．

2. ゼリー（jelly）という語は「固まらせる」が原意である．おやつやデザートで戴くゼリーは，整髪料のゲル（gel）とも同根語である．これは，語の一部分を接辞や語尾などと混合し，新たな語彙を生み出す逆成（backformation）という造法である．edit < editor, televise < television, pea < pease, burger < hamburger 等がその例である．

3. ラテン語の影響はこんなところにも!？：エクスクラメーションマーク（!）と，クエスチョンマーク（?）の起源

　感嘆符の！は，ラテン語の Io（歓喜の叫び）に由来している．I が o の上に置かれた後に，o が点となって，！が作られた．一方，疑問符の？はラテン語の Quaestio（疑問，調査）が元である．頭文字の Q の小文字 q の下に語末の o を置き，やがて o が点となり，？となった．

4. なぜ，Ichiro のアクセントは第一母音（イッチロー）なのか？

　メジャーリーグでも一流の実績をおさめている，イチローこと鈴木一郎選手は，アメリカでは，/イッチロー/ と最初の母音が強く発音される．英語は，元来接頭辞（un-, dis-, pre- 等）のない場合は，第 1 音節に強勢（accent）がおかれたというゲルマン語特有の特徴があった．中英語期に，ラテン語やフランス語といった第 2 音節以降に強勢をおく語彙が

大量に借入されることで，本来の原則が揺らいだのである．しかし，日本語のように印欧語に属さない言語から新たな語彙が入ると，祖先ゲルマン語の素性が出るため，第1音節に強勢がくるのである．ちなみに日本のプロ野球球団には，Messenger という名前の選手が在籍していたが，日本ではアメリカでの発音 /メッセンジャー/ ではなく，/メッセンジャー/ と第2音節に強勢があることも，日英語の発音の違いを表す特徴である．

5. 人称代名詞 *You* だけが，なぜ単複同形？

中英語の二人称代名詞は以下の形であった．

単数：主格 thou　　目的格（当時は与格，対格）thee
複数：主格 ye　　　目的格 you

ドイツ語 Sie，フランス語 vous と同様の現象が英語にも起こっていた．敬意が込められた際の複数主格の ye が，一般的な二人称代名詞として定着したのである．ye も，you も弱く発音されていたため，両語が混同され，やがて you に統合されていったのである．一方，thou, thee は，中英語期では目下の者に呼びかける時に用いられるようになった．

6. 関係代名詞の省略

This is the book I bought yesterday. という文で関係代名詞 which, または that が省略されていると考えることは正しくないと，Jespersen (1933: §34.3) では述べている．英語には本来，関係詞を欠く構文があったためであり，同書ではこれに，接触節（contact-clause）という名称を与えている．例えば，There was a man came to see you yesterday. や，I have one of my uncles was an engineer. 等，主格を欠く用例も中英語期にはあったのである．現代英語における目的格ゼロ関係代名詞は中英語から頻度が増してきたが，主格ゼロ関係代名詞は18世紀には廃れ，目的格の場合のみ現在に残っている．

7. 関係代名詞 that と which の違い

関係代名詞 that は，もともとは指示代名詞「それ，あれ」であったが，指示的な語には自ずと，文が並立した場合には接続詞の働きが生じる．
例えば，The king owns the thane **that** serves well in the palace. と

いう関係構文は，The king owns the thane. と That (= the thane) serves well in the palace. の2文がつながれたものである．指示代名詞 that が文頭の主語なのか，接続詞として前文とつながっているのか，音声だけでは区別が困難であったため，指示代名詞が関係代名詞として定着するようになった．

関係代名詞 which は古英語後期からあったが，一般化したのは12世紀からである．ただし，中英語後半迄は，that のほうが頻度は高かった．関係代名詞 who は未発達であったため，which は先行詞が人であっても用いられることが普通であった．that と which の機能が重なるようになってからは，前置詞が関係詞の前に置かれる構文では which，最上級が先行する時は that，そして，詩でも that のほうが多く用いられる，といった区別が行われるようになった．

8. 仮定法と接続法 (subjunctive)

高校生ならば，誰もが学んだであろう文が，If I were a bird, I would fly to you. であろう．高校生にとって仮定法の習得が難しい理由は，時制と意味のずれにある．しかし，この文中の動詞 were や would は過去を表す過去形ではないのである．ここで出てくるのが「法」(mood) である．これは，文の内容についての現実性を話者がどれほど意識しているかの「気分」(mood) が述語動詞に現れるという英語学用語である．現在と過去時制は事実をそのまま描写するため，「直説法」と呼ばれる．その一方，事実描写ではなく，想像や仮定など，頭の中の世界，つまり言葉の中だけで生じる事象を述べる「接続法」に用いる動詞活用が，英語の歴史上存在していた．また，Long **live** the king!/Heaven **help** him! など，独立文においても用いられていた．現代英語の仮定法は接続法の名残を現在に伝える文法なのである．

9.

英語に定着している，中英語期に源のあるニックネームの由来をみてみよう．Anne の愛称はなぜ Nan, Nancy なのであろうか．

親愛の情を込めた mine Ann が異なった部分で区切られて Nan が使われ，定着していったのである．これは Edward が，Ned になった理由と同じである．このように区切りの再解釈をすることを異分析 (meta-nalysis) という．同様の経緯で生じた語には次のようなものがある：a nickname < an ekename / an apron < a napron / an umpire < a numpire

次に，William はなぜ Bill になり，Elizabeth が Betty, Bess, Bessy になるのかである．これは名前の一部を省略した際，口の動きを小さくすることで発音しやすくしたためである．なお，Elizabeth はヘブライ語，Elisabeth はフランス語由来である．

10. 鳥の bird は，OE 期は brid であったが，15 世紀に音位転換（metathesis）し始め，次第に現在の形に統一された．horse < hros, third < thridda も音位変換の例である．日本語にも同様の事例がある：ちゃがま（茶釜）＜ちゃまが／さざんか（山茶花）＜さんざか／あきばはら（秋葉原）＜あきばはら

11. alive の語源
古英語では，生きているの意味の on life であったのが，有声音間の影響で有声音の on live となった．その後，前置詞 on が中英語で接頭辞の a へと変わっていった．同様の語としては，awake, ahead, asleep 等がある．

第 4 章

Chaucer の言語と作品

大野　英志
広島大学

1. はじめに

　Geoffrey Chaucer（ジェフリー・チョーサー；1343 年頃～ 1400 年）はロンドンのワイン商の家に生まれ，幼い頃より宮廷に仕え，従軍や使節としてフランス，イタリアを訪れた．そして，後の 1374 年にロンドンの税関長に任ぜられた．こうした中で，彼はラテン語，フランス語，イタリア語などで書かれた作品からの影響を受けながら，1370 年頃より *The Romaunt of the Rose*[1] (*Rom*), *The Book of the Duchess* (*BD*), *Troilus and Criseyde*[2] (*Tr*), *The Canterbury Tales* (*CT*) など[3] を英語で書いた．

　Chaucer 直筆の文書は現存しないが，各作品に様々な写本が残っている．例えば *CT* では Chaucer の存命中に作成されたと考えられている写本やそこから派生した 80 余りの写本が確認されており，その写本間には綴りや語彙などの本文異同が見られる．また，それらを基に編集された刊本が 15 世紀以降[4] に作られており，現在手軽に入手できる編集テクストとしては Benson 編の *The Riverside Chaucer* がある．この章では便宜上この版を使用して Chaucer

---

[1] フランス語作品 *Roman de la rose* の翻訳．
[2] イタリア語作品 *Il Filostrato* に基づく．
[3] このほかに本章で扱う主要な作品名と略称は次の通り．*The House of Fame* (*HF*), *The Parliament of Fowls* (*PF*), *The Legend of Good Women* (*LGW*).
[4] 1476 年に William Caxton（ウィリアム・カクストン）がイングランド最初の印刷所をロンドンに開設し，*CT* など 100 冊余りの書物を印刷した．

の作品について解説する．なお，この Benson 版に註と語彙解説はあるが，テクストを読む際に便利な文献として，*The Oxford English Dictionary*（*OED*）のほかに，*Middle English Dictionary*[5] や Davis et al. による *A Chaucer Glossary* がある．Chaucer の言語についての解説書は様々あるが，近年では Horobin によるものが読みやすい．

本章では，語形，語彙，統語法（二人称代名詞，独立不定詞，非人称構文，法助動詞），地域方言といった領域から Chaucer の言語について紹介しつつ，彼の作品の内容に触れる．そして，通時的観点を踏まえた上で，共時的バリエーションとそれらが作品の読みに与えうる効果について解説する．

2. 語形

現代英語でいわゆる不規則変化動詞に分類されているものでも，Chaucer では規則変化の形を持つ例がある．

(1) he hadde Adam **maked** (*CT* IV 1325)

Chaucer では過去・過去分詞形として maked のほかに made という語中音消失（syncope）の形も併存している．動詞 have も同様な語形変化をするが，Chaucer における過去・過去分詞形は語中音消失の形のみである．

語中音消失の例は動詞に限らない．

(2) he ne made hire nat of the **heved** of Adam (*CT* X 926)

heved は名詞 head の古い形である．

Chaucer の作品の多くは韻文で[6]，1 行は通常 8 または 10 音節で構成され，強勢の弱い音節と強い音節の組みが連なる．語中音消失でない形は，このような詩作上の要請から用いられる可能性があり，例えば (1) では maked は次行の naked と脚韻を踏んでいる．

また，Chaucer には現代の綴りと一部が入れ替わる語が散見される．

---

[5] 書籍のほかにウェブ版 https://quod.lib.umich.edu/m/middle-english-dictionary/dictionary もある．

[6] 主として二行連句と帝王韻律（押韻形式が a-b-a-b-b-c-c の 7 行で一連）の形式を取る．

(3)　the **brid** began to synge　　　　　　　　　(*LGW* 1757)
(4)　Tho come the **thridde** companye　　　　　(*HF* 1657)

例えば，(3), (4) の brid, thridde は r と後続の母音が音位転換 (metathesis) を起こし，現代英語では bird, third となっている．

さらに，現代英語に残る定型表現の元の形も見ることができる．

(5)　wel we weren esed **atte beste**　　　　　　(*CT* I 29)

atte beste は現代英語の at best に相当する．atte は at + the から成り立っていて，2 つの語が同化 (assimilation; at の /t/ の影響で the の /θ/ が /t/ になった) を起こしている．この同化の例はこのほかにも at best, at most, at least, at first sight といった現代英語の表現に残っている．

3.　語彙

3.1.　意味変化

Chaucer の時代には現代英語と異なる意味を持つ語が散見される．

(6)　this **sely** innocent, Custance　　　　　　　(*CT* II 682)
(7)　thilke **sely** povre Grisildis　　　　　　　　(*CT* IV 948)

(6), (7) の sely は現代英語では silly である．この語の原義は "happy, fortunate"[7] などであり，後に意味が堕落 (deteriorate) する．(6) にある女性 Custance[8] は乙女，妻，そして苦しむキリスト教徒として，当時の女性の鏡である．また，(7) の Grisildis[9] は侯爵である夫の気まぐれな要求に堪え忍ぶ女性として描かれている．この 2 人を修飾するには現代的な意味ではなく，"holy, harmless, innocent"[10] が相応しい．

反対に，現代に至る間に意味が向上 (ameliorate) した例もある．

---

[7] *OED*, s.v. *seely, a.*
[8] *CT* 内の *The Man of Law's Tale* の主人公．
[9] *CT* 内の *The Clerk's Tale* の主人公．
[10] Davis et al. (1979), s.v. *sely, adj.*

(8) ye been lewed and **nyce** (*CT* IX 925)

形容詞 nyce は lewed と並置されている．lewed が "unlearned, ignorant"[11] という意味であることからも，nyce は現代的な意味ではなく，"foolish"[12] などの意味であることがわかる．

また，意味が特殊化 (specialize) した例もある．(9) は *CT* の *The General Prologue* (以下 *GP*)[13] からである．

(9) smale **foweles** maken melodye (*CT* I 9)

現代英語で名詞 fowl は「家禽」を意味するが，(9) の foweles は「鳥」を意味する．一方，当時 bird ((3) でも見たように綴りは brid) は「若い鳥」や「小さい鳥」を表した．

3.2. 借用語

英語には外国語からの借用語 (loanwords) が多くあり，時には借用語と本来語 (Old English 起源の語) が類義である場合がある．その際，それらの語は対立関係にあり，結果としてどちらかが廃語となるか，または意味の上で棲み分けをする．1066 年のノルマン征服 (Norman Conquest) 以後の約 300 年

---

[11] *OED*, s.v. *lewd, a.*
[12] Davis et al. (1979), s.v. *nyce, adj.*
[13] *CT* は，ロンドンの旅籠で偶然一緒になった 29 人のカンタベリー大聖堂巡礼者が，旅行中の暇つぶしに，話合戦を行うというもので，中世に盛んであったいわば物語集である．*GP* と 23 の話（様々な物語を基にする）で構成され，各話は騎士の武勇，宮廷愛，宗教的道徳，庶民の生活など，様々なジャンルである．

GP は春の到来を告げる一節で始まる．4 月のにわか雨によって草木は花を咲かせ，若芽を吹く．動物も自然に突き動かされ，引用 (9) のように小鳥は歌い繁殖の時期を迎える．そこで人は巡礼に出かけたいという気持ちになるという内容である．その後，巡礼者の説明になる．騎士と教区主任司祭は非の打ち所がないと紹介されているものの，騎士は当時衰微しつつあった騎士道のアンティテーゼとして，祭司も当時堕落した聖職者たちの現実の姿に対する批判として提示されている（市河・松浪 (1987: 146)）．神学生も真面目に描かれているものの，そこに Chaucer のユーモアやアイロニーが見える（大山 (1987: 76)）．さらに，女子修道院長や修道士たちが世俗的に描かれたり，免償説教家が怪しい風貌で描かれたりするなど，当時の社会に対する Chaucer の皮肉が窺われる．また，バースの女房は強い気性と肉体的エネルギーを持ち，男を支配・征服しようとする女性として描かれている（大山 (1987: 104)）．このように，*GP* はわずか 860 行ほどであるが，当時の世相やものの考え方をよく表している．

間はフランス語が宮廷, 法廷, 政治, 軍事, 文化などの公用語であり, 多くの教育のある人々が2, 3カ国語常用者であったこともあり, この Middle English 期の最大の借入源はフランス語であった.[14]

このセクション[15]では, フランス語からの借用語 courage と本来語の heart[16] を例に取り, 2語の使われ方を観察する. Chaucer の作品には (10) のように, これらの語が並置される例がある.

(10) The murmur sleeth myn **herte** and my **corage**　　　　(*CT* IV 628)

courage は古フランス語では "heart, innermost feelings, intentions, thoughts; disposition, temper"[17] という意味を持っており, *OED* の初出例は1300年頃である. 原義はしばらく存続するが, 14世紀後半に「勇気」の意味が現れ, 1600年頃までに定着した. Chaucer の作品における2つの語のコロケーションを見ると, courage には形容詞 sharp などの強い感情・情動に関する語が多いのに対して, heart には動詞 break といった実体のある臓器である心臓からの連想をもつ語句が多い. このように, courage は heart という器の中にある様々な感情を表しているようだ.

この箇所は (7) でも触れた *The Clerk's Tale* の一節で, 夫である侯爵は身分の低い Grisildis との結婚を領民が良く思っていないと嘘をつき, 2人の間に生まれた幼い子供を殺すことに同意させようとしている.[18] 不満の声 (murmur) が破壊 (sleeth) する myn herte and my corage について,「心身」という日本語を与えている訳者がいる一方で, 新しい意味を取り入れて「心と勇気」とする訳者[19]もいて, 解釈が分かれる場合もある.

また, courage は次の例のようにも用いられている.

---

[14] 中尾 (1991: 423).
[15] このセクションは大野 (2003) に基づく.
[16] Chaucer ではそれぞれ corage, herte という綴りが一般的.
[17] Hindley et al. (2000), s.v. *corage*.
[18] その子供は連れて行かれるが, 密かに侯爵の姉によって育てられ, 最終的には Grisildis と再会する. このように夫が妻を試すという話について, 語り手の神学生は, Grisildis の忍耐を見習うのではなく, 逆境でも動揺しないようにすべき (*CT* IV 1142-48) と述べている.
[19] 前者は桝井 (1995: 139), 後者は笹本 (2002: 186).

(11)　For Januarie was bicome hir knyght
　　　And wolde bothe assayen his **corage**
　　　In libertee, and eek in mariage;
　　　...
　　　"Now wolde God ye myghte wel endure
　　　Al my **corage**, it is so sharp and keene!"
　　　...
　　　He drynketh ypocras, clarree, and vernage
　　　Of spices hoote t'encreessen his **corage**;
　　　And many a letuarie hath he ful fyn,
　　　Swiche as the cursed monk, daun Constantyn,
　　　Hath written in his book *De Coitu*;
　　　To eten hem alle he nas no thyng eschu.

　　　'For January had become her knight / And would test his **spirit** both / In liberty, and also in marriage; ... "Now would God you might well endure / All my **desire**, it is so sharp and keen!" ... He drinks mulled wine, claret, and strong white wine / With hot spices to increase his **desire**; / And many a very fine aphrodisiac has he, / Such as the cursed monk, Dan Constantine, / Has written in his book "Concerning Intercourse"; / To eat them all he was not at all averse.'[20]

(*CT* IV 1724-26, 1758-59, 1807-12)

(11) は *The Merchant's Tale* からで，若い妻を娶った老人 Januarie は初夜を前にいろいろ思いを巡らしながらワインや秘薬を飲んでいる．当時の医学によると，courage は性交渉に必要な spirit, humour を意味する．[21] さらにこの3つの courage は抽象的な意味だけではなく，具体的な「生殖器」という解釈をも許す．[22] このように，*The Merchant's Tale* という風刺的滑稽譚（ファブリ

---

[20] *CT* の現代英語訳は Harvard's Geoffrey Chaucer Website による．
[21] Delany (1967: 561).
[22] Ross (1972: 64).

オ／fabliau)²³ において，この語は婉曲語法（euphemism）として用いられているといえよう．この話では，やがて若妻 May は Januarie の近習である Damyan と浮気をする．²⁴ 盲目になった Januarie は浮気現場で視力を取り戻し，May を追及するが，彼女は平然とごまかす．

一方，本来語の heart は上述のように，器のイメージがあり，Chaucer が好んで用いた表現 "pite renneth soone in gentil herte" ('pity runs soon in gentle heart') などに見て取れる．ちなみにこの哀れみが優しい心に入った結果は様々である．例えば，2 人の騎士が 1 人の乙女に恋をするという The Knight's Tale では，乙女の父でこの 2 人を遠ざけたアテネの君主 Theseus は，発見したこの 2 人に死罪を命じた際に，王妃より泣いて許しを請われ，2 人を容赦する．一方で，(11) でも見た The Merchant's Tale では，哀れみが May の心に入ると，彼女は Damyan との浮気に踏み切る．

また，heart は次の文脈で意味があると考えられる．

(12)　Quod Pandarus, "Thow wrecched **mouses herte**,
　　　Artow agast so that she wol the bite?

　　　"'You miserable **mouse's heart**!" said Pandarus. "Are you scared she'll bite you?'"²⁵ 　　　　　　　　　　　　　　(Tr 3.736-37)

(13)　　　　… But certeyn, at the laste,
　　　For this or that, he into bed hym caste,
　　　And seyde, "O thef, is this a **mannes herte**?"
　　　And of he rente al to his bare sherte

---

²³ 元来は 12, 13 世紀のフランスにおける日常生活を滑稽な視点で描く詩であり，Chaucer では性的要素が入ることが多い．CT では，The Miller's Tale, The Reeve's Tale, The Summoner's Tale, The Merchant's Tale, The Pardoner's Tale, The Shipman's Tale などがある．

²⁴ このような，年老いた男と若い女の夫婦で妻が若い男に寝取られるという話の教訓は 'Men should wed according to their status in life' (CT I 3229) という賢人 Cato の言葉である．CT にはこのパターンが The Miller's Tale などに見られる．この話は，年老いた大工で下宿屋をする John が下宿人の学生 Nicholas に若い妻 Alison を寝取られるというものである．Nicholas は翌日に大雨が降り壊滅的な大洪水が起きると John を騙す．避難用にと天井から吊した桶の中で John が眠っている間に，Nicholas と Alison はベッドをともにする．ただ，Alison に思いを寄せる教会書記 Absolon の邪魔が入り，どたばたの結末となる．

²⁵ Tr の現代英語訳は Windeatt (1998) による．

> 'But certainly, in the end, one way or another, he threw Troilus into bed, and said: "O you wretch! Call this **being a man**?"—and he tore off everything down to his shirt' (Tr 3.1096-99)

(12), (13) は Tr より．この作品のあらすじは次の通り．トロイの王子 Troilus と未亡人 Criseyde は，ギリシャ軍に包囲されたトロイの中で出会い結ばれる．しかし，人質交換により Criseyde はギリシャ陣に行くことになる．逃避行を提案する Troilus に対して，Criseyde は 10 日経ったら戻るという約束をするものの，ギリシャの武将 Diomede のものとなる．Troilus は悲しみのうちに出陣し討ち死にし，天に昇りつつ，哀れな人の世を侮蔑する．

(12), (13) で，Troilus と Criseyde との密会をお膳立てした Pandarus (Troilus の親友で，Criseyde の叔父) は，Criseyde を目の前にしてもなかなか積極的になれない Troilus に対し，heart を使って男の度胸を見せるよう発破を掛けている．このように本質的事物を述べる際には，借用語ではなく本来語である heart が効果を十分に発揮する．

4. 統語法

4.1. 二人称代名詞

今ではあまり見かけない二人称単数代名詞 thou は Chaucer の時代には存在した．そして複数形は，現代フランス語の vous や現代ドイツ語の Sie にも見られるように，当時では単数の敬称としても用いられた．[26] この用法が夫婦間の会話においても見られ，上流社会ではお互いに単数形（親称形）よりは複数形（敬称形）を使うのが一般的であった．ただし，感情の変化などの理由によってこのルールは破られることがある．CT の The Tale of Melibee を例に二人称代名詞の切り替えを見てみる．

この話では，妻子を傷つけた暴漢に対して復讐を目論む Melibee に対して，妻 Prudence は，領主としての対応をして暴漢と和睦をするように説得する．Prudence はその名が表す通り，高貴な生まれの女性に理想的なスピーチと行

---

[26] 寺澤 (2008: 118).

動のパターンに従っているとされる.[27] 一度決めたことを，しかも女性によって覆されるということに耐えられない夫との対話において，彼女が主導権を握ろうとする努力は，古の賢人からの引用，呼びかけ語や義務・必要を表す動詞の用法だけでなく，二人称代名詞の用法にも見て取れる.

Melibee[28] は Prudence に対して当初は一貫して親称形を使う．しかし，妻の (deere) sire, my lord などの呼びかけ語や I yow biseche などの丁寧表現，そして一転した now wol I teche yow といった高圧的な言い回しや ye shul などや命令形の繰り返しといった単刀直入な表現により，途中から態度を変化させ，敬称形を使い始める．

一方，Prudence は敬称形と親称形を頻繁に入れ替え，それが1つの文の途中で生じる例もある．

(14)　And whan **ye** han examyned **youre** conseil, .../thanne **shaltou** considere if **thou** mayst parfourne it and maken of it a good ende.

'And when **you** have examined **your** advice, .../then **shalt thou** consider if **thou** can perform it and make of it a good end.'

(*CT* VII 1211-12)

このように，丁寧表現と敬称形代名詞，かたや単刀直入表現と親称形代名詞で，相手を押したり引いたりするように話し，彼女は Melibee に敵との和睦の方向に向かわせることになる．

4.2. 独立不定詞[29]

Chaucer が好み，くだけた語りの特徴の1つ[30]である独立不定詞に，動詞 say, speak, tell がよく使用される．現代英語におけるこれら3動詞の用法を *Longman Dictionary of Contemporary English* で見ると，so to speak, to say the least, to say nothing of ..., to tell (you) the truth が挙げられている程度である．一方 Chaucer では，各動詞を伴う独立不定詞は次のような目的

---

[27] Collette (2000: 159).
[28] 丁寧さからの解説は，Pakkala-Weckström (2001: 407-408) に基づく．
[29] このセクションは Ohno (2015) に基づき加筆修正したもの．
[30] Mustanoja (1960: 542).

語や副詞(句)と結びついている．

表　Chaucer 作品における独立不定詞の主な構成要素

動詞	共起する目的語や副詞(句)
say	finally, platly, pleynly, <u>shortly</u>, <u>soth(ly</u>
speak	generally, gostly, in comune, properly, trewly, vulgarly, in specyal, pleyn(ly, <u>short(ly</u>
tell	aryght, as I may, as it was/is, <u>at o word</u>, at last, <u>at shorte wordes</u>, the conclusioun, forth, <u>in short</u>, in this case, properly, trewely, pleyn, <u>short(ly</u>, <u>soth(ly</u>

　興味深いことに，現代英語に見られる to tell the truth は Chaucer には見られない．同時代の宮廷詩人 John Gower（ジョン・ガワー：1330 年頃〜1408 年）の Confessio Amantis においてもこの組み合わせは 3 例見られた程度である．OED[31] の引用を見ても，この表現は 14 世紀半ばから現れ始めたようだ．

　さて，表に示した語句を SHORT 系（表の下線部：「簡潔に言うと」），SOOTH 系（表の二重下線部：「実を言うと」），そのほかに分類すると，SHORT 系は tell，SOOTH 系は say と結びつきやすく，speak は to speke of + 名詞句という話題を導入する表現のほかに，様々な副詞(句)と共起しやすいことがわかる．

　また，(15) では，shortly と at o word という類似表現が 1 つの動詞 tell と共起している．

(15)　For **shortly for to tellen**, **at o word**,
　　　The Sowdan and the Cristen everichone
　　　Been al tohewe and stiked at the bord,
　　　But it were oonly dame Custance allone.

　　　'For **shortly to tell**, **at one word**,/The Sultan and the Christians each one/Are all hacked to pieces and stabbed at the table,/Except for only Lady Custance alone.'　　　　　　(CT II 428-31)

---

[31] s.v. *truth*, *n*. 9.; *tell*, *v*. 18.

このような冗長的な表現は，1行10音節の韻文という条件によるものかもしれないが，Chaucer のくだけた語り，あるいはこの話の語り手である弁護士のせっかちな性格を表しているかもしれない．この弁護士は GP で皮肉混じりながら，'There was nowhere so busy a man as he,/And yet he seemed busier than he was.' (CT I 321-22) と描写されている．

SOOTH 系の表現は，常に真実を述べる際に用いられるとは限らない．GP ではロンドンのサザークにある旅籠に集まった巡礼者達が紹介されているが，ナレーターが巡礼者の1人である豪商の名前を知らないと述べる際に SOOTH 系の表現が用いられている．

(16) For sothe he was a worthy man with alle,
But, **sooth to seyn**, I noot how men hym calle.

'Truly, he was a worthy man indeed,/But, **to say the truth**, I do not know what men call him.' (CT I 283-84)

しかし，実は Chaucer は知らない振り[32] をしている．詳細を知っていた聴衆や読者はにやにやしたであろう．

また，SOOTH 系は (12), (13) でも見た Tr では全体を通して登場人物の本心を相手に誠実に伝えると同時に，Troilus と Criseyde の恋を成就させようとする Pandarus やナレーターの意図を表しているようだ．しかし，Criseyde が Troilus と離れ離れになる場面以降では Pandarus による使用はなくなり，彼の話し好きな口ぶりに陰りが見られる．そして，SOOTH 系はナレーターによって，(17) のように戦況の悪化や，(18) のように Criseyde が Diomede に心を許すといった，悲劇的で自らの願いに反する事柄を告げなければならない際に用いられる．

---

[32] 大山 (1987: 75) は次のように述べている：
ほんとうに名前を知らないなら，名前を知らぬとことわる必要はなかろう．ここで考えられることは，一つには宮廷人たる Chaucer が，一商人の名前などを挙げることをはばかったのかもしれぬということ，もう一つには，当時の読者にはこの商人がすぐに誰と見当がついたために，ことさらに名前は知らぬというふうにとぼけておく必要があった，ということである．後の方が Chaucer らしくて面白いだろう．

(17) But in the laste shour, **soth for to telle**,
The folk of Troie hemselven so mysledden
That with the worse at nyght homward they fledden.

'But in the last assault, **to tell the truth**, the people of Troy conducted themselves so badly that they had the worst of it and fled homewards at nightfall.' (*Tr* 4.47-49)

(18) And finaly, **the sothe for to seyne**,
He refte hire of the grete of al hire peyne.

'and finally, **to tell the truth**, he relieved her of the chief part of all her pain.' (*Tr* 5.1035-36)

この作品は，当時の説教文学やロマンス作品と異なり，全知の視点に立つナレーターと，登場人物のように固有の視点に立つナレーターが設定されており,[33] 後者はこのような表現を用いて現れている．

4.3. 非人称構文

このセクションでは非人称構文のうち，動詞（例：like, remember, dream）の表す動作や状態に影響を受ける人（「経験者」と呼ぶ）を伴う例を扱う．Chaucer の時代には同一動詞が与格の経験者を伴って非人称構文となったり，経験者が主格で表される人称構文となったりする場合がある．経験者が人称代名詞の場合，韻文作品の行末で脚韻の要請で主格あるいは与格が選択されると説明することも可能であろうが，経験者が文中にある場合や両構文が散文作品に現れている例もあり，代名詞の格の選択，つまり人称・非人称構文の選択に意味があると考えられる．

4.3.1. 「夢」の動詞[34]

Chaucer には *Rom, BD, HF, PF* といった夢物語詩がある．*Rom* はフランス語作品の翻訳で，「私」は夢の中で Mirth 氏の庭園に入り，様々な寓意的

---

[33] 中尾 (2004: 74-75)．
[34] このセクションは Ohno (1999) に基づく．

な人物に出会い，ある薔薇のつぼみに恋をする．また，*BD* では夢という枠組みで，Chaucer はパトロンであった John of Gaunt の妻の死を悼む．*HF* と *PF* では，仕事と執筆活動に明け暮れている償いとして，Chaucer は夢の中で世界のいろいろな知らせが集まる場所を訪れたり（*HF*），鶯の伴侶選びに関する鳥達の議論を聴いたり（*PF*）する．

LGW においても，夢の中で Chaucer は愛の神の妃から生涯に亘って愛に真実を捧げた善女達の栄誉伝を書くように言われており，夢は詩全体の枠組みを形成する働きをしている．

一方で，*Tr* や *CT* には，おおよそ夢で見た内容は未来を予言するものであるという内容の話や挿話がある．前者においては，Criseyde が鶯との心臓交換の夢を見ることで，彼女の Troilus への恋心が確実なものになったことが表され，また，Criseyde の帰りを待つ Troilus は巨大な牙を持つ猪と抱き合う彼女の夢を見て，彼女の裏切りを悟る．後者の *The Nun's Priest's Tale* では，獣に殺されそうになる夢を見た雄鶏 Chauntecleer は後に狐に咥えられ連れ去られそうになる．この話には夢の内容の予言性を受け入れる Chauntecleer と，否定する妻 Pertelote との興味深いやりとりがある．

そこで，このセクションでは夢を表す動詞である dream と mete[35] を見る．これらの動詞を文構造別に，（i）経験者＋動詞，（ii）経験者＋動詞＋名詞句／前置詞句，（iii）経験者＋動詞＋節のタイプに分類した．その結果，タイプ（i）は例の半数が一人称単数代名詞を経験者とする非人称構文で，夢の内容を語る際に挿入句として用いられる傾向が見られた．さらにこのタイプは，経験者＋think の非人称構文と共起している．

(19)　　That it was May **me thoughte** tho—
　　　　It is fyve yer or more ago—
　　　　That it was May, thus **dremed me**,
　　　　In tyme of love and jolite,
　　　　That al thing gynneth waxen gay,
　　　　For ther is neither busk nor hay
　　　　In May that it nyl shrouded ben

---

[35] *OED*, s.v. *mete*, v.²

And it with newe leves wren.

'**It seemed to me** that it was May—it is five years or more ago—it was May, as **I dreamt**, in time of love and pleasure when all things begin to become joyful, for there is neither bush nor hedge in May that does not want to be adorned or covered with new leaves.'[36]

(*Rom* 49-56)

タイプ (ii) で目を引くのは，この構造が関係詞節内にあり，夢の内容を述べるのではなく，すでに述べた夢を限定的に修飾する場合に用いられていることである．

(20)　O Thought, that wrot **al that I mette**,
　　　And in the tresorye hyt shette
　　　Of my brayn, now shal men se
　　　Yf any vertu in the be
　　　To tellen al my drem aryght.

'O Thought, that recorded **all that I dreamed** and locked it in the treasury of my brain, now shall men see if there is any power in you to tell my entire dream properly.'[37]　　　(*HF* 523-27)

この用法の場合，人称構文になることがほとんどである．
　タイプ (iii) では，非人称構文の例のほとんどが一人称単数の経験者と共起し，話し手や書き手が自らの夢の内容を述べている．

(21)　**Me mette** how I lay in the medewe thoo,
　　　To seen this flour that I so love and drede;
　　　And from afer com walkyng in the mede
　　　The god of Love, and in his hand a quene,
　　　And she was clad in real habit grene.
　　　…

---

[36] 拙訳．
[37] *HF* の現代英語訳は NeCastro による．

Therwith **me thoghte** his face shoon so bryghte
That wel unnethes myghte I him beholde;
And in his hand **me thoghte** I saugh him holde
Twoo firy dartes as the gledes rede,
And aungelyke hys wynges saugh I sprede.

'**I dreamt** that I lay in the meadow then to see this flower that I love and admire greatly; and from afar the god of Love came walking in the meadow, with a queen in his hand, who was clad in green royal clothes. ... Also, **it seemed to me** that his face shone so bright that I could scarcely behold him; **it seemed to me** that I saw him holding two fiery darts in his hand, which were red as the glowing embers, and I saw his wings spread angelically.'[38]

(*LGW* F210-14, 232-36)

そして，このタイプはタイプ (i) と同様に，think の非人称構文と共起している．

このように，夢を表す動詞の人称・非人称構文には語りの手法と密接な関係があるようだ．

4.3.2. think[39]

Old English の動詞 þyncan（非人称構文を取り "it seems" の意味）と þencan（人称構文）は13世紀より語形の上で混同され，その後これらの動詞の語形は完全に同じになった．それに伴い前者は methinks[40] という表現を除き，17世紀頃までには廃語となっている．[41] したがって，Chaucer の時代では，どちらの動詞かを語形で判断することは難しいが，人称・非人称構造は存在した．このセクションでは便宜上，2つの動詞を合わせて think と表記する．

さて，Chaucer の作品には直筆の原稿は現存せず，*CT* には80を超える写

---

[38] 拙訳．
[39] このセクションは，Ohno (2013) に基づく．
[40] *Longman Dictionary of Contemporary English* では "old use" というコメント付きではあるが見出し語となっている．
[41] *OED*, s.v. *think*, v.^{1}, *think*, v.^{2}

本が残っており、そのうち最古の Hengwrt (Hg) 写本は彼の存命中に作成されたと考えられている。その次に古い Ellesmere (El) 写本は Hg 写本と同一の写字生によって作成されたといわれているが、両者の間にはテクストの異同が少なくない。本章冒頭で述べた Benson 版などの刊本は El 写本を基に編集されているが、Hg 写本のテクストも注意して見るべきである。[42] このセクションでは、think の用法について両写本間で本文異同が見られた箇所を、人称・非人称構文の観点から、文脈に照らし合わせて解釈することにする。

対象とする箇所は、CT の The Summoner's Tale にある。この話は、教会裁判所召喚吏が同じ巡礼グループにいる托鉢修道士を馬鹿にして[43] 語ったものである。話に出てくる托鉢修道士 John は病人にずる賢く強引に寄付を迫ったために、この病人からおならという寄付を受ける。激高した彼はその地区の荘園領主に復讐を懇願する。しかしその領主は復讐のことなどに取り合わず、最後には彼の言葉を受けて、おならを十二等分するにはどうすればよいかなどと考え込んでしまう。やるかたない John は領主夫人に同情と制裁を求める。(22) の 2204 行目（John の台詞）と 2205 行目（領主夫人の台詞）に注目したい。

(22) The lady of the hous ay stille sat
  Til she had herd what the frere sayde.
  "Ey, Goddes mooder," quod she, "Blisful mayde!
  Is ther oght elles? Telle me faithfully."
   "Madame," quod he, "how **thynke ye** herby?"
   "How that **me thynketh**?" quod she. "So God me speede,
  I seye a cherl hath doon a cherles dede.
  What shold I seye? God lat hym nevere thee!
  His sike heed is ful of vanytee;
  I holde hym in a manere frenesye."

  'The lady of the house always still sat / Until she had heard what

---

[42] Ruggiers (1979) などで本文異同を確認できる。
[43] ほかにも、巡礼者の中では Miller（粉ひき屋）と Reeve（荘園管理人）とがお互いを馬鹿にした話をし合っている。

the friar said./"Ey, God's mother," said she, "Blissful maid!/Is there anything else? Tell me faithfully."/"My lady," said he, "how **think you** of this?"/"How **I think**" said she. "So help me God,/I say a churl has done a churl's deed./What should I say? God let him never prosper!/His sick head is full of foolishness;/I consider him in a sort of delirium.'"

(*CT* III 2200-09)

2204行目の経験者について，El 写本は Benson 版同様 ye としているが，Hg 写本は yow としている．つまり，think は前者では人称構文，後者では非人称構文を取っている．この動詞には *CT* だけでも 150 ほどの例があるが，両写本間の異同はわずか4例で，そこには意味がありそうだ．また，Chaucer のほかの作品や同時代の詩人の作品では，think が疑問詞 how を伴ったり，いわゆる SVOC の文構造を取ったりする時には，非人称構文となる傾向がある．写本間の本文異同は写字生の誤りによる可能性もあるが，写字生の解釈や判断に起因する可能性も否定できない．

では，それぞれの写本の読みから托鉢修道士 John の態度にどのような違いが考えられるだろうか．動詞 think の意味に立ち戻ると，非人称構文の場合は "it seems"，[44] 人称構文の場合は "to conceive in the mind, exercise the mind; to call to mind, take into consideration; to be of opinion, deem, judge, etc."[45] である．Hg 写本（非人称構文）の立場に立ってみると，彼は真面目に取り合わない領主を諦め，領主夫人に対して自分の災難についての感想を求めていると解釈できる．彼の怒りを考えると，その怒りを露わにしない，彼の領主夫人に対する慇懃無礼な態度を表しているともいうことができよう．一方，El 写本（人称構文）の立場に立ってみると，彼の激しい怒りが反映されて，しかも領主に代わる夫人に向けて，おならの主に対する制裁を含めた対応を性急に求めていると読むことができる．それに対する夫人の返事（2205行）は非人称構文であり，彼の主張を真に受けない姿勢を示し，馬鹿にされた彼はさらに滑稽に描かれていることになる．

---

[44] *OED*, s.v. *think*, $v.^1$ 2.

[45] *OED*, s.v. *think*, $v.^2$

4.4. 法助動詞[46]

このセクションでは ought に着目する．この法助動詞は owe の過去形に由来する現在用法で，must (mote の過去形に由来する) や should (shall の過去形に由来する) と同様に，現在形より柔らかい表現であると考えられる．古くは owe の示す義務は道徳的性質を帯びたものだったが，その後様々な意味合いが現れ，Chaucer 時代前後では shall は従わなければならないルールに，ought は忠告や助言に使われていた．[47]

このように，過去形の現在用法という法助動詞的性質を帯びても，ought は非人称構文にも現れた．非人称構文は経験者の「非意志性」(non-volitionality)[48] を表すと考えられている．さらに，Ohno (2007) による Benson 版での調査は，義務内容に関する根拠や発話自体がより主観的な場合には人称構文がより多く，一方で義務内容に対する発話者の関与がより浅い場合は非人称構文がより多いことを示した．

4.3.2 節でも触れた Chaucer の初期 2 写本 Hg, El を見ると，owe/ought の用法に異同が見られた 2 例 ((23), (24)) は，*The Tale of Melibee*[49] にある．この話は 4.1 節でも見たように，対話者間の丁寧さに注目して読むことができる．聞き手の義務に対する発話者の関与の度合いに注目するということは，相手の体面を侵害しないという「消極的丁寧さ」(negative politeness)[50] にも通じる．そこで，これらを踏まえて，妻 Prudence の説得の手段を両写本間の本文異同を通して検討する．

Melibee は敵である暴漢への対応について様々な人から助言を聞く会を開き，復讐を決める．それに対する Prudence の言葉に (23), (24) があり，ボールド部について，Hg 写本は ye, El 写本は yow[51] としている．

---

[46] このセクションは，大野 (2016) に基づく．

[47] Visser (1963-73: §§1711, 1724).

[48] Fischer and van der Leek (1983: 351).

[49] この話はフランス語原典 *Livre de Melibée et de Dame Prudence* を忠実に翻訳したもの (Benson (2008: 923)) といわれ，owe/ought は原典の動詞 devoir に対応する．ただし，devoir は主格主語を取るが，owe/ought は必ずしもそうではない．

[50] Brown and Levinson (1987).

[51] El 写本で oghten の -en は複数を表す語尾であり，常に動詞が三人称単数の形を取るという非人称構文の特徴とは合致しない．ただし，ここでは経験者の格から非人称構文と判断する．

(23) And eek also ye have erred, for ye han broght with yow to youre conseil ire, coveitise, and hastifnesse,/the whiche thre thinges been contrariouse to every conseil honest and profitable;/the whiche thre thinges ye han nat anientissed or destroyed hem, neither in youreself, ne in youre conseillours, as **yow oghte**.

'And also you have erred, for you have brought with you to your council anger, greed, and haste,/the which three things are contrary to every council honorable and beneficial;/the which three things you have not annihilated or destroyed them,/neither in yourself, nor in your advisors, as **you ought**.' (*CT* VII 1246-48)

(24) But now wol I speke to yow of the conseil which that was yeven to yow by the men of lawe and the wise folk,/that seyden alle by oon accord, as ye han herd bifore,/that over alle thynges ye **shal** doon youre diligence to kepen youre persone and to warnestoore youre hous;/and seyden also that in this caas **yow oghten** for to werken ful avysely and with greet deliberacioun.

'But now will I speak to you of the advice which was given to you/by the men of law and the wise folk,/who said all by unanimous agreement, as you have heard before,/that over all things you **shall** do your best effort to guard your person and to garrison your house;/and said also that in this case **you ought** to work very advisedly and with great deliberation.' (*CT* VII 1295-98)

(23) では oghte は as 節内にある．as 節は発話者以外から経験者に課せられた義務を述べる場合に使われ，非人称構文となることがほとんどである．この引用で二人称代名詞が指す Melibee 達に課せられたのは賢人や使徒，諺などが述べた義務である．

(24) では相談を受けた賢人達が Melibee に述べた助言を，Prudence が換言して Melibee を説得している．oghten は同じ行の動詞 seyden の被伝達部にあり，その節は 1296 行目の seyden の被伝達部（1297 行目）と並列関係にある．1297 行目の助動詞 shal について，Hg 写本では shal, El 写本では

sholde と異同が見られる．つまり，これらの 2 種類の助動詞の組み合わせは，Hg 写本では ye shal と ye oghten，El 写本では ye sholde と yow oghten となっている．sholde が時制の一致ではなく仮定法で，発話者の控え目を表すとすれば，これらの組み合わせは，それぞれ Melibee の義務に対する Prudence の関与の度合いという点で一貫性がある．ただ，(24) の基となる助言者達の実際の台詞には Melibee に対する呼びかけ語や敬称形の二人称代名詞があり，それらが示す丁寧さを Prudence が引き継いだと考えれば，El 写本の読みとなるのが妥当のようだ．ただし，非人称構文という形式は必ずしも丁寧さという機能を持つとは限らず，発話者の関与の小ささを示すとすれば，それは Prudence の慇懃無礼さに繋がるとも解釈可能である．

一方，Hg 写本の視点，つまり人称構文で解釈すれば，Melibee の義務内容に対する Prudence の関与がより強いことになる．(23) の 1248 行目は，"ye han erred" を 7 度も繰り返して Melibee を責める台詞の中にあり，ここでの owe/ought の人称用法は，助言を聞く場に Melibee が「怒り」，「貪欲」，「短慮」を持ち込んだことへの非難から起因する Prudence の強い感情を表すと考えられる．また，(24) の 1298 行目で人称構文が使われることは，単刀直入に話す中で他人の助言を引用する際に，その助言の内容に同調した上で単刀直入な語調を維持し，強い意味を持つ shal も使い，助言者達の意見を強調したいという Prudence の意図を示すと解釈できよう．

5. 方言

14 世紀には，北部，東ミッドランド，西ミッドランド，南西部，南東部という大きく 5 つ[52]の地域方言（regional dialects）があり，標準言語がなかったため，書き手は自分の地域方言を使った．例えば，*Sir Gawain and the Green Knight* は北西ミッドランド方言，*Cursor Mundi* は北部方言，*Ayenbite of Inwyt* は南東部方言で書かれた．

Chaucer はロンドンのある東ミッドランド方言を使用しているが，*CT* の *The Reeve's Tale* には北部方言が現れている．この話の語り手である Reeve 自身も一人称単数代名詞 ik という北部方言を使っている．これは文学作品に

---

[52] 南西部と南東部を合わせて南部とする見方もある．

異なる地域的背景を持った登場人物が現れる最古の明らかな例[53]と考えられている．

(25) "Symond," quod John, "by God, nede has **na** peer.
Hym **boes** serve hymself that has na swayn,
Or elles he is a fool, as clerkes sayn.
Oure manciple, I hope he wil be deed,
Swa werkes ay the wanges in his heed;
And forthy **is I** come, and eek Alayn,
To grynde oure corn and carie it **ham** agayn;
I pray yow spede us heythen that ye may."

"'Symond,' said John, 'by God, need knows **no** law./He who has no servant **must** serve himself,/Or else he is a fool, as clerks say./Our manciple, I expect he will be dead,/**So** continually **ache** the teeth in his head;/And therefore **I am** come, and also Alayn,/To grind our grain and carry it **home** again;/I pray you speed us hence as fast as you can.'" (*CT* I 4026-33)

Horobin[54]は (25) を例に挙げ，北部方言の特徴について次のように説明している．①南部方言では no, so, home となるところを na, swa, ham と /ɑ/ の長音が使われている．② I am の代わりに I is となる．③ boes や werkes のように動詞の現在時制単数および複数の語尾が -es となる．④ swayn ("servant"), heythen ("hence"), werkes ("aches"), hope ("think") といった北部方言特有の語彙や意味を用いる．そして，このような特徴は完全に首尾一貫して現れているわけでなく，方言の顕著な特徴に限定されている．

このファブリオでは，北部出身の学生 Alayn と John の 2 人は寝込んだケンブリッジ寮の食料仕入れ係の代わりに粉ひき屋にやって来る．高慢な粉ひき屋 Symond に持って来た小麦を盗み取られるが，その代償としてこの 2 人は Symond の妻と娘を寝取り，最後には，自分達の小麦と盗まれた小麦で作っ

---

[53] Crystal (2010: 124).
[54] Horobin (2013: 34).

たパンを持ち帰る．この話の中で Symond が 2 人を騙すのは，'Yet can a miller make a clerk's beard (trick a clerk),/Despite all his learning; now let them go their way!' (*CT* I 4096-97) と述べているように，彼らが学問に長けた学生であるからで，語り手自身も北部出身であることから，Horobin[55] も述べるように，北部方言を用いたのはコミカルな効果を狙ったもので，階級区分とはほとんど関係ないだろう．

6. おわりに

本章は，Chaucer が英語をいかに活用して執筆したか，また共時的バリエーションがどのような解釈を可能にするかということの一端を表そうとしたものである．インフォーマントがおらず，解釈に「正解」はないが，当時の人間の生き生きとした様子を表すことができれば幸いである．

引用だけから判断すると，*CT* はファブリオといった世俗的な話の集合体のように見えるかもしれないが，*The Knight's Tale* などのロマンス，殉教の物語である *The Prioress's Tale*，ペイソス（「愛隣の心」）[56] を与える *The Physician's Tale*，そして道徳的な *The Parson's Tale* もある．*CT* 以外のものも含めて，Chaucer の作品は当時の人々のものの考え方を知るには絶好の読み物といえる．

（中英語編）

1. 本来語と外来語

英国首相であった Winston Churchill は第 2 次世界大戦中の 1940 年 6 月 4 日に下院で，ナチス・ドイツに対する徹底抗戦を宣言した．寺澤 (2008: 48-50) によれば，その演説に用いられた語のほぼすべては本来

---

[55] Horobin (2007: 34).
[56] 桝井 (1976: 195).

語であり，Churchill の強い意志を伝えるのにとても効果的だった．演説は，ウェブサイト（https://winstonchurchill.org/resources/speeches/1940-the-finest-hour/we-shall-fight-on-the-beaches/）で聴くことができる．

2. 姿が変われば

　動物が料理されて食卓に上がると，呼び方が英語起源の語からフランス語起源の語に変わる．つまり，ox/cow, pig, sheep, deer がそれぞれ beef, pork, mutton, venison になる．地村（2002: 83-87）は Sir Walter Scott の *Ivanhoe*（1819）の一節を引用して，フランス語が公用語として上流階級の言語として存在し，英語が被支配者の言語であったことを指摘している．

Classroom Activity A

I. 次の英語本来語にあたるフランス語，ラテン語系の単語を記入しなさい．

① cow _____   ② pig _____
③ wedding _____ ④ hostel _____
⑤ child _____   ⑥ help _____
⑦ begin _____   ⑧ hide _____
⑨ live _____   ⑩ holy _____

II. 現代でも古語として残る意味がある．各語とその意味を結びつけよ．

① silly   a. fastidious, scrupulous
② nice   b. field, land
③ forsooth   c. call
④ acre   d. not serious or practical
⑤ clepe   e. indeed

III. 以下の形容詞・副詞の比較級と最上級を書きなさい．

　　　　　　　　　比較級　　　　最上級
① small   ― (　　　) ― (　　　)
② difficult ― (　　　) ― (　　　)
③ beautiful ― (　　　) ― (　　　)
④ good   ― (　　　) ― (　　　)
⑤ little   ― (　　　) ― (　　　)

IV. 以下の文章が正しければ○，誤りがあれば訂正しなさい．

① 類似する綴りの比較の than と then（それから）であるが，語源は異なる．
② I am afraid of tigers. は受動態であった．
③ male（男性）と female（女性）は共通の語源をもつ．
④ next と near は，それぞれ同じ語の活用形に由来する．

Classroom Activity B

I. 中英語は現代英語へ，現代英語は中英語にしなさい．

中英語	現代英語
fir	
gyde	
yelowe	
fillen	
mis	
whanne	
yonge	

II. 以下の中英語を，下線部に注意しながら現代英語訳しなさい．

① I wol nat faille yow <u>my thankes,</u>

(Chaucer, *The Shipman's Tale* 188)

② He fil in office with a chamberleyn
<u>The which that</u> dwellynge was with Emelye,

(Chaucer, *The Knight's Tale* 1418-9)

③ Sir Launcelot, <u>more harder</u> than ys the stone, and <u>more bitter</u> than ys the woode

(*The Works of Sir Thomas Malory* 895/25-6)

④ he wente eftsoone ouer Jordan, in to the place where Joon <u>was</u> firste <u>baptisynge</u>

(*The Wycliffite Bible* John 10.40 Later Version)

⑤ Als longe as owre lyf lasteth, <u>lyve</u> we togideres

(*Piers Plowman* B4.195)

III. 中英語の時代に英語は今日の形へ大きく近づきました．その特徴を2点挙げなさい．

第Ⅲ部

初期近代英語
(1500–1700)

第 5 章

初期近代英語

家入　葉子
京都大学

1. はじめに

　初期近代英語期の定義は研究者によって異なるが，1500 年から 1700 年頃とされることが多い．この時期は，「大航海時代」および「ルネサンス」と呼ばれる時代とも重なっており，社会の変化も大きかった．英語の歴史としても，変化が大きかった時代である．アングロ・サクソン人がブリテン島に移住した 5 世紀の半ばから今日まで，英語史のどの時代も示唆的で興味深い．しかし，中英語後半から初期近代英語期にかけては，英語にとりわけ大きな変化が起こった時代であり，現在の英語を理解する上でも，この時代の英語の姿を知ることは重要である．本章では，紙幅が許すかぎり，当時の英語に特徴的な現象を取り上げることにする．

2. 語彙と綴り字，そして発音

　大航海やルネサンスという社会の動向が直接影響を与えたものとして，まず語彙の増大がある．世界の広がり，社会の変化は，しばしば語彙の拡張を促す．本来語の使用が一般的であった古英語から，フランス語の影響を色濃く受けた中英語期を経て，英語はすでに他言語から語彙を借用しやすい性質を備えていた．大航海により世界が広がったことで，その借用先はヨーロッパのみならず，日本を含む世界各地に拡大したのがこの時期の特徴である．例えば，shogun（「将軍」）など，英語によく定着した日本語の中には，この時期に英語

に借用されたものも多い．新大陸からスペイン語を経由してこの時期に英語に導入された potato, avocado なども，現在では英語にしっかりと根を下ろしている．

　また，ルネサンスに特徴的な古典語への関心も語彙の拡張に寄与した．古典語，特にラテン語は英語の始まり（あるいはアングロ・サクソン人がまだヨーロッパ大陸にいたころ）から，英語に継続的に語彙を提供してきた言語の1つである．それでも，初期近代英語期に古典語から大量の語彙が借用されたことは，特筆に値する．education, focus, formula, investigate, medium など，この時期にラテン語から英語に入った借用語を見ると，現在では一般的な語彙として定着したものも多いことがわかる．しかし，この時期に古典語から借用された語の中には，当時の感覚で衒学的だと感じられたものも多く，そのような語を指す**インク壺語**（inkhorn terms）という用語も生まれた．

　なお，この時代よりも以前に借用された語彙が，新たにラテン語の影響を受け直すことがあった．初期近代英語期を中心に広がった**語源的綴り字**という現象がそれである．例えば doubt は，すでにフランス語からの借用により英語に定着していたが，その一般的な綴り字は doute のように b を含まないものであった．ところがこの時期にラテン語への意識から，b が挿入されて doubt のような綴り字が一般化した．これが語源的綴り字である．語源的綴り字は中英語期にも見られるが，古典への関心が高揚した初期近代英語期は，特にこの現象が顕著である．また，この流れは一種の流行でもあるので，doubt にとどまらない．さらに1例をあげると，debt の b もこれにあたる．中英語の一般的な綴り字は，dete, detten のように b を含まなかった．b を含む debt は，語源的綴り字である．

　一方で綴り字だけでなく，発音まで変化することもあった．その例として英語史の教科書でしばしば取り上げられるものには，adventure や perfect などがあり，いずれも初期近代英語期に古典語の影響で変化を起こしたものである．中英語の一般的な綴り字 aventure や parfit が示すように，これらの借用語は d や c の音が失われた形で定着していたが，語源に回帰して d や c の復活が起こった．先に述べた doubt の歴史と異なるのは，新たに生じた綴り字が発音に反映された点である．

　ところで，「中英語の一般的な綴り字」という表現を使ったのは文字通りで，中英語期まではさまざまな意味で言語のヴァリエーションの幅が広い．ところ

が中英語の終わり頃から，英語，特に綴り字を中心とした書き言葉の英語の標準化が進行する．このためこの時期に導入された語源的綴り字は，発音に反映されない場合でも，今日まで継承される．上述のように，古典語を意識した人々は中英語期にも存在し，実際に中英語期にも語源的な綴り字を使用する人は少なくなかった．しかし語源的綴り字の定着という観点から見ると，中英語期と初期近代英語期とでは決定的な違いがある．言語を取り巻く環境の違いによるところが大きいといえよう．

綴り字に限らず，英語の「あるべき姿」を追求しようとする人々の意識はこの後さらに高揚し，近代英語後期には，多数の規範文法書が執筆される．初期近代英語期は，人々が方言を用いて自由に言語活動をした中英語期と規範主義が高まる後期近代英語期との間の「橋渡しの時代」，すなわち人々が自らの言語に意識的な働きかけを始めた時代であるということもできる．

この時期の英語の変化で特に重要なものに，**大母音推移**（Great Vowel Shift）と呼ばれる音韻変化がある．中英語の終わり頃から数百年かけて徐々に英語に浸透した変化であるが，現在でも地域によっては，まだこの変化が完了していないといわれている（中英語（第 3 章）の 4 節を参照）．他方で綴り字の定着が進んだため，この時期の発音の変化は綴り字と発音との乖離を生み出す要因ともなった．英語の綴り字が発音と必ずしも連動しない背景にはさまざまな経緯があり，大母音推移だけで説明することはできない．しかし，大母音推移を知ることは，現代英語の長母音と綴り字の関係を理解する上で必須である．

それでは，具体的に大母音推移を見ることにする．以下のような図で説明されることが多いこの音韻変化は，一言でいうと英語の長母音がそれぞれ元の発音位置よりも少しだけ高い位置で発音されるようになったもので，例外はきわめて少ない．なお，図の左側が口の前方，右側が口の後方を示している．また，すでに高い位置で発音されていた前母音の /iː/ は二重母音の /ai/ となり，同様に後母音の /uː/ も二重母音化により /au/ となる．

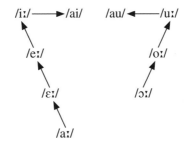

具体例をあげると，feet の母音は /eː/ から /iː/ に変化し，food の母音は /oː/ から /uː/ に変化した．同様に，house の母音は /uː/ であったが，二重母音化して /au/ となった．当然のことながら，大母音推移が起こる前の発音のほうが綴り字の本来の姿を反映しているはずだが，英語の学習が進むと，food を「フード」と発音するほうが普通になり，「フォード」と発音できなくなりがちなのは面白い．文字と発音の関係が取り決めと慣習の問題であることがよくわかる．

3. 人称代名詞と関係代名詞

代名詞は，文中の主要な機能を担っていて，頻度も高い．一般に高頻度語彙は形態的に安定しやすい（変化が少ない）といわれるが，英語の代名詞は比較的大きな変化を経て今日に至っている．本節では特に人称代名詞と関係代名詞について，現代英語の理解にかかわると思われる初期近代英語期の特徴を取り上げる．

まず人称代名詞を見ると，初期近代英語期に大きな変化が起こったのは二人称代名詞である．古英語以来，二人称代名詞は他の人称と同じく単数複数の区別をもっていた．初期近代英語期は，これが単複ともに you に一本化されていく時代にあたる．その変化を，一般的な綴り字を使って整理すると，以下のようになる．

	以前の体系		→		現在の体系	
	単数	複数			単数	複数
主格	thou	ye		主格	you	you
目的格	thee	you		目的格	you	you

これからもわかるように，現代英語で二人称代名詞として普通に使われる you は，本来は二人称複数の目的格であった．you は，単数形 thou の領域を侵したばかりでなく，ye の領域も侵して主格にも広がった．以下，今日では基本的に使用しない thou, ye の例を初期近代英語から引用する．[1]

(1) and thus **thou** seest that goddes trouth dependeth not of man: ...
(1533, Thomas More, *The Apologye*)
(2) I doubt not but **ye** shall have more adoe ...
(1644, John Milton, *Of Education*)

現代英語では，thou は聖書など特別な使用域に限定されている．

　現代英語の人称代名詞は二人称だけが例外的に単数と複数で同じ形をもつが，これは過去に上記のような変化が起こったためである．you による領域の拡大は中英語後期から徐々に進行するが，初期近代英語期には現在の体系に向かって大きく進展する．you が ye の領域を侵した点は，音韻的な側面から説明されるのが一般的で，代名詞はほとんどの場合に強勢が置かれないため，両者の区別は綴り字で見るほど明確ではなったとされる．

　一方，複数形の you が単数の thou の領域を侵す背景には，社会言語学的な要因が働いている．話者が聞き手に対して丁寧な呼びかけを行う際に，相手が1人であっても複数形を使う習慣がヨーロッパで流行し，you の単数への拡張もこの潮流を受けて進んだ．他のヨーロッパ言語との違いは，英語では you の使用が拡張を続け，ついには二人称代名詞の体系を変化させた点である．丁寧さの you が導入された当初は，you の使用は固定的なものではなく，同じ場面でも，状況が変化すると thou と you が揺れ動くこともしばしばであった．初期近代英語期は二人称代名詞が多数使用される劇作品なども多いので，時代が下るにつれて次第に基本形が thou から you に移行していく過程は，さまざまな研究で明らかにされている．

　このような経緯で，二人称代名詞の単数複数の区別は事実上消失した．名詞

---

[1] 本章の初期近代英語の引用には，Early English Books Online (＝EEBO) を使用した．その際，EEBO 本体のほか，Mark Davies (Brigham Young University) によって公開されている EEBO Corpus (https://corpus.byu.edu/eebo/) も利用した．データベース上の明らかな転写ミスは修正した．

でも単数複数が同形であるものは存在するし，言語によってはそもそも代名詞をほとんど使用しないものもある．したがって，英語が二人称代名詞の数の区別を失ったことは大きな損失ではないともいえる．一方で現代英語では，you が複数であることをあえて表現するさまざまな方法，例えば you all, you guys, youse（yous と綴られることもある）などが各地で観察される．このような表現は，英語が明確な複数形代名詞を求めていることの表れだと解釈することもできる．特に youse は，歴史上に本来は存在しなかった新たな形態を創出したものであるという点でも興味深い．

　以上を除くと，人称代名詞の体系は中英語期の終わりまでにほぼ現代に近いものが固まってくるが，属格形については初期近代英語期に特有の変化が残っている．三人称 it の属格形は，まだ his（古英語以来の形）あるいは it であり，現代英語の its はこの it に -s が付加されたものである．この付加が起こった，すなわち its が誕生したのが初期近代英語期で，16 世紀の終わりであるといわれている．また，my と mine は本来同じ語であり，現代英語のような使い分けは初期近代英語期にはまだ確立していない．このため初期近代英期では，名詞の前であっても mine age, mine answer のように，特に母音で始まる語の前では mine という形態が現れることが多い．

（初期近代英語編 1）

名詞の単数形複数形——sheep と cornflakes

　英語の名詞のほとんどは -s を付加することで複数形を作るが，例外もある．その 1 つが sheep などに代表される，いわゆる単複同形の名詞である．このカテゴリーには動物を表す名詞が多く含まれていることから，「群れをなす動物は数えられないので単複同形である」と議論が逆転してしまうことがある．英語史の視点から見ると，単複同形の名詞に「群れをなす動物」を表す名詞が含まれることがあるという説明のほうがよい．

そもそも何をもって「数えられない」と考えるかは，きわめて定義しにくい．コーンフレークなどは本当に数えられないと感じるが，複数形の cornflakes が存在する．複合語の一部をなす flake が flakes をもっているので当たり前といえば当たり前だが，sheep に特別な複数形がないのもきわめて言語的な事情によるのである．この名詞は古英語では中性名詞（古英語には，男性名詞・中性名詞・女性名詞がある）であり，中性名詞の本来の複数形語尾 -u が，語幹の母音が長いときに脱落した．つまり，sheep の単複同形は語尾の衰退の結果である．

もっとも，word のように本来は単複同形であったのに，ある時期に words のように -s をつける複数形を獲得したものもあるので，これが起こらなかったという意味で，sheep は特筆に値するのかもしれない．word の複数形が words となったのは，**類推**（**analogy**）によるものである．words は，現在でこそコンピュータを使用して数えることが簡単になったが，容易に数えることができるかどうかが状況によるのは，sheep と同じはずだ．つまりこの種の問題は，無理に説明しようとしても意味がない．歴史にゆだねる姿勢が重要である．

次に関係代名詞について，初期近代英語の特徴をいくつか取り上げる．すでに中英語で，疑問代名詞の which や who を関係代名詞として使用する用法が確立しており，現代英語で関係代名詞として使用される語は基本的に出そろっている．しかしながら，その用法には現代英語とは異なる点も多い．例えば (3) のように，先行詞が人であっても which を用いることがある．

(3)　enemies **which** placed their felicitie onely in libertie …

(1604, Francis Bacon, *Sir Francis Bacon his Apologie*)

これは，関係代名詞 who がほとんど使用されない中英語で先行詞が人でも which を普通に使用したことの名残である（中英語（第 3 章）の 7.2 節を参照）．初期近代英語はもちろん，現在でも，Our Father, which art in heaven を主の祈りの中で使用する教会もある．

その他，中英語の後半から見られる the which も初期近代英語に特徴的な

関係代名詞の用法で，(4) はその 1 例である．

(4) ... and remember his notable sayings, amongst **the which** this was one
(1592, Thomas Nashe, *Strange Newes*)

この関係代名詞の用法は，もともと北部から広がったといわれるが，中英語期の終わりまでにはイングランド全体に広がり，初期近代英語期にはすでに衰退期に入っている．

また，関係代名詞の which に今日の感覚からするとやや「緩慢」ともいえる用法が見られるのもこの時期の特徴である．例えば (5) の例のように，新たな文を導く関係代名詞の使用も多い．

(5) And then they have nothing to do but barely to shew us which that is. **Which** when they have done, I doubt not but all Mankind will easily agree to pay obedience to him.
(1690, John Locke, *Two Treatises of Government*)

一方，関係代名詞の that についても，現在とはやや異なるところがあり，(6) のような非制限用法が観察できる．

(6) and yield to the Spirit of Christ, **that** would Unite you to his Body, ...
(1660, Richard Baxter, *Catholick Vnity*)

これは，後発の関係代名詞である which, who が確立する以前は，制限用法・非制限用法の両方で that が使用されたことの名残である．中英語期に関係代名詞の役割をほとんどすべて担っていた that は，初期近代英語期以降，徐々に過重な役割から解放され，制限用法に専念していくことになった（後期近代英語（第 7 章）の 5.1 節を参照）．

以上のように，初期近代英語期は，中英語期の後半までに出そろった関係代名詞がそれぞれの役割分担を整理しながら，現代英語に見られるような体系を作り上げていく時代である．

(初期近代英語編 2)

his 属格

　例文 (3) では，Francis Bacon からの引用のどこに注目しただろうか．関係代名詞の which とその先行詞ばかりでなく，Bacon の書籍のタイトルに注目した人がいるとしたら目のつけ所がよい．*Sir Francis Bacon his Apologie* は，現代英語に直すと Sir Francis Bacon's Apology である．*Sir Francis Bacon his Apologie* の his は，**his 属格**（***his*-genitive**）と呼ばれる現象を示す．中英語になると文法関係を示す名詞の語尾が次々に脱落し，英語の体系自体が大きく変化してくる．この時期に所有関係を単語の「外側」で表現する語法が広がる．ここに出てくる his も，外側で所有関係を表す語で（まれには her なども起こる），Sir Francis Bacon 全体にかかっている．この his 属格は中英語で広く活躍するが，その後は衰退の一途をたどる．しかしこの例が示すように，初期近代英語でも時々観察できる．

　ちなみに，現代英語の Sir Francis Bacon's の's も，Sir Francis Bacon 全体にかかっている．語尾とは本来，各単語レベルで生じるものなので，'s も本来の格変化語尾よりは，少しだけ外側に出ている．このような語の組み合わせ全体にかかる's にも名前がついていて，「**群属格**」（**group genitive**）という．

4. 動詞およびその周辺

　動詞およびその周辺についても，初期近代英語期には大きな変動が起こった．ここでは，その中から特に現代英語の理解に資すると考えられる文法事項を取り上げる．最初に扱うのは，直説法三人称単数現在の -(e)s 語尾である．

第5章 初期近代英語

　現代英語の動詞の現在形では，三人称単数のみに**語尾**（**ending**）がつく．しかし古英語までさかのぼると，動詞の現在形にはあまねく語尾がついており，一人称，二人称，および三人称複数では，この語尾が現在までの間に脱落してしまったことがわかる．また -(e)s は本来，北部の文献に特徴的な地域色の強い語尾であった．この語尾が徐々に南下しながら広がり，その定着した姿が現代英語である．三人称単数現在でより広く用いられていたのは -(e)th 語尾であり，初期近代英語では，(7) のようにまだ普通に使用されている．

　(7)　… he **seeth** a Globe of Light

(1664, Robert Boyle, *Experiments and Considerations Touching Colours*)

すなわち現代英語の -(e)s 語尾の背景には，-(e)th との競合の歴史があり，初期近代英語はその最大の変動期にあたる．

　2つの語尾の競合自体は，古英語期からゆるやかに継続していたが，中英語の終わりから初期近代英語期にかけての -(e)s 語尾の拡大は目ざましく，1600年頃までにはその地位を確実なものにしていく．はじめはインフォーマルな文体から，また社会言語学的分析によればどちらかといえば女性から，-(e)s 語尾が広がったとされる．[2] 一方で，-(e)s 語尾の拡大の速度は動詞によって異なり，特に do や have ではその拡大が遅れて，doth, hath が比較的遅くまで観察された．

　2番目に，やはり動詞の形態にかかわる現象として，仮定法を取り上げる．仮定法の難しいところは，現代英語でこれに相当するものがほとんど残っていない，あるは判別しにくいため，理解のための想像力が働きにくい点である．動詞 insist, recommend, request などに続く that 節内で，主語が三人称単数現在であっても「動詞の原形」が起こることがある．これは仮定法であるが，「動詞の原形」というとその正体がぼやける．この that 節内で助動詞 should を使うこともあることから，「動詞の原形」を should の省略と説明してしまうと，ますます事態は混乱する．

　動詞の仮定法語尾はもともと単数が -e，複数が -en であり，これが徐々に脱落した結果が，「動詞の原形」といわれるものである．この位置に should が使用されることがあるのは，仮定法の衰退に際して，法助動詞を使用して本来

---

[2] Nevalainen (2006a: 140) など，多数の先行研究で指摘されている．

ならば仮定法が表していた意味合いを表出する方法が確立してきたためである．この変化は，古英語から現代英語にかけて徐々に進行するが，中英語期以降は動詞の語尾の衰退がとりわけ顕著で，初期近代英語期はこれを受けた時代になる．仮定法はすべて法助動詞の使用に置き換えられるわけではなく，直説法への置き換えも同時に進んだ．

英語以外のヨーロッパ言語では，この仮定法と同類のものが目に見える形で残っていることが多いので，この時期の仮定法を考える際には現代英語との比較よりも，むしろ他のヨーロッパ言語との比較が有効である．接続法と呼ばれることもある．いわゆる現実世界の状況を表現するための直説法と対比されるもので，仮定法は，言語使用者が頭の中に思い描く世界を表現するためのものである．

この性質から仮定法が起こる環境としては，if 節が典型的であるが，その他に though, unless, lest など，さまざまな接続詞に導かれる従属節は仮定法が起こりやすい環境である．以下に，初期近代英語の例をいくつかあげてみる．現在でも仮定法として認識しやすい were (If I were a bird のような場合の were) のほかに，普通の動詞も仮定法で使用されることがわかる．

(8) It is no wonder therfore though he **cal** this a pestilent sede.
(1541, Miles Coverdale, *A Confutacion of that Treatise*)

(9) ... lest he **make** himself purer then his maker
(1643, John Milton, *The Doctrine and Discipline of Divorce*)

また (10) が示すように，if によって導かれた条件節で仮定法が起こるばかりでなく，それに対応する主節にも仮定法が起こることがある．このような主節での仮定法は初期近代英語まではしばしば観察されるが，以降は急速に減少し，現代英語では法助動詞を用いるのが普通となった．

(10) If he saye by god than **be** they of likelyhed good thynges, ...
(1533, Thomas More, *The Apologye*)

このほかに主節で仮定法が起こる環境としては，God be thanked のような祈願文がある．現代英語でもこのようないわば定型表現の中では，仮定法が残されていることがあるが，一般的な祈願文は，今日では may を用いる．

仮定法の歴史は英語史全体で見ると一貫した衰退の歴史であり，初期近代英

語期は，この流れが加速した時代である．しかしながら上で述べた insist, recommend, request などに続く仮定法は，近年，現代英語でまた復活傾向にあることが知られている．この種の仮定法は，もともとはアメリカ英語に多いといわれていたが，近年はイギリス英語でも広がりを見せている．歴史の流れはときには逆行を許すようである．

　動詞にかかわる現象として次に取り上げるのは，一般動詞を含む疑問文や否定文を作るときに使用する**迂言的 do**（**periphrastic** *do*）である．現在では普通に使用する do であるが，実はその広がりと定着は，初期近代英語期を特徴づける大きな言語変化の一つである．初期近代英語では，(11) のような do を使用しない文は珍しくない．

(11)　Fool! he **sees not** the firm root, out of which we all grow, though into branches: …　　　　　　　　(1644, John Milton, *Areopagitica*)

迂言的 do の使用は中英語の終わり頃から少しずつ広がりをみせるが，その本格的な拡大は初期近代英語期である．一般に 1700 年頃までには，現代英語のような迂言的 do の体系がほぼ完成に近づいたとされるが，実際には 18 世紀に入ってからも，一部には 19 世紀でも do を使用しない文は存在する（後期近代英語（第 7 章）の 5.2 節を参照）．

　迂言的 do の広がりについては，動詞による変化の速度の違いや統語環境による速度の違いがあることが知られている．動詞のよる違いでは，例えば know, care, doubt, fear, mistake などで do の広がりが比較的遅かった．また，一般動詞としての have も do の確立が遅い動詞で，現在でもイギリス英語では have には迂言的 do を使用しないことも多い．一方，迂言的 do の広がりが早いとされる統語環境には疑問文があり，特に否定疑問文は他の統語環境よりも早く迂言的 do の使用を確立していく．疑問文は，その性質上，do を使用しなければ動詞の位置を主語の前に移動させる必要があり，フランス語，ラテン語などから借用された長い動詞では，不便が生じやすい．このような場合に，迂言的 do の使用が有効であったことは容易に想像できる．ただし，do に相当するものがなくても長い動詞に対処している言語もあるので，語順がそれほど大きな要因とはいえないとする研究者もいる．

　また初期近代英語期に特異な現象として，肯定平叙文の do がある．現代英語では肯定平叙文の do は強勢を帯びる場合のみ可能であるが，初期近代英語

期，特にその前半では，強調でなくても肯定平叙文で do が使用される例が散見される．しかし初期近代英語期の後半になると急速に衰退していく．おそらくこの時期の do は肯定平叙文も含めて一旦増加し，do の機能が疑問文や否定文に特化されていくにつれて，肯定平叙文の do は存在意義を失って衰退したのであろう．現在でも，イギリス南西部の方言など，一部には強調をともなわない肯定平叙文の do が起こることがある．これは，この時期の do の変化の名残と見ることができる．

いずれにしても，初期近代英語のわずか 200 年間あまりの間に，疑問文と否定文という統語上の主要な体系がこれほど大きく変化したことは注目に値する．迂言的 do の起源については，使役の「～させる」の意味で使用されていた do が新たな機能を獲得したとする見方やケルト語の影響によるとする見方など，さまざまな説明が試みられている．一方，古くから英語に存在していた do が，なぜこの時期に迂言的用法を獲得して助動詞として発達したかについては，この時期に特徴的であった法助動詞の確立と関連づけられることもある．can, will, shall などの法助動詞は，本来はそれぞれ知識，欲求，義務などを表す一般的な動詞であったが，中英語の終わりから初期近代英語期にかけてその性質が変化し，意味が現代英語のような形に整理されるとともに，原形不定詞をともなう助動詞として確立する．このような一連の動詞は，古英語でも原形不定詞をともなうことが多かったが，助動詞として確立する以前は，例えば will が that 節を従える，can が目的語に名詞を取る，なども可能であった．(12) は，will が that 節を従える例である．

(12) i will **that** he, and thou, this present tyme depart: …

(1589, Richard Robinson, *A Golden Mirror*)

助動詞 do の拡大は，この助動詞化の流れと時を同じくしている．

次に動詞が分詞の形で出てくる「have + 過去分詞」，すなわち完了形を取り上げる．本来，He has built a house のような完了形は，He has a house built のような表現に由来し，過去分詞（ここでは built）は have の目的語である名詞句（ここでは a house）を説明する形容詞に近い性質をもっていたと考えられている．古英語では呼応する名詞の性数格に一致して過去分詞が語形変化する例も見られるが，完了形が構文として確立するのは比較的早く，すでに語形変化しない例も多い．初期近代英語では，「have + 過去分詞」は基本的に確立

した構文であると考えてよい．

一方で，初期近代英語期の完了形には，現代英語と異なる面もある．特徴的なのは，古英語・中英語で自動詞の場合に用いた「be＋過去分詞」の完了形が，まだ比較的よく残っている点である．例えば，(13) はその例である．

(13)　that they **were gone** down byneth in to the lowe place
(1529, Thomas More, *The Supplycacyon of Soulys*)

他のヨーロッパ言語には，現在でも自動詞の完了形では be を使用するものがあるので，ここでも他言語との比較が役に立つ．

初期近代英語では，be を使う完了形は比較的よく見られる現象で，現代英語のように自動詞の完了形でも「have＋過去分詞」が確立するのは，動詞ごとにタイミングの違いはあるものの，主に 18 世紀以降であるとされる．韻文などでは今でも，spring is come のような表現が起こることがある．

ただし，初期近代英語期であっても，以下のように have を用いる例も同時に観察できる．

(14)　… and he **hath gone** before us in the perfect practice of what he taught.　　　　　　　　　　(1660, Richard Baxter, *Catholick Vnity*)

次に，初期近代英語期の動詞の「補文」の流動性を考えることにする．動詞はそれ自体，文の意味の中核部分を担う重要な「内容語」であるが，その意味を完成させるためには，that 節を従える，不定詞をともなう，動名詞をともなうなど，追加の情報が必要であることも多い．このように動詞を補うために文中に埋め込まれる that 節，不定詞，動名詞などが，動詞の「補文」である．補文の問題は，各動詞に特有の構文の問題と言い換えてもよい．現代英語では，どの動詞がどのような構文を取るかはある程度整理されているものの，例えば forbid のように本来は to 不定詞を取るはずだが (from) -ing の構文が増加しているものや，help のように to 不定詞と原形不定詞のどちらを取るかで揺れているものがあるなど，流動性も高い．

このような流動性の背景には，英語がたどってきた歴史がある．どの動詞がどのような構文で使用されるかは必ずしも固定しているわけではなく，多くの動詞がその歴史の中で変化を経験し，現在も変化の途上にある場合も少なくない．一般的な傾向としては，中英語期までさかのぼると，現代英語に比べて

that 節の使用頻度が高かったとされる．例えば先に述べた forbid は，現代英語でも God forbid という定型表現では that 節をともなうが，これはもともと forbid が that 節とともに使用されていたことの名残である．初期近代英語でも，(15) のように that 節構文は残っている．

(15)　… seynge the lawe of god forbyddeth, **that** thy sonne shulde mary with thy brothers doughter. (1531, Edward Fox, *The Determinations of the Moste Famous and Mooste Excellent Vniuersities of Italy and Fraunce*)

しかしながら，初期近代英語期になると，that 節よりも不定詞構文や動名詞構文の頻度が増加してくる．不定詞も動名詞も本来は名詞のような役割をもっていたが，意味上の主語を何らかの形で表すことができるため，that 節に代わる役割を果たすことができたと考えられる．

　構文の推移の過程は動詞ごとに異なっているが，全体として，まず不定詞構文が増加し，そのあと動名詞構文が増加する場合が多い．このため，現在ではもっぱら動名詞を使用する動詞でも，その発達の過程で一時的に不定詞構文を経験しているものも少なくない．例えば avoid は現代英語では典型的に動名詞を取る動詞であるが，初期近代英語期では，(16) のような文が一定数観察できる．

(16)　that here they **auoid to translate** priests …
(1582, Gregory Martin, *The Nevv Testament of Iesus Christ*)

同様に，prevent や prohibit は現代英語では動名詞を使用して，from + -ing の構文で使用されることが多いが，これらの動詞についても，初期近代英語期では不定詞構文は稀ではない．(17) に，prohibit の例をあげる．

(17)　… prohibiting men **to bee** troubled for any cause in the same
(1576, Arthur Hall, *A Letter*)

現代英語で動名詞を従える動詞は，構文の推移が早い傾向があり，すでに初期近代英語期には，(18) のような動名詞構文も多い．

(18)　Our Saviour prohibiteth us **from doing** any man Injury or Injustice: …
(1682, William Clifford, *The Power of Kings*)

この例では，すでに現代英語と同様の from -ing 構文が整っている．一般には，動名詞が前置詞 from をともなうかどうかについても史的文献の中では揺れがあり，その揺れの中から現代英語に典型的な構文が選択されてきたといえる．

このように考えると，現代英語で近年 forbid が to 不定詞ではなく from -ing をともなうことが増えてきていることにも，歴史的な解釈が可能であることがわかる．一般に，forbid + from -ing の構文は同様の意味をもつ prevent などの別の動詞の影響によるものとされる．[3] 類似の意味をもつ語は構文的にも影響を受けやすいのは事実であるが，一方で，英語史を通じて「補文」の性質が変化している点を考えると，forbid の動名詞構文の増加についても，この流れでとらえることができる．近年の forbid + from -ing 構文の拡大はめざましいものがあり，ジャンルによっては，こちらの構文のほうがより頻度が高い場合もある．[4]

なお，不定詞と動名詞に言及したので，その形態についても見ておきたい．初期近代英語までには不定詞語尾の -en の脱落も進み，不定詞，動名詞の基本的な形態は現代英語と同様である．ただし，中英語期までは比較的頻繁に見られた for to 不定詞（to 不定詞にさらに for を追加したもの）は，急速に衰退するものの，まだ残存している．(19) は，その一例である．

(19) a maide bring her master warme broth **for to** *comfort* him

(1594, Thomas Nash, *The Vnfortunate Traueller*)

この for to 不定詞は，現代英語でも方言ではときどき見られる．

以上，動詞の後半では，完了形との関係で過去分詞を，「補文」との関係で不定詞と動名詞を取り上げた．過去分詞が使用される構文に，もう1つ主要なものとして受動態がある．初期近代英語の受動態はすでに現代英語に近い形で安定的だが，若干の違いもあるので，その点に触れたい．まず，受動態の動作主を by ではなく of によって導く例は，(20) のように，初期近代英語でも中英語に引き続いて観察できる．

---

[3] Burchfield (1996: 306) 参照．

[4] Iyeiri (2017) は，英国の新聞データを調査し，forbid が能動態で使用される場合には，現在では動名詞を用いるほうが本来の不定詞構文よりも普通になってきていると指摘する．

(20) this sacrament was instituted by christ, when he was baptized **of** Iohn in the riuer of iordan, ...

(1593, Henry Smith, *The Sermons of Maister Henrie Smith*)

また，I was given an interesting book のような能動態の間接目的語を受動態の主語にする構文は，まだ一般的ではないものの，[5] (21) のような具体例を見出すことはそれほど難しいことではない．

(21) and this was a happie helpe, that *he* **was told** before hand, that the citie was so great, that he might foresee the difficultie, and so be amazed the lesse: ... (1600, George Abbot, *An Exposition vpon the Prophet Ionah Contained in Certaine Sermons*)

最後に，過去分詞，不定詞，動名詞以外で動詞が時制をもたずに使用されるものとして，現在分詞に触れる必要があろう．現在分詞が使用される典型的な構文としては進行形がある．「be + 現在分詞」そのものは古英語から存在するが，現代英語の進行形に相当するものであったかどうかについては議論があり，本格的な進行形の発達はようやく初期近代英語期あたりから顕著になったとされる．当時は，現代英語であれば進行形を使用する場面でまだ普通の現在形や過去形が使用されることも多かった．進行形は英語史上でもその発達時期が比較的遅い構文であり，初期近代英語から後期近代英語にかけて少しずつ拡大し，現在でも使用頻度が確実に増えている．初期近代英語期は，この拡大の初期段階であり，進行形と受動態の組み合わせなど，複雑な構文の本格的な発達は後期近代英語期を待つことになる（後期近代英語（第7章）の5.4節を参照）．

5. 形容詞と副詞，その他

ここまで文を構成する主要な要素を見てきた．最後に修飾語としての形容詞，副詞と，ここまで取り上げることができなかった品詞横断的な現象をいくつか取り上げる．

---

[5] Jespersen (1909-1949, III: 301-311), Nevalainen (2006a: 110-111) 参照．

最初に扱うのは，形容詞である．初期近代英語の変化として注目すべきは，比較級・最上級の作り方であろう．比較級・最上級の問題は副詞にも関係するが，どちらかといえば形容詞により典型的な現象であるので，形容詞を考察の対象とする．

現代英語の形容詞の比較級・最上級は，不規則な若干の例を除けば，2種類に分類できる．すなわち，古英語以来の -er，-est 語尾を使用するものと，中英語以降に広がった more，most を使用するものである．後者はフランス語の影響であるとされることもある．初期近代英語期は，more, most を使用するこの新しい比較級・最上級が十分に浸透し，一方で，-er, -est との住み分けが現代英語ほどなされていない時代である．現代英語では，1音節の形容詞は基本的に -er, -est を用い，3音節以上の長い形容詞は，more, most を選択するとされる．しかし例外も多く，また2音節の形容詞では，2つの方法の間でかなりの揺れが見られるので，その意味では現代英語もまだ住み分けが整っているとはいいがたい．

しかしながら初期近代英語期は，この音節数に基づく大まかな傾向さえ，容易に例外を見いだすことができる．1音節でも more clear, more high, most happy など，most, most を使用することもあり，一方で以下に示すように，長い形容詞であるにもかかわらず -er, -est を使用する例も容易に見出すことができる．

(22) these be weightier and **excellenter** gifts then the graces of this life; ... (1604, Thomas Bilson, *The Suruey of Christs Sufferings for Mans Redemption and of his Descent to Hades or Hel for our Deliuerance*)

(23) so is chastite and virginite the fyrste and **principallest** vertue of al vertues: ... (1629, Thomas Paynell, *The Assaute and Conquest of Heuen*)

また，以下の例が示すように，-er, -est と more, most の両方を使用した**二重比較級・二重最上級 (double comparatives, double superlatives)** も起こる（中英語（第3章）の 6.4 節を参照）．

(24) ... the Musick making a **more sweeter** melody than ordinary; ... (1694, James Brome, *An Historical Account of Mr. Rogers's Three Years Travels over England and Wales*)

(25) take of the ***most purest*** and ***oldest*** whyte wine, ...

(1579, Thomas Lupton, *A Thousand Notable Things*)

このような二重比較級・二重最上級は，当時はむしろ地位が高い人々が使用する傾向があったともいわれる．形容詞の比較級・最上級は初期近代英語期以降に少しずつ整備されながら今日に至り，途中，後期近代英語期には規範文法の介入もあった．このため今日では，二重比較級・二重最上級は，lesser などの語彙として定着した一部の例外を除けば，話し言葉でときどき見られるのみとなった．他方，比較級・最上級で -er, -est を使用するか more, most を使用するかについては，現在でも揺れが収束していない形容詞は多い．

次に取り上げるのは副詞である．副詞は起源や性質が多様であり，限られた紙幅で網羅的に議論することは難しい．そこでまず，初期近代英語期に特徴的な現象として -ly 副詞の広がりを見たい．副詞の典型的な語尾であると考えられている -ly は，古英語の形容詞を作る接尾辞 -lic に副詞を作る -e が付加された -lice に由来する．しかしながら初期近代英語期までには，形容詞の接尾辞 -lic も副詞の接尾辞 -lice も -ly となったため，事実上，形容詞を作る接尾辞と副詞を作る接尾辞の区別がなくなり，-ly が副詞を作る接尾辞であるという感覚が広がってくる．-ly 副詞の広がりは，社会言語学でいう「**上からの変化**」(**change from above**)（言語使用者が意識的に使用することで起こる変化）であるともいわれ，実際，英語の標準語が定着してくる中英語後期以降にその使用が拡大する．[6]

一方，この時期に -ly 副詞と競合関係にあるとされるのは，(26) のような語尾がつかない**単純形副詞**（**flat adverb**）である．(27) も参照．

(26) ... vvhose obiect's **real** good or so in sight: ...

(1603, John Davies, *Microcosmos*)

(27) ... which he can not prove to be **really** good: ...

(1660, Clement Ellis, *The Gentile Sinner*)

現在でも real のこのような用法は観察できるので，単純形副詞と -ly 副詞の対立は，身近な現象である．実は，この単純形副詞の多くは，本来は無語尾

---

[6] Nevalainen (1994) 参照．

だったわけではない．-ly 副詞の起源のところでも述べたが，形容詞から副詞を作るときに用いられた語尾の -e が付加されていた．これが徐々に脱落して形容詞と同形になったものである．中英語から初期近代英語にかけては英語のさまざまな語尾が脱落の一途をたどったが，ここでの -e も例外ではなかった．一般にイギリス英語よりもアメリカ英語で単純形の頻度が高いとされるのは，初期近代英語期にイギリスから移住した人々の言語の特徴がアメリカ英語に反映されているためだと説明されることが多い．一見したところ形容詞をそのまま使用しているように見える単純形副詞はインフォーマルであるという感覚がともないやすい．しかし本来，単純形副詞は -e を付加することで生じた正統な形であった．-e が脱落して生じたという点では，-ly 副詞と同様の変化を受けたものであるともいえる．

　ここまで述べてきた -ly 副詞の拡張は，初期近代英語期の副詞の変化を顕著に特徴づけるものである．しかしながら，副詞は多様な起源をもつものが含まれた雑多なカテゴリーともいえる．例えば上記以外で典型的なものに，名詞を格変化させて副詞の機能をもたせる方法もあった．英語が格変化語尾を維持していた時代に広く利用されていたもので，今日でもその名残として all day, whilom, nowadays などがあり，それぞれ対格，与格，属格に由来する．前置詞なしで名詞がそのまま副詞の機能を果たすもので，それぞれ**副詞的対格** (**adverbial accusative**)，**副詞的与格** (**adverbial dative**)，**副詞的属格** (**adverbial genitive**) と呼ばれる．名詞の格変化語尾の衰退はすでに中英語期に著しいので，初期近代英語期までには，この方法を用いて新たな副詞を生産することは少なくなる．しかしながら，類推によって格変化語尾のようなものが付加されることがあり，現代英語の always はその 1 例であるとされる．副詞の最後にこの現象を扱う．

　副詞の always には -s 語尾がついているが，中英語期後半までは，alway のように -s がつかない形が普通である．名詞の way に由来し，all way と分かち書きされることもあった．もともとは，前置詞なしで副詞的機能を果たす副詞的対格であった．初期近代英語期でも，-s がつかない例はまだ観察できる．

(28) and by their kinde of life which is **all way** idle they proue to disdainefull to deale with labour, … (1581, Richard Mulcaster, *Positions VVherin Those Primitiue Circumstances Be Examined*)

一方で，中英語の終わり頃から，現在のように語尾に -s をつけた always が使用されるようになる．この現象は一般に，副詞的属格の類推であると考えられている．中英語期までに語尾の衰退が進んだ結果，名詞の格変化として形態を維持したのが属格だけになり，副詞的属格がきわだつようになったのかもしれない．中英語の終わりから 1500 年代の前半にかけては，alway と always が競合するが，その後は急速に always が一般化していく．この変化は，どちらかといえば話し言葉に近いジャンルが先行する形で進むことから，社会言語学でいう「下からの変化」(**change from below**)（話者の意識が働かないところで起こる変化）である可能性が高い．[7] 言語変化全般において「下からの変化」が多い傾向があり，always の広がりもその 1 つである（後期近代英語（第 7 章）の 5.4 節を参照）．

　ここまで主な品詞を取り上げながら，初期近代英語期の特徴を述べてきた．最後に品詞横断的な現象として，**多重否定**（**multiple negation**）と**語順**（**word order**）を見ることにする．すでに初期近代英語期に顕著な助動詞 do の拡張のところで，否定の副詞 not を扱った．しかし実際の否定構文は多様で，never, no, neither, nor など，さまざまな否定語を使って表現することができる．中英語期までは，1 文中に複数の否定を重ねて使用する多重否定が一般的で，むしろフォーマルな文体で多重否定が多かった．少し専門的な議論をすると，中英語期まで多重否定が一般的であった背景には，否定文中で典型的に使用される any などの非断定形と呼ばれる表現が十分に発達していなかったことが関係するとされる．ところが，多重否定は初期近代英語期になると急速に頻度が低下する．(29) が示すように，初期近代英語期は，人々が「否定の否定は肯定」という意識をもち始めた時代であると考えられる（後期近代英語（第 7 章）の 5.3 節を参照）．

---

[7] -ly 副詞の拡大のところで言及した「上からの変化」に対する概念．always の拡大が「下からの変化」である可能性については，Iyeiri (2014) 参照．

(29) if shee denied him twise, hee said **two negations made an affirmation**; ... (1632, Thomas Edgar, *The Lavves Resolutions of Womens Rights*)

しかし以下に示すように，多重否定は初期近代英語でもまだ見られる．さまざまな否定語の組み合わせからなるが，一般にこの時期の多重否定は neither や nor が関係していることが多い．

(30) i do **not** see the necessity of this **neither**: ...
(1690, John Norris, *Christian Blessedness*)

最後に，品詞横断的な現象の2つ目として，初期近代英語の語順を考える．一般に語順の定着は，文法指標となる語尾が脱落するのに連動するといわれている．したがって，語尾の脱落が進んだ中英語期には，かなり現代英語に近い語順が定着したと考えられている．しかしながら初期近代英語でも，現代英語とは異なる語順がまだ一部に見られるので，そのいくつかを取り上げてみたい．まず，文頭に主語以外のものがきた場合の語順である．(31) は，文頭の now に続いて主語と動詞の語順が倒置を起こす例である．現代英語であれば，now we are ... の語順になるところである．

(31) now **are we** to consider the end for which the lord did swear: ...
(1647, George Downame, *The Covenant of Grace*)

一方で (32) のように，現代英語と同様の語順も十分に定着している．

(32) now **we are** to answere those thinges which may be obiected against this assertion: ... (1596, Thomas Morton, *Salmon*)

これとは逆に現代英語で倒置を引き起こす場面で倒置が起こらないこともある．文頭に否定語（あるいは否定相当語）が生じた場合に，(33) のような倒置が起こらない例が見られる．

(33) nor **we will** multiply our days as that bird, the phaenix, ... (1698, Matthew Henry, *An Account of the Life and Death of Mr. Philip Henry*)

一方で以下に示すように，倒置構文も確実に広がっている．

(34)　nor **will we** fight against him: … (1660, John Tatham, *The Rump, or, The Mirrour of the Late Times a New Comedy*)

このように初期近代英語期は，倒置の仕組みが現在の体系に少しずつ整理されていく時代にあたるといえる．[8]

6. おわりに

　以上，初期近代英語に特徴的な現象の中から，主要なものを選択的に扱ってきた．印刷技術の導入や英語標準化などを経た初期近代英語期は，方言の時代といわれる中英語期と異なり，地域を超えた言語の姿が顕著になってくる．大母音推移が起こり，発音も急速に現代英語に近づいた感がある．よく知られた文学作品も多い．このため，初期近代英語期は文字通り modern であり，中英語との間に大きな落差を感じることが少なくない．しかしながら，この時期はまだ言語の変動が大きい時代である．その変動には，同じく変動が大きかった中英語後期の特徴と連続的に理解すべきものも多い．この時代の後，英語は次第にこの変動幅を小さくしながら，現代英語の体系を作り上げていく．一方で，初期近代英語期の特徴の多くは，方言などさまざまな形で現代英語にその痕跡を残している．また初期近代英語期は，イギリス英語とアメリカ英語の分化にもかかわる時代である．初期近代英語期の特徴がアメリカ英語の基盤作りに寄与している場合もあり，現代英語を掘り下げて理解するにあたっては，この時期の英語を議論から外すことはできない．

---

[8] 倒置の有無についての具体的な頻度については，Bækken (2000) 等，先行研究多数．

第6章

Shakespeare の英語

福元　広二
法政大学

1. はじめに

　William Shakespeare（ウィリアム・シェイクスピア，1564-1616）は初期近代英語期を代表する作家というだけではなく，英文学史上においても最高の作家の1人である．ロンドンにはグローブ座が再建され，当時の雰囲気さながらShakespeare 劇を間近で気軽に楽しむことができる．

　Shakespeare の英語は，劇場で演じるための脚本として，目で観て耳で聴いて楽しめるように書かれている．しかしながら 400 年前に書かれた英語であるので，耳で聴いてすぐに理解するのは容易ではなく，実際には辞書を片手にじっくりと読む必要がある．しかも 1 度読んだだけではなかなか理解しづらい箇所もあり何度も読むことを強いられる．しかし，何度も読んでいくうちに，新たな発見をすることがあり，Shakespeare の偉大さに改めて感動するのである．

　Shakespeare の劇は，文学的に非常に優れているが，語学的に見てもとても興味深い．Shakespeare は自ら多くの新語を作り出したり，それまであった語に新しい意味を付け加えたりした．また文法においても，Shakespeare の作品を読めば，初期近代英語期に見られたほとんどの文法項目が見つかる．初期近代英語期は，発音・綴り・文法・語法などがまだ確立しておらず，現代英語よりも自由であったため，いろいろな面で言葉のバリエーションがある．Shakespeare はそのような自由度をうまく利用して，様々なバリエーションを巧みに使い分けている．本章では Shakespeare がどのようにそのようなバリ

エーションを使い分けているかを中心にみていく.

2. 時代背景について

　Shakespeare が活躍した時代は，Queen Elizabeth I（エリザベス1世，1533-1603）の治世であり，彼女は中央集権国家を作り，絶対王政を確立した．まさにイギリスは国内だけでなく対外的にも勢いのある時代であった．しかしそれ以前のイギリスは，外国からの影響をかなり受けていた．1066年のノルマン征服以降，大量のフランス語が英語に流入し，語彙面で大きな影響を受けた．さらには，15世紀にイタリアでルネッサンスが起こり，イギリスにギリシャ語やラテン語が入ってくる．このように様々な外来語の影響を受けた時期にShakespeareは登場するのである．Shakespeareは，2万語も使用したと言われているが，それには英語に豊富な外来語が存在していたことが下地となっている．

　外国語の影響は語彙面だけではなく文法面においても大きい．英語はたび重なる外国との接触によって語尾屈折が消失していく．古英語期には，名詞，形容詞，動詞などはすべて屈折をしていたが，中英語期になると，格の消失や屈折語尾の衰退で，語形態が単純化する．そして初期近代英語期になると，語尾屈折はほとんどなくなり，それに代わって語順の重要度が増していく．また文法項目に関しても本来のゲルマン語系の文法形式だけでなく，ロマンス語系の文法形式も加わり，バリエーションが増える結果となった．

3. Shakespeare の作品

　Shakespeare の数多くの作品が現代まで長い間人々に愛されている理由は，Shakespeare 作品の全集が早い段階で出版されたからである．当時は，劇の上演が終わると台本は処分されることもあった．また当時は著作権もなかったので，ほかの作家によって勝手に作り変えられて上演されることもあったのである．

　Shakespeare の全集は，Shakespeare の死後わずか7年後の1623年に劇団一座の仲間によって『ファースト・フォリオ』（第一・二つ折り本）として出版された．フォリオとは，紙を1回折り返した紙に印刷した版のことである．

この全集には実に36作品が収められている．その後も1632年に『セカンド・フォリオ』(第二・二つ折り本)，1663年に『サード・フォリオ』(第三・二つ折り本)，1685年に『フォース・フォリオ』(第四・二つ折り本)と全集が次々と出版された．このような短期間に実に4冊もの全集が出版されている．しかしそれらは，すべて同じではなく校訂者たちによって少しずつ変えられている．それらを比較してみると，当時の人々の言語感覚や言語変化を知ることができる．

現代では，最初の1623年の『ファースト・フォリオ』には収集されていない『ペリクリーズ』(*Pericles*)，『二人の貴公子』(*The Two Noble Kinsmen*)，『エドワード3世』(*Edward III*) の3作品もShakespeareの作品であると認定され，全部で39作品となっている．

4. Shakespeareの詩形

Shakespeareの劇は，当時の他の劇作家と同様に，韻文と散文の両方で書かれている．しかし基本的には韻文の割合が圧倒的に多く，韻文が普通である．[1]

劇は役者が舞台の上でリズムに乗って，登場人物の気持ちを観客に伝えやすいように書かれている．特に韻文は，各行に一定のリズムがあり，それが何行も繰り返されることによって，詩のようなものになる．Shakespeareでは，基本的には，(1) のように1行が弱強弱強弱強弱強弱強になっており弱が5回，強が5回で交互に現れる．これを弱強5歩格 (iambic pentameter) と呼ぶ．

 (1) Duke: If músic bé the fóod of lóve, pláy ón   (TN 1.1.1)[2]

英語においては，中英語のChaucer（チョーサー）でもそうであったように，強弱ではなく，この弱強が自然のリズムである．また，1行は5歩格つまり10音節というのも舞台上で役者が一息でスムーズにいえるちょうどよい長さである．

弱強5歩格のリズムは，Shakespeareの中心となるリズムであるが，これ以

---

[1] 『リチャード2世』*Richard II* はすべて韻文であり，『ウィンザーの陽気な女房たち』*The Merry Wives of Windsor* は約90%が散文と極端に偏っている劇もある．
[2] 引用はすべてEvans (1997) *The Riverside Shakespeare* に基づく．左端は話し手を表す．

外にも 1 行が強弱で始まったり，5 歩格より短かったり長かったりする場合もある．このようにリズムや長さを調節することにより，登場人物の気持ちを巧みに表すことができるのである．[3]

　Shakespeare の韻文には，2 種類あり，脚韻を踏んでいる韻文 (rhymed verse) と脚韻を踏んでいない韻文 (blank verse) がある．

4.1．脚韻付き韻文 (rhymed verse)

　韻文といえば，行末で韻を踏んでいると思いがちではあるが，Shakespeare の作品の中で脚韻を踏んでいる箇所は意外に少ない．『ロミオとジュリエット』(*Romeo and Juliet*, 1594) や『真夏の夜の夢』(*A Midsummer Night's Dream*, 1595) のような 16 世紀に書かれた初期作品には脚韻が多くみられるが，17 世紀に書かれた後期作品になると脚韻があまり見られなくなる．

(2) **Romeo:** [To Juliet]
    If I profane with my unworthiest hand　　　　　A
    This holy shrine, the gentle fine is this,　　　　B
    My lips, two blushing pilgrims, ready stand　　　A
    To smooth that rough touch with a tender kiss.　　B
    Juliet:
    Good pilgrim, you do wrong your hand too much,　　C
    Which mannerly devotion shows in this:　　　　D
    For saints have hands that pilgrims' hands do touch,　C
    And palm to palm is holy palmers' kiss.　　　　D
    Romeo:
    Have not saints lips, and holy palmers too?　　E
    Juliet:
    Ay, pilgrim, lips that they must use in pray'r.　　F
    Romeo:
    O, then, dear saint, let lips do what hands do,　　E
    They pray—grant thou, lest faith turn to despair.　F

---

[3] 河合・小林 (2010: 160-161)．

第6章　Shakespeare の英語

Juliet:
Saints do not move, though grant for prayers' sake.　　G
Romeo:
Then move not while my prayer's effect I take.　　G
[Kissing her]
Thus from my lips, by thine, my sin is purg'd.　　A
Juliet:
Then have my lips the sin that they have took.　　B
Romeo:
Sin from thy lips? O trespass sweetly urg'd!　　A
Give me my sin again.
Juliet:
You kiss by th' book.　　B
Nurse:
Madam, your mother craves a word with you.

(ROM 1.5. 93-111)（囲み，下線，網かけは筆者）

(2) の例は，ロミオとジュリエットが初めて出会いお互いの名前も知らないまま恋におちる場面である．この場面では，脚韻が使われており，2人が行末で交互に韻を踏みながら会話をしていくところに恋が芽生えていくことが暗示されている．[4] ABABCDCDEFEFGG と二行連句 (rhyming couplet) で脚韻が見られ，14行のソネット形式となっている．このような ABABCDCDEFEFGG の形式を Shakespeare 風ソネット (Shakespearean Sonnet) と呼ぶ．このソネットが終わったところで，2人はキスを交わす．その後また2人が ABAB と交互に脚韻を踏みながら会話を始めたところで，Nurse（乳母）が突然2人の会話を遮るかのように割り込んでくる．Nurse（乳母）の台詞は脚韻を踏んでいないことからも2人の邪魔をしていることがわかる．

---

[4] 「シェイクスピアの劇に登場する恋人たちは詩を作るときは必ず行末で韻を踏む．」河合・小林 (2010: 167)．

4.2. 無韻詩 (blank verse)

　Shakespeare の韻文で脚韻を踏んでいる箇所はそれほど多くなく，ほとんどが無韻詩（blank verse）とよばれる脚韻を踏まない形式である．無韻詩とは，1 行は弱強 5 歩格であるが，行末が韻を踏んでいないものを指す．行末で韻を踏む必要がなければ，劇作家は自由に言葉を選ぶことができ，登場人物の感情を好きなように表現できる．

(3) **Macbeth:**
　　To-morrow, and to-morrow, and to-morrow,
　　Creeps in this petty pace from day to day,
　　To the last syllable of recorded time;
　　And all our yesterdays have lighted fools
　　The way to dusty death. Out, out, brief candle!
　　Life's but a walking shadow, a poor player,
　　That struts and frets his hour upon the stage
　　And then is heard no more. It is a tale
　　Told by an idiot, full of sound and fury,
　　Signifying nothing.
　　　　　　　　　　　　　　　　(MAC 5.5.19-28)

　マクベスは，迫りくる敵の大軍を前に，妻である王妃の自死を知らされると虚無感に襲われ，人生の無意味さを悟る．[5] この箇所は，*Macbeth*（『マクベス』）の中でもたびたび引用される有名な場面であり，マクベスの心情を考えながら役者になった気持ちで音読をしてみると面白い．1 行目では，To-morrow, and to-morrow, and to-morrow「明日，また明日，また明日」と to-morrow が 3 回繰り返される．to-morrow は 3 回とも同じ強さで読んだほうがいいのか，それともクレッシェンド（だんだん強く）またはデクレッシェンド（だんだん弱く）で読んだほうがいいのだろうか．[6] 追い詰められたマクベスにとって明日はどのような意味を持つのだろうか．あれこれ考えをめぐらしながら読んで

---

　[5] 人を役者に喩え，人生を舞台に喩えるメタファーは *As You Like It*（『お気に召すまま』）(2 幕 7 場 139-140 行) にも出てくる．
　[6] 中尾 (2016) の指摘による．

いくと最後は nothing で終わる.[7]

4.3. 散文

Shakespeare の劇は，ほとんどが韻文で書かれているが，散文も見られる．散文は，テクスト1行の左端から右端まで「両端揃え」で書かれているのでわかりやすい．

(4) **Gentlewoman**:
Since his Majesty went into the field, I have seen her rise from her bed, throw her night-gown upon her, unlock her closet, take forth paper, fold it, write upon't, read it, afterwards seal it, and again return to bed; yet all this while in a most fast sleep.

Doctor:
A great perturbation in nature, to receive at once the benefit of sleep, and do the effects of watching! In this slumb'ry agitation, besides her walking and other actual performances, what, at any time, have you heard her say? (MAC 5.1.4-13)

この例において，Waiting-Gentlewoman（侍女）と Doctor（侍医）の台詞はどちらも散文で書かれている．

　韻文を用いるか散文を用いるかは，登場人物の社会階級に左右される場合が多い．登場人物の台詞が韻文で書かれているのは，王族，貴族など身分の高い人物である．一方，散文は商人，召使いなど下層階級の人物の台詞に多く見られる．また，劇中に出てくる手紙文も散文で書かれる．

　ただし，常に身分や職業によって，韻文か散文かが決まるわけではなく，身分の高い人物が，低い人物に話しかけるときは，相手と打ち解けることができるように散文を用いることもある．例えば，ハムレットは王子であるが，作品の中では相手，自分の感情，場所などによって韻文と散文を使い分けている．

---

[7] この場面はインターネットの動画サイトに数多くあるので比較してみると面白い．

逆に身分の低い人物が高い人物と話す場合も同様で，韻文が用いられることもある．

5. Shakespeareの文法

　Shakespeareの時代には，ある表現をするのに，英語に従来から見られた文法形式と新しく登場してきた文法形式の2種類がある場合がある．文法形式が2種類存在することで劇作家たちはそれらを作品の中で登場人物の特徴づけをする際などにうまく利用している．このようなバリエーションをリズム，韻律，文体，社会言語学，語用論，ポライトネスなどの観点から見ていくと，どのように使い分けがなされているかを知ることができる．

5.1. 二人称代名詞 you と thou

　人称代名詞に関して，Shakespeare時代の英語と現代英語との大きな違いは，二人称代名詞である．現代英語においては，二人称代名詞の主格は，単数と複数の区別なくyouが用いられるのでyouだけでは単数を指すのか複数を指すのかわからない．

　しかし，中英語期から初期近代英語期までは，以下のように単数と複数が異なっていた．

表1　15世紀ごろの二人称代名詞

	単数	複数
主格	thou	ye （ye → you）
所有格	thy	your
目的格	thee	you

この表から，二人称主格単数はthouで，複数はyeと全く異なっていることがわかる．しかし14世紀ごろから格の混同が起こり，複数においてyouが目的語だけでなく，主格においても用いられるようになり，二人称複数では，主格と目的格の両方ともyouになった．1550年以降になると，主格においてはyeよりもyouのほうが一般的になり，Shakespeareでもyouが一般的である．

(5) の例では，1文の中で you と ye の両方が用いられており，主語は you であるが，付加疑問文には ye が使われている．

(5) Falstaff: **You** are grandjurors, are **ye**? (1H4 2.2 91)

二人称代名詞のもう1つの大きな変化は，二人称複数代名詞が単数としても用いられるようになったことである．これはフランス語やドイツ語でも見られる現象であるが，古くは「君主の複数」としてラテン語に見られる．

英語では，14世紀ごろから，二人称複数代名詞を単数としても用いるようになったので，Shakespeare の時代では，thou, thy, thee と you, your, you の両方が単数の代名詞として使うことができた．両者には使い分けがあり，you は日本語の「あなた」に相当し，相手を指すときの丁重な言い方であった．一方で，thou は日本語の「お前」に相当し，目下や家族内のような親しい間柄で用いられた．それぞれの用法を簡単にまとめて見みよう．

You　1　目上の人に対する敬意をこめて
　　　2　同じ身分同士（貴族同士，下層同士）で
Thou　1　身分の高い人から低い人へ
　　　2　親から子へ
　　　3　感謝，信頼，好意などの愛情表現として
　　　4　軽蔑，いらだち，怒りなどの非難表現として
　　　5　神に対して
　　　6　自分自身に対して

Shakespeare は，このような you と thou の用法の違いを巧みに利用して，相手との心的距離を表現している．これらの代名詞を会話の途中で切り替えることによって，話し手の揺れ動く微妙な心情を見事に描き出している．

(6) **Hamlet:**
Now, mother, what's the matter?
Queen Gertrude:
Hamlet, thou hast thy father much offended.
Hamlet:
Mother, you have my father much offended.

Queen Gertrude:

Come, come, you answer with an idle tongue.

Hamlet:

Go, go, you question with a wicked tongue.

Queen Gertrude:

Why, how now, Hamlet?

Hamlet:

What's the matter now?

Queen Gertrude:

Have you forgot me?

Hamlet:

No, by the rood, not so:

You are the Queen, your husband's brother's wife,

And would it were not so, you are my mother.

Queen Gertrude:

Nay, then I'll set those to you that can speak.

Hamlet:

Come, come, and sit you down, you shall

not boudge;

You go not till I set you up a glass

Where you may see the inmost part of you.

Queen Gertrude:

What wilt thou do? Thou wilt not murther me?

Help ho!

(HAM 3.4.8-22)（下線筆者）

ハムレットは，母親のガートルードに対して，常に you で話しかけているが，ガートルードは，息子ハムレットに対して thou と you の両方を使っている。親は子に対して thou を使うのが一般的であるので，最初は親しみの thou を使っている。しかしハムレットの態度に驚き途中で距離をとって you に切り替える。しかし最後は親子の情に訴えまた thou に戻っている。

5.2. 三人称単数現在形（三単現）の **-s** と **-th**

現代英語では，動詞の三人称単数現在形の語尾は，-s（三単現の s）が一般的であるが，Shakespeare の時代には，三人称単数現在形の語尾として -s 語尾だけでなく，-th 語尾も使われた．以下の例では，1 文中で -s 語尾と -th 語尾の両方が使われている．(8), (9) では，主節には -s 語尾が使われ，付加疑問文の助動詞には -th 語尾が使われている．

(7)　Celia: Rosalind **lacks** then the love
　　　Which **teacheth** thee that thou and I am one.
　　　　　　　　　　　　　　　　　　　　　　　　(AYL 1.3.96–97)
(8)　Flute: It **goes** not forward, **doth** it?　　　(MND 4.2.5–6)
(9)　Shylock: So **says** the bond, **doth** it not, noble judge?　(MV 4.1.253)

中英語期には，-th 語尾が南部・中部で一般的な語尾であった．一方，-s 語尾はもともと北部方言であったのだが，次第に南下していき，15 世紀ごろから南部でも使われるようになった．そして Shakespeare の時代になると，新しく現れた -s 語尾が一般的となった．17 世紀以降になると，-th 語尾はあまり用いられなくなり古風な文学や聖書の中で主に用いられ，格調の高さを表すようになっている．

Shakespeare では，動詞の種類によって -s 語尾と -th 語尾の頻度が異なっている．-s 語尾は一般動詞に多くみられるが，-th 語尾は助動詞の do (doth) や have (hath) に多く見られる．

Shakespeare の 26 の劇にみられる -s 語尾と -th 語尾を調査してみると，16 世紀に書かれた初期の作品と 17 世紀に書かれた後期の作品では頻度が異なっている．[8]

---

[8] 荒木・中尾 (1980: 46), Taylor (1986).

表2 Shakespeareにおける -s 語尾と -th 語尾の頻度

	一般動詞		do		have	
	-s	-th	-s	-th	-s	-th
初期16世紀	65	195	16	447	22	790
後期17世紀	88	18	154	132	119	46

表2から,一般動詞の場合,初期作品の16世紀の劇では,古くからの語尾である -th 語尾が -s 語尾より3倍も多く用いられていることがわかる.しかし,17世紀に書かれた後期の劇では,-s 語尾が優勢となり,5倍も多く用いられている.つまり,一般動詞の場合は,初期から後期にかけて,-s 語尾は増加しているが,-th 語尾は急激に減少していることがわかる.

一方,do と have においては,-s 語尾はかなり増加しているが,-th 語尾は減少しているものの,まだかなりの頻度で使われていることがわかる.これは日常生活で頻繁に使われる語は,変化に最後まで抵抗し,時間をかけてゆっくりと交替していくことを表している.

Shakespeare は -s 語尾と -th 語尾の両方の語尾をどのように使い分けているのだろうか.まず,韻律の観点からみると,-(e)th 語尾の場合は,音節数を1つ増やすことができるので韻文においては便利である.また,-s 語尾が一般的になり,-th 語尾があまり使われなくなると,-th 語尾は,古い世代の人が使ったり,荘重な威厳のある言葉の中で見られるようになる.[9] (10) において,ロレンスは修道僧であり,年齢も高い人物である.(11) では,裁判官に変装したポーシャが,わざと裁判官らしく威厳のある言葉づかいをしている場面で -th 語尾が使われている.

(10) Laurence:
What early tongue so sweet **saluteth** me? (ROM 2.3.32)

(11) Portia: For the intent and purpose of the law
Hath full relation to the penalty,
Which here **appeareth** due upon the bond.

(MV 4.1.247-249)

---

[9] Jespersen (1982: 189).

一方，-s 語尾は，15世紀ごろから南部でも使われ始めた新しい語尾であり，口語的な台詞や若者，女性の台詞に多くみられる．[10] また，-s 語尾は散文で多く用いられる．(12) は，居酒屋の女将であるクイックリーの台詞であり，助動詞 have には -th 語尾を用いているものの，一般動詞には，-s 語尾を用いている．彼女の台詞は散文で書かれることが多い．

(12) Quickly: Marry, she **hath** receiv'd your letter—for the which she **thanks** you a thousand times—and she **gives** you to notify that her husband will be absence from his house between ten and eleven.

(WIV 2.2.81-84)

古英語においては，すべての人称で動詞に屈折語尾がついていたが，現代英語では，三人称だけに -s 語尾が残っている．Shakespeare の時代には，古い形の -th 語尾と新しい形の -s 語尾の2つの形が共存している．-s 語尾のほうが優勢であるものの，2つの語尾の使い分けには一定の傾向がみられる．現代英語においても -th 語尾は古めかしさ，格調の高さを表す古語としてわずかながら生き残っており，2つの語尾にはバリエーションが存在している．そのため，三人称だけ -s 語尾が現代英語でもなかなか消失せずに生き残っているのであろう．

5.3. 助動詞 do

ドイツ語で，否定文を作る場合は動詞の後ろに nicht（英語の not にあたる）をつける．また疑問文を作る場合には，主語と動詞の語順を入れ替えて，動詞＋主語？の語順にする．英語においても，古英語や中英語では，ドイツ語と同じような方法でよかったが，15世紀以降は事情が異なる．15世紀以降では，現代英語のように否定文や疑問文を作る場合には，I don't know it や Do you know it? のように助動詞 do を用いなければならない．この助動詞 do の使用は 16, 17 世紀に急速に普及し，18世紀ごろから一般的となる．Shakespeare の時代においては，助動詞 do を用いない古い形（単純形）と do を用いる新しい形（迂言形）が共存している．

しかし，know のような日常的によく使う動詞の否定文や疑問文では新しく

---

[10] 浮網 (2001)，田辺 (2015)．

登場してきた do を用いないことが多い．これらの動詞は，英語本来語であり，日常生活で頻繁に使われるため，否定文や疑問文を作るときに，do を用いるのに抵抗した．

しかし，疑問文では do を用いることにより，主語＋動詞という語順を固定することができるので，否定文より早くに do の導入が進み，Shakespeare でも否定文よりも疑問文で do がかなり多く使われている．

否定文の場合

do なし

(13) Grumio: You know him not, sir. (SHR 1.2.116)
(14) Hermia: You speak not as you think. (MND 3.2.191)
(15) Flute: If he come not, then the play is marr'd. (MND 4.2.5)

do あり

(16) Gloucester: I do not know that Englishman alive (R3 2.1.70)
(17) Polonius: you do not understand yourself so clearly (HAM 1.3.96)
(18) Bianca: But that you do not love me. (OTH 3.4.196)

疑問文の場合

do なし

(19) Princess: Know you the man? (LLL 2.1.39)
(20) Juliet: Come, what says Romeo? (ROM 2.5.65)
(21) Lieutenant: think you he'll carry Rome? (COR 4.7.27)

do あり

(22) Brutus: Do you know them? (JC 2.1.72)
(23) Olivia: What do you say? (TN 4.3.31)
(24) Falstaff: Do you think me a swallow, an arrow, or a bullet?
 (2H4 4.3.32-33)

韻文においては助動詞 do を用いることにより 1 音節増やすことができるので，弱強 5 歩格のリズムを保つことができるという利点がある．肯定平叙文においても，助動詞 do は現代英語と異なり，韻律を整えるために用いられており強調として使われていない場合がほとんどである．

(25) Brabantio:
I here **do** give thee that with all my heart (OTH 1.3.193)

5.4. 進行形

英語における進行形は13世紀ごろから見られるものの，一般的になるのは18世紀ごろであるので，Shakespeareの時代にはまだ進行形が十分に発達していない．当時は，現在形や過去形のような単純形で進行中の動作も表すことができたのである．そのため，Shakespeareの時代は，単純形と進行形の両方の形が共存している．

新しく登場した進行形は，喜劇に多く見られ，散文の中でよく用いられる．また，インフォーマルな文脈に多く見られる．[11]

(26) Antonio: How now? what letter **are** you **reading** there?
 (TGV 1.3.51)

一方で，単純形は，悲劇や韻文に多く見られる傾向がある．(27)の例では，(26)と同じ動詞readが単純形で用いられている．

(27) Polonius: What do you **read**, my lord??
Hamlet: Words, words, words. (HAM 2.2.191-192)

(27)の例では，ポローニアスがハムレットに「何をお読みになっているのですか」と聞く場面で，現代英語なら現在進行形が使われる箇所であるがここでは現在形が使われている．ハムレットの返事は「言葉，言葉，言葉」と，ポローニアスに心の中を悟られないようにまともな返答を避けて答えをはぐらかしている．

また，Shakespeareの進行形は，(28), (29)のようにcomeとgoの動詞とともに多く見られる．また間投詞や呼びかけ語の後でもしばしば起こる．[12]

---

[11] Hope (2003: 148), 三輪 (2005: 103).
[12] 荒木・中尾 (1980: 67).

(28) Biondello:
Why, Petruchio **is coming** in a new hat and an old jerkin;
(SHR 3.2.43-44)
(29) Cassio: sweet love, I **was coming** to your house.
Bianca: And I **was going** to your lodging, Cassio.
(OTH 3.4.171-172)

現代英語において，be going to は「～へ向かっている」という進行中の意味に加えて未来を表す表現としても使われる．Shakespeare では，be going to の後ろに，動詞よりも名詞が来る例のほうが多く，まだ未来表現としては一般的ではないが，未来表現として使われている例もある．

(30) The duke himself will be to-morrow
at court, and they **are going to** meet him. (WIV 4.3.2-3)

この例では，公爵が宮廷におられるのは明日であり，明日迎えに行くと言っているので be going to は未来表現として使われていることがわかる．

また，Shakespeare における進行形は，(31) のように能動態だけであり，The house is being built のような受動態進行形については，17 世紀後半に現れ 18 世紀に一般的になるので，まだ Shakespeare には見られない．

(31) Horatio:
If 'a steal aught the whilst **this play is playing**, (HAM 3.2.88)

5.5. 2通りの比較法と二重比較

現代英語で，比較級・最上級の作り方は 2 通りある．比較級の場合，形容詞・副詞の語尾に -er をつける方法ともう 1 つは形容詞・副詞の前に more をつける迂言的な方法である．語尾に -er をつける方法がゲルマン語系の本来の方法であるが，フランス語などの外来語の流入に伴い，ロマンス語系の比較法も英語に取り入れられた．

比較級の作り方は 2 通りあるので，両者には使い分けがある．英語本来語はもともと 1，2 音節のような短い語が多くゲルマン語系比較の -er をつけ，フランス語のようなロマンス語系外来語は 3 音節語以上のような長い語が多いのでロマンス語系比較の more をつける．

Shakespeare の時代においても，このような比較法の使い分けの傾向はすでに存在していた．基本的には，現代英語と同様に本来語には本来の比較法が，ロマンス語系の外来語にはロマンス語系の迂言法が一般的であった．

しかし，2 種類の比較法を使い分けることで，韻文においては，韻律を整えるために，音節数を合わせることができた．そのため，1 音節の形容詞でも迂言的な方法の比較級がみられる．[13]

(32) Helena: I thought you lord of **more true** gentleness.

(MND 2.2.132)

現代英語では最上級に most を付けることが普通である 3 音節の形容詞にも -est が付くこともある．(33) の例において，unpleasant はフランス語からの外来語であるが，韻文の中で韻律を整えるために，ゲルマン語系の形式である -est が付加されている．

(33) Bassanio:
Here are a few of the **unpleasant'st** words
That ever blotted paper! (MV 3.2.251-252)

Shakespeare には，ゲルマン語系比較とロマンス語系比較の両方が同時に使われている二重比較の例が見られる．このような二重比較は 14 世紀ごろから 17 世紀ごろまで使われた．Shakespeare の二重比較は，1 音節語のような短い語に見られることが多い．形容詞や副詞にまずゲルマン語系比較の -er を付け，そのうえさらに強調の目的でロマンス語系の more がついている．(36) のように -est が付加された上にさらに most がついている二重最上級の例もある．[14]

(34) Clown: his fisnomy is **more hotter** in France than there.

(AWW 4.5.39-40)

(35) Shylock: How much **more elder** art thou than thy looks!

(MV 4.1.251)

(36) Antony: This was **the most unkindest** cut of all; (JC 3.2.183)

---

[13] 荒木・中尾 (1980: 117).
[14] Blake (1983: 4).

5.6. 談話標識 (discourse marker)

　一人称単数代名詞と動詞の現在形とが結びつき談話標識となる場合がある．例えば，I say や I think は，文頭だけでなく，文中や文末でも挿入的に見られ，話し手の驚きや推量を表す表現となっている．このように従属節を従えていた用法がやがて談話標識となっていく言語変化も文法化 (grammaticalization) の一種として見なされる．

5.6.1. I say

　現代英語において I say は，相手の注意を引いたり，話し手の感動や驚きを表し間投詞的に用いられる．Shakespeare の英語では,命題内容を伝える用法，同じ言葉を繰り返すときの用法，相手の注意を引く用法の 3 通りがみられる．しかし，話し手の感動や驚きを表す用法はまだ見られない．

(37)　Baptista: **I say** he shall go to prison.　　　　　(SHR 5.1.96–97)

(38)　Capulet:　　　　　　　Hie, make haste,

　　　　　　　Make haste, the bridegroom he is come already,

　　　　　　　Make haste, **I say**.　　　　　(ROM 4.4.26–28)

(39)　Mrs. Ford: What, Robin, **I say**!　　　　　(WIV 3.3.4)

(40)　Warwick:

　　　　　　　Clifford, **I say**, come forth and fight with me.　　(2H6 5.2.5)

(37) は，I say が主節として従属節を従えており，古英語期からみられる古くからの用法である．(38) は，ある言葉を繰り返すときに，繰り返される言葉の後ろに起こる繰り返し標識としての I say である．*The Oxford English Dictionary* (以下 OED) によるとこの用法の初例は 1220 年である．話し手がある言葉を繰り返すとき，相手が目下である場合には，話し手にいらいらした気持ちが生まれることもある．この用法の I say にはそのようなニュアンスが含まれる場合が多い．(39) は，言葉を繰り返すことなく，話し手が聞き手の注意を引くときの呼びかけで用いられる用法である．この用法では What のような間投詞や Robin のような名前と共起することが多く，I say は談話標識となっている．(40) の例では，I say は文中に置かれ，呼びかけ語と命令文の間にはさまれている．

　I say は，英語史を通して談話標識としての用法を獲得していくのであるが，

Shakespeare の作品中でも I say の話し手と聞き手との社会的関係や場面を語用論的な観点から詳しく見ていくと，I say が談話標識へと発達していく文法化の様子が見える．[15]

5.6.2. I think

現代英語においては，I think も I say と同様に談話標識として，文中や文末で挿入的に使うことができる．I think が従属節を従える場合には節中の動詞は古英語期から仮定法が使われていた．しかし中英語から初期近代英語にかけて，仮定法が衰退していくにつれて，I think のあとの that 節には，直説法が使われるようになった．

Shakespeare では，I think に後続する that 節には仮定法と直説法の両方がみられ，両者の選択は，命題内容に対する話し手の確信の程度による．つまり，I think の従属節において，話し手が命題に対して疑いの気持ちが強いときには仮定法が使われ，一方で確実だと思っている場合には直説法が使われた．[16]

Shakespeare は，I think のあとの従属節で，話し手の確信の程度に応じて，仮定法と直説法の両方を使い分けている．

(41) Othello: **I think** my wife be honest, and **think** she is not;
I think that thou art just, and **think** thou art
not. I'll have some proof.　　　　(OTH 3.3.384–386)

この場面は，妻のデズデモーナが不貞を働いているのではないかとオセロが疑っている場面である．1 行目には I think の従属節に，仮定法と直説法の両方が見られる．1 行目の前半では，my wife be honest のように honest を使っているが仮定法の be を用いることによって，妻を完全には信じていないということがほのめかされている．一方，後半では she is not のように is という直説法の否定文を用いることによってオセロは妻が honest ではないことを確信している．

また，『ロミオとジュリエット』からの例も見てみよう．

---

[15] Fukumoto (2004).
[16] Partridge (1969:126), Blake (1983: 137).

(42) Juliet: What's he that now is going out of door?
　　　Nurse: Marry, that, **I think**, be young Petruchio.　　(ROM 1.5.130-1)

　この例の2行目において，Marryは間投詞であり，主語であるthatと動詞beの間に，I thinkが挿入されている．この例では，I thinkが主節であり，that be young Petruchioは，I thinkの従属節であると考えられる．ここでも乳母（Nurse）は直説法のisではなく，仮定法のbeを用いることによって，「あの方は，おそらくペトルーチオの若様ではないでしょうか」のように確信の程度が低いことを表している．
　初期近代英語期以降I thinkの後の仮定法は衰退していき，that節中の動詞は直説法をとるようになる．それに伴い，I thinkは，話し手の確信のなさを表す「たぶん」という意味を表す談話標識としての用法を発達させる．[17]

6. 挨拶表現

　劇は対話であるので，挨拶に関する表現も豊富である．挨拶表現は，使用される時間帯や相手の社会階級，相手との心的距離などによってバリエーションがある．韻文の場合には韻律も関わってくる．そのためShakespeareの挨拶表現を見ていくと当時の挨拶がどのようなものであったかを伺い知ることができる．
　午前中からお昼まで使われるのは，現代英語ではgood morningが普通であるが，Shakespeareではgood morrowが一般的であり，good morningは非常に少ない．

(43)　Prince: **Good morrow**, Ned.
　　　Poins: **Good morrow**, sweet Hal.　　(1H4 1.2.111-112)

Good morrowは（44）のようなGod give you good morrow「神様があなたに良い朝をお与えくださいますように」という祈願文のGod give youの部分が省略された形である．(45)のように，godが省略されたり，またgiveが省略されることもある．

---

[17] 福元 (2014).

(44) Jaquenetta: God give you **good morrow** (LLL 4.2.82)
(45) Slender: Give you **good morrow**, sir. (WIV 2.3.21)

午後の挨拶表現として,Shakespeare ではまだ good afternoon は使用されておらず,good even が一般的である.good den[18] は good even の方言形である.また good day もまれにみられる.

(46) William: **Good ev'n**, Audrey.
　　　Audrey: God ye **good ev'n**, William.
　　　William: And **good ev'n** to you, sir.
　　　Touchstone: **Good ev'n**, gentle friend. (AYL 5.1.13-16)
(47) Nurse: God ye good morrow, gentlemen.
　　　Mercutio: God ye **good den**, fair gentlewoman.
　　　Nurse: Is it **good den**? (ROM 2.4.109-111)
(48) Don Pedro: **Good den, good den**.
　　　Claudio: 　　　　　**Good day** to both of you.
　　　　　　　　　　　　　　　　　　　　　　(ADO 5.1.46)
(49) Benedick: **Good day**, my lord (ADO 5.1.112)

夜になると,good night が使われる.

(50) Petruchio: God give you **good night**! (SHR 5.2.187)

別れのあいさつとしては,現代英語では,good bye が一般的であるが,その語源は,god be with ye (you)「神様があなたと一緒におられますように」という祈願文である.つまり現代英語の good はもともと god であり,good night のような別れの挨拶からの類推により god が good になったものである.Shakespeare では,god be with ye (you) の表現が一般的である.OED によると,この表現は Shakespeare の時代から使われ始めたようである.また,別れの挨拶として god buy ye (you) という形もよく見られる.

(51) Clown: **God be with you** sir, I will. (TIT 4.3.120)

---

[18] OED s.v. *good even*.

(52) Brabantio: **God be with you**! (OTH 1.3.189)
(53) Clown: **God buy you**, good Sir Topas. (TN 4.2.100-101)
(54) Polonius: **God buy ye**, fare ye well. (HAM 2.1.66)
(55) Pucelle: **God buy**, my lord, (1H6 3.2.73)

7. まとめ

　Shakespeare の時代は，発音・綴り・語彙・文法がまだしっかりと固定されていなかったので，様々なバリエーションが見られる．このようなバリエーションをどのように使いこなすかが，劇作家としての腕の見せ所である．劇は話し手と聞き手との対話であるので，どのような話し手がどのような相手にどのような場面でどのような語彙を選択し，どのような文法形式を選択しているかを常に意識しながら読んでいくことが重要である．その際には，リズム・韻律・文体・社会言語学・語用論・ポライトネスのような観点から見ていくと面白い．

　舞台で行われる Shakespeare 劇を実際に自分の目で観て耳で聴くとまた新たな発見や驚きをすることがある．時代，舞台監督，俳優，観客などが変わればまた新たな解釈が生まれ，新たな魅力が加わる．映画も同様であるが舞台とはまた違った面白さがある．そのため Shakespeare はいつまでも人々に愛され続けていくのかもしれない．

8. Shakespeare の作品一覧

　Shakespeare 作品を年代順に並べる．括弧内は，作品の省略を表す．省略は，Spevack (1973) の *The Harvard Concordance to Shakespeare* に基づく．

```
1589    Comedy of Errors (ERR)
1590    Henry VI, Part 2 (2H6)
        Henry VI, Part 3 (3H6)
1591    Henry VI, Part 1 (1H6)
1592    Richard III (R3)
1593    Taming of the Shrew (SHR)
```

	Titus Andronicus (TIT)
1594	Romeo and Juliet (ROM)
	Two Gentlemen of Verona (TGV)
	Love's Labour's Lost (LLL)
1595	Richard II (R2)
	Midsummer Night's Dream (MND)
1596	King John (JN)
	Merchant of Venice (MV)
1597	Henry IV, Part 1 (1H4)
	Henry IV, Part 2 (2H4)
1598	Henry V (H5)
	Much Ado about Nothing (ADO)
1599	Twelfth Night (TN)
	As You Like It (AYL)
	Julius Caesar (JC)
1600	Hamlet (HAM)
	Merry Wives of Windsor (WIV)
1601	Troilus and Cressida (TRO)
1602	All's Well That Ends Well (AWW)
1604	Othello (OTH)
	Measure for Measure (MM)
1605	King Lear (LR)
	Macbeth (MAC)
1606	Antony and Cleopatra (ANT)
1607	Coriolanus (COR)
	Timon of Athens (TIM)
1608	Pericles (PER)
1609	Cymbeline (CYM)
1610	Winter's Tale (WT)
1611	Tempest (TMP)
1612	The Two Noble Kinsman (TNK)
	Henry VIII (H8)

（初期近代英語編 1）

ハリーポッターにも Shakespeare が出てくる？

　Shakespeare は，現代でも音楽や映画などいろいろなところに影響を及ぼしているが，ハリーポッターの映画にも Shakespeare の作品が登場する．映画『ハリーポッターとアズカバンの囚人』の中で，ホグワーツ聖歌隊が合唱をしている曲は Shakespeare の『マクベス』からの引用である．最前列の生徒は手にカエルを持って歌っている．大阪にあるハリーポッターのテーマパークのステージショーでも歌われている曲である．ここで歌われているのは，『マクベス』4幕1場に登場する魔女の台詞である．映画では少しだけ歌詞が変更されているが，Shakespeare の原文は以下のとおりである．

　　All:
　　　　Double, double toil and trouble;
　　　　Fire burn, and cauldron bubble.
　　Second witch:
　　　　Fillet of a fenny snake,
　　　　In the cauldron boil and bake;
　　　　Eye of newt and toe of frog,
　　　　Wool of bat and tongue of dog,
　　　　Adder's fork and blind-worm's sting,
　　　　Lizard's leg and howlet's wing,
　　　　For a charm of pow'rful trouble,
　　　　Like a hell-broth boil and bubble.
　　All:
　　　　Double, double toil and trouble;
　　　　Fire burn, and cauldron bubble.

　　　　　　　　　　　　　　　　　　　　（MAC 4.1.10–21)

　魔女一同：

第6章　Shakespeareの英語　　　157

　　　ふえろ，ふくれろ，悩みに苦しみ，
　　　燃えろ火の釜，ぐつぐつ煮え立て．
魔女2:
　　　泥沼のぬるぬる蛇の切り身も
　　　釜茹ででで焼けこげだよ．
　　　いもりの目の玉，蛙の指，
　　　こうもりの和毛（にこげ），犬のべろ，
　　　まむしの舌先，蛇とかげの牙，
　　　とかげの脚，ふくろうの羽根．
　　　ふえろ，ふくれろ，呪いの苦しみ，
　　　地獄の雑炊，ぐつぐつ煮え立て．
魔女一同：
　　　ふえろ，ふくれろ，悩みに苦しみ，
　　　燃えろ火の釜，ぐつぐつ煮え立て．
　　　(大場建治訳『マクベス』シェイクスピア選集7, 研究社, 2004年)

Shakespeareでは，魔女たちがいろいろなものを大釜で煮ているグロテスクな場面である．英語では頭韻と脚韻が多用されているので，とてもリズミカルで耳に残りやすい．映画のストーリーとどのような関係があるのか考えてみるのも面白い．

（初期近代英語編2）

doubt や debt の b はなぜ読まないのだろうか

　なぜ doubt の b や debt の b は発音されずに黙字になっているのだろうか．およそ400年前に書かれた Shakespeare の劇の中にもこれについてふれている箇所がある．『恋の骨折り損』(Love's Labour's Lost) の

中で，衒学的な教師として登場するホロファニーズは，ラテン語にならって b も発音するべきだと主張している．彼は作品の中であまりにラテン語の語源に固執する滑稽な人物として描かれているので，当時から一般の人々の間では b は発音されていなかったことがわかる．

  HOLOFERNES:
          I abhor such
  fanatical phantasimes, such insociable and point-
  devise companions; such rackers of orthography, as to
  speak "dout," fine, when he should say "doubt";
  "det," when he should pronounce "debt" —*d, e, b, t,*
  not *d, e, t*:   (Love's Labor's Lost 5.1.17-22)

ホロファニーズ：
 私は，あんな気違いじみた変物は嫌いだ．あんな，つき合いにくい，うるさ型は，あんな，字の綴り方をひん曲げる男はね．あの男は doubt（ダウブト）と言うべきなのに，b を落して，dout（ダウト）と言う．debt（デブト）と言うべきを det（デット）と言う．—d, e, b, t（デイ イー ビー ティー）なので，d, e, t（デイ イー ティー）ではないですよ．
 （和田勇一訳『恋の骨折損』世界古典文学全集シェイクスピア II，筑摩書房，1964 年）

 ノルマンコンクェスト（1066 年）以降，英語にフランス語から多くの外来語が入ってきた．debt と doubt は中英語期にもともと det(t)e, doute(n) として b のないフランス語綴りのまま英語に入ってきた．これらの語の語源はラテン語の debitum, dubitare であり，もともとは b の文字を含んでいた．

 その後，ルネッサンスの時期になると，ラテン語やギリシャ語からの外来語が語源の綴りのままで英語に入ってきた．この時期はルネッサンスの影響でラテン語のほうが由緒正しいとされたので，det(t)e, doute(n) にもラテン語綴りにならって余計な b を入れた．しかし，発音はすでに中英語期の時に固定していたので，綴りには b をいれても発音はそのままであった．そのため発音と綴りが一致しない結果となったのである．

Classroom Activity A

I. 次に示してある語を，長母音の /iː/ と発音する語と /ai/ と発音する語に分けよ．

Group /iː/   Group /ai/

_____   _____
_____   _____
_____   _____
_____   _____

{ ride（動詞）   police（名詞）   hide（動詞）
  prestige（名詞） naive（形容詞）   magazine（名詞）
  machine（名詞）   fire（名詞）   child（名詞）
  mine（人称代名詞） }

II. 次の動詞は目的語に動名詞（V-ing）か to 不定詞（to V）のいずれか，あるいは両方を取ることが可能である．各動詞，どちらの形式，あるいは両形式を目的語に取るのか示せ．

例　enjoy　　V-ing　　　　　resolve　　　to V
　　start　　V-ing / to V

1) avoid _____   2) agree _____
3) pretend _____   4) begin _____
5) continue _____   6) admit _____
7) decide _____   8) hope _____
9) promise _____   10) deny _____
11) cease _____   12) finish _____

Classroom Activity B

I. 次の一節は，1611年に出版された『欽定訳聖書』（*The Authorized Version of the English Bible*）と現代英語の聖書からの抜粋である．両者を比較して現代英語ではあまり見られない特徴を見つけよ．

The Authorized Version of the English Bible	Modern English Version of the Bible
The people that walked in darkness	The people who walked in darkness
have seen a great light: they that dwell in the land of the shadow of death, upon them hath the light shined.	have seen a great light; those who live in a land of deep darkness on them light has shined.
Thou hast multiplied the nation,	You have multiplied the nation,
and not increased the joy: they joy before thee according to the joy in harvest, and as men rejoice when they divide the spoil.	you have increased its joy; they rejoice before you as with joy at the harvest, as people exult when dividing plunder.

(ISAIAH 9.1)

① _____ ② _____

③ _____ ④ _____

⑤ _____

第 IV 部

後期近代英語
(1700-1900)

第 7 章

後期近代英語

山本　史歩子
青山学院大学

1. はじめに

　18世紀から19世紀は，英国が先進国の頂点に君臨した時代と言っても過言ではなかろう．1707年イングランド王国はスコットランド王国を併合し，大ブリテン王国が誕生した．1714年に即位したハノーヴァー朝初代国王ジョージ1世は，ドイツ語しか話せず英語が堪能ではなかったため，当時の首相 Robert Walpole（ロバート・ウォルポール）は責任内閣制を発足させた．これが今日の議会制度の始まりである．産業面では，18世紀初頭，Thomas Newcomen（トマス・ニューコメン）の蒸気機関の発明に始まった技術革新は，1769年，Sir Richard Arkwright（サー・リチャード・アークライト）の水力紡績機の発明，1784年，James Watt（ジェームズ・ワット）の蒸気機関の実用化などとともに，1760年代から始まる産業革命の幕開けの狼煙となった．それにより，資本主義が台頭し，特権階級は言うまでもないが，民衆も当時の経済的繁栄を経験したのである．
　英語史の観点から，18世紀以前は，学校で習う文法といえば，ラテン語の文法であり，学校で使用される以外でも英語を主役とする文法書や辞書の類はまだまだ数少なかった．しかしながら，17世紀イギリスが模範とした古典主義（古代ギリシャやローマが推奨した合理性・秩序・均整などを重んじる主義）の社会への広がりや科学技術の発展は，人々に自分たちの言語である英語を論理的に秩序だって正しく規定することの重要性を認識させるきっかけとなった．その意識の芽生えはやがて英語の文法書の作成へと発展していくことにな

る．そのような時代背景の下で，規範文法と称される文法が誕生した．その規範文法に基づいた文法書・辞書の作成が18世紀から19世紀にかけて文学に負けず劣らず開花したのである．こうした動きは18世紀の人々に英語に対する誇りをより一層確固たるものとした．

2. 英語の標準化

　英語でも日本語でも標準語ということばを日常的によく耳にするが，現実には標準語という言語は存在しない．あるとすれば，ある国内に流布する共通に理解可能な方言である．日本では東京のことばが標準語と認識されているが，その東京のことばも東京弁という1つの方言に過ぎない．しかしながら，その1つの方言が用いられている場所が，政治・経済・教育・文化の中心であれば，その方言が標準語に昇格するのである．

　1つの方言にプレステージが与えられることに嫌悪感を抱く人もいるかもしれないが，標準語が遠く離れた人々の交流を可能にする．標準語がなければ，未だ国内あるいは村同士での争いは絶えないかもしれない．

　英語も，古英語や中英語の章で見てきたように多くの方言が混在していた．歴史的に概観をすると，教育熱心であったとされる West Saxon 王，Alfred the Great King（アルフレッド大王）の時代，10世紀以前からすでに標準化は始まっていたと言われているが，West Saxon 方言が現代の英語へと発達したわけではない．英語の標準化は，1476年に William Caxton（ウイリアム・カクストン）がウェストミンスターに印刷所を開き活版印刷を導入したことによる技術革新と15世紀，当時の王である Henry 5世（1413-1422）が統治する大法官庁や王室財務局で公文書を作成する際に用いられた Chancery English（中英語（第3章）の4節を参照）の影響やロンドン（East Midland 地方）は当時すでに政治・経済・教育・文化・商業の中心であったため，様々な地方出身者たちの共通理解となるロンドン方言がある程度確立されていたことなど複数の変種[1]が混在しながら徐々に1つの標準種へと収束していったと考えられる．[2]

---

[1] 変種には，社会的変種と地理的変種がある．一般に，属する階級に特徴的なことば使いは社会的変種と呼ばれ，ある地方に特徴的なことば使いは地理的変種と呼ばれる．

[2] East Midland は，土壌豊かで農業や商業が盛んであり，政治・経済・文化において中心

英語の標準化は selection（選択）→ acceptance（受容）→ diffusion（拡散）→ elaboration of function（機能の精密化）→ codification（成文化）→ prescription（規範化）のプロセスを辿るとされているが，後期近代英語は標準化の最終局面に相当する prescription にあたる．[3]

　このモデルを英語に喩えると，まずは，商人や教育を受けた人々が使用していたロンドンの共通変種，または公文書に用いられていた Chancery English，あるいはその両方の混種が「選択」され，それが社会に認められ「受容」，ロンドンに徒弟として来ていた地方の若い男子たちがロンドン変種や Chancery English を仕事で学び年季が明けて故郷に戻る．そこで，これらの変種を使用することが地方でのステイタスとなり良い仕事に就けた．これが「拡散」である．次いで，ルネッサンスの時代ラテン語やギリシャ語が多く借用され，それは英語の綴り字や文法にも影響を及ぼした．英語が古典語を真似ようとして「精密化」したのである．やがて，文法書により英語の規則は「成文化」されるが，それだけでは不十分であった．英国にはアカデミーが存在しなかったため，代わりに個人が言語を固定化する必要が生じた．[4] これが「規範化」である．規範化とは，成文化された内容に文法家が個人的に正誤の判断を下すことである．当時の correctness（正しさ）に準じて判断が下された規範文法が現代英語へと発達していくのである．[5]

　一見すると，後期近代英語は現代英語と差ほど異なるようには思われないかもしれないが，それでも当時の著書を読むと後期近代英語の特徴が散見する．後期近代英語の魅力は，言語・社会・人が複雑に絡み合っているところにある．昨今，日本でも後期近代英語期を舞台にした英国のドラマが多く放映されている．当時の女性の地位・役割・品位，また，紳士の規範・作法・矜持などから英語を知ることも興味深い．

的役割を果たす人々が集まった．この地方は，現在の Oxford, Cambridge, London を含む．

[3] 標準化のプロセスは Mirloy and Mirloy (1987: 22) に示されているが，標準化に終点はなく常に進行状態にあると指摘している．

[4] 最も古いアカデミーであるイタリアのクルスアカデミーは 1582 年に設立され，フランス・アカデミーは 1635 年に設立された．アカデミー設立の目的の1つに言語政策がある．乱れた言語を純粋化・浄化することである．

[5] この一連のプロセスは，Mirloy and Mirloy (1987) で提示された標準化のプロセスを Nevalainen and Tieken-Boon van Ostade (2006: 274–286) が英語の標準化の説明に使用したものをベースとしている．標準化については，Wright (2000) も参照．

規範文法については次節で取り上げる．

3. 規範文法

　ことばの規則書すなわち文法書と称される書物は 18 世紀以前からすでに存在していたが，主としてラテン語を理解するための文法書であり，英語はラテン語を学ぶための手段にすぎなかった．やがて，ラテン語は高い教養を有する人たちにのみ必要な言語であり，人々は日常生活で使用する実用英語そのものの規則を規定する必要性を認識し始めた．最初の英語の文法書，William Bullokar（ウィリアム・バロカー）の *Pamphlet for Grammar*（1586）を皮切りに，Charles Butler（チャールズ・バトラー）の *The English Grammar*（1633），Ben Jonson（ベン・ジョンソン）の *English Grammar*（1640），John Wallis（ジョン・ウォリス）の *Grammar of the English Language*（1653）と 18 世紀以前にはすでにいくつかの文法書が出版され，人気のあった文法書は何度も再版された．しかしながら，これらの文法書は依然ラテン語の影響下にあり，ラテン語からの決別はそう容易ではなかった．[6]

　規範文法には，言語使用において適切か非適切かという概念は存在しない．規範文法家が個人的価値観に基づいて，1 つ 1 つの言語使用に正しいか，正しくないかという判断を下した規則の集成が規範文法である．当然，規範文法家と呼ばれる人たちの間にも様々な言語使用に対して異なる見解が生じる．文法に対する個人的な言語観のもとに正しさ（correctness）を追求し，ラテン語を参考にしたために，統一された現代英語の文法書とは異なり，規範文法家ごとに異なる文法規則が適用されていた．当時の文法書を読むと，各規範文法家の言語観が顕著に現れている．

　Chapman（2008: 21）は，言語学者と規範文法家の違いについて次のように定めている．

(1) Both linguist and prescriptivists claim to be experts: linguists claim to be experts on how language works, and prescriptivists claim to

---

[6] ラテン語は屈折が豊かな言語であり，文法情報は語尾屈折で示すが，英語は語尾屈折を失ったことにより，句構造で文法情報を示す言語へと発展した．例えば，進行形は be 動詞 + V-ing で完了形は have 動詞 + Ven で表す．

be experts on how language ought to be used.

　18世紀後半は産業革命や植民地支配の増幅という時代背景が手伝い，下層階級に生まれても，経済的にある程度は裕福な生活を手に入れることが可能な時代といわれている．当然，富裕層は自分たちの地位が脅かされるのではないかと恐れ，自分たちのことばと彼らのことばを差別化しようとし，下層階級の人々は彼らの仲間入りするために，彼らのことば使いを真似することが必要不可欠になり，規範文法は身分に関係なく当時の人々の拠り所となっていった．

　加えて，学校文法でも変化が生じ始めた．初期近代英語時代，子どもたちが学ぶ文法といえばラテン語の文法であったが，18世紀以降，英語の重要性が高まるに連れて，英語が一定の水準に達していなければ，社会的に低い評価を得る傾向が強くなっていった．やがて，ラテン語の文法書から子どもたちが日常的に使用する英語の実用的文法書へと移行していくことになる．上述したように，英語の文法書は16世紀からすでに存在していたが，これらはもっぱら大人のために文法書であり，子ども向けの文法書が出版されるのは，18世紀後半になってからである．

4. 規範文法家たち

　本節では，18世紀に活躍した著名な規範文法家を紹介する．当時最も権威ある文法家と称されたのは，Robert Lowth（ロバート・ラウス）と Joseph Priestley（ジョセフ・プリストリー）であろう．[7] Lowth は *A Short Introduction to English Grammar* (1762) を世に送り出した．

　Lowth は当初この文法書を Lowth 自身の息子である Tom の教育目的として書いたが，専門的な内容からすでにある程度英語の文法知識を有する教養ある人たちのための文法書として位置づけられた．Lowth の文法は規範文法でありラテン語の影響を強く受けているといわれている．しかしながら，当時インフォーマルな表現であるイディオムの使用などもあからさまに否定するというよりむしろエレガントではないが，英国民には親しみ深い表現であると記述している．

---

[7] 規範文法家と言っても，Lowth は聖職者，Priestley は化学の教師である．

Lowth は，当時の社会で優れた書き手として高い評価を得ていた Jonathan Swift（ジョナサン・スウィフト）や Joseph Addison（ジョセフ・アディソン）[8] の英語から例文を引用はせず，むしろ間違った例として Swift の文章を引用したくらいであった．規範文法家は自身の信念に基づいて文法を規定している．換言すればそこには文法家たちの主観性が大いに入り込む余地があるのだが，Lowth は，自ら著名な作家たちの誤った文章を集めてコーパスのようなものを作成し，[9] 客観的に精査していた．興味深いことに，Lowth 自身も個人的書簡の中で，規範文法では否定されていた，文末に前置詞を置く，完了形で過去分詞ではなく過去形を用いるといった間違いを犯している．[10] では，Lowth が文法書を執筆するうえで模範的かつ正しい英語の拠り所としていたのは，どのような種類の英語であったのであろうか．もともと地方の教会の司教として務めていた Lowth は中流階級に属するが，仕事柄 Lowth より高い地位の人たちとの交流もあったと考えられる．Lowth が正しい英語として引用していたのは，彼が属する中流階級より上の上流階級の人たちが書いた書簡，つまり，文学的な技巧をこらした表現よりも教養ある人たちが日常的に使用している英語，当時の生きた英語，実用的な英語をもとに文法書を書いたと推察される．

　次に，Lowth のライバルとしてよく引き合いに出されるのが，Joseph Priestley である．Priestley は，*The Rudiments of English Grammar; Adapted to the Use of Schools with Observations on Style* を 1761 年に出版するが，その 7 年後 1768 年に *The Rudiments of English Grammar; Adapted to the Use of Schools; with Notes and Observations for the Use of Those who have Made some Proficiency* を第 2 版として出版した．このタイトルから推察できるように，Priestley は Lowth とは異なり，教育を念頭に学校文法書を書いた．その理由は，彼自身，地方の小規模な学校で子どもたちに勉学を教えていた教師でもあったからだと思われる．この点において，Priestley も規範文法家ではあるものの，記述的側面も重要視しており，彼の文法書はより実践的な英

---

[8] Joseph Addison は，18 世紀を代表する散文作家である．特に定期刊行物である，*The Spectator*（1711-1712, 1714）は多くの紳士・淑女のための自己啓発として愛読された．
[9] 現代ではコーパスは，ある目的のために電子化されたことばの集合体を指すが，18 世紀は手で収集したことばの集合体を指す．
[10] Lowth の文法的誤りは，書簡の相手が親しい人物に限られていた．自分より社会的地位が上の人や仕事ではこのような誤りは認められない（Tieken-Boon van Ostade (2006)）．

語，換言すればより現代の学校文法に近い文法書であったといえる．Priestley は教育学的側面の重要性を次のように唱えている．

> (2) The propriety of introducing the English grammar into English Schools, cannot be disputed; a competent knowledge of our own language being both useful and ornamental in every profession, and a critical knowledge of it absolutely necessary to all persons of a liberal education. (1768 *The Rudiments of English Grammar*: xx)

実際，Priestley は，Q and A スタイルを導入して子どもでも理解しやすいよう工夫をしていた (3)．

> (3) Q. WHAT is a Noun?
> A. A Noun or (as it is sometimes called) a SUBSTANTIVE, is the name of any thing; as *a Horse*, *a Tree*; *John*, *Thomas*.
> (ibid.: 4)

初版では，学校で使用する以上の意図はなかったので，その構成はできるだけシンプルかつ親しみやすいスタイルで英語の基本的な原則を説明するものであったが，翌年に出版された Priestley とは対照的な Lowth の学術的な質に衝撃を受けて，子どもたちだけでなく，教養ある大人たちも対象とした内容に改訂したのが第2版である．実際には，改訂版は初版と大きな変化は見られないが，新たに Notes and Observations を巻末に設けて，自ら収集した多くの例文を示してより専門的な説明を施し，子ども向けと学識ある人向けが棲み分けできるスタイルを取り入れている．

Priestley は，英語はラテン語やギリシャ語とは相いれない言語であるという事実を冷静に認識していた文法家であったとされている．18世紀後半から19世紀にかけて，英語の洗練と実用性を見直す運動がさらに加速することになる．

ちなみに，Priestley は英語の実際の構造 (the actual structure of English) にしたがって8つの品詞（名詞・形容詞・代名詞・動詞・副詞・前置詞・接続詞・間投詞）を区別しているが，Lowth はこれに冠詞を含めた9つを提唱し

ている。[11] どちらも現在の英語の教科書で用いられている品詞の分類方法である。

　Lowth と Priestley 以外にも，英語教育上重要な文法家を紹介しておく必要があろう．Ann Fisher（アン・フィッシャー）と John Ash（ジョン・アッシュ）である．

　18世紀女性への教育はどのように施されていたのであろうか．当時の女性教育は，高い学歴を有して社会へと進出することを意図したものではなく，良き妻，良き母となるための教養が必要とされていた．これは，上流階級の子女に限ったことではなく，中流階級の子女も対象である．会話や書簡における洗練されかつ文法的に正しいことば使い，つまり容認された教養は礼節（politeness）を重んじた当時の社会で高い評価，いわばお墨付きを子女たちに与えた．そのための教養を培う手だての1つとして女性のための文法書のニーズは水面下では高かったと考えられる．

　女性の社会進出の黎明期，様々な障害を乗り越えて女性による女性のための最初の文法書が，Ann Fisher によって世に送り出された．1750年に出版された *A New Grammar: Being the Most Easy Guide to Speaking and Writing the English Language Properly and Correctly* である．この本は同年 Fisher が英語を真剣に習得したいと望む若い女性たちのために開いた学校でも使用された．Fisher は徹底して英語をラテン語の呪縛から解放しようと努めた．彼女の文法書では英語に4つの品詞（Names, Qualities, Verbs, Particles）を提案している．Names は名詞類，Qualities は形容詞類，Verbs は動詞類，Particles はそれ以外である．Fisher も Priestley 同様，高い教育的背景を持たない女性たちのために工夫を凝らし Q&A 方式を導入している．

(4)　Question:　*Is it good English to say* more fairer *or* most fairest?
　　　Answer:　No: you ought to say, *fairer* or *more fair*; *fairest* or *most fair*, for *more fairer* would signify as much as *more more fair*, and *most fairest* as much as *most most fair*.

(cited in Beal (2004: 114))

---

[11] Quirk et al. (1985: 67) は，現代英語では12の品詞（前置詞・代名詞・決定詞・接続詞・法助動詞・一次的助動詞・名詞・形容詞・副詞・本動詞・数詞・間投詞）を区別している．

このようなスタイルであったため，女性たちにも十分使いこなせたと推察される．

Priestley に先駆けること 1 年，John Ash は 1760 年に *Grammatical Institutes; or Grammar, Adapted to the Genius of the English Tongue* を出版した．Ash は，Lowth や Priestley とは異なったヴィジョンを持っていたとされる．学術的な文法書ではなく，子どもあるいは若い初心者に特化した文法書を意図していた．このような文法書は，学校に上がる前の幼い子どもへ自ら教育をしなければならなかった当時の母親には有益であったが，Ash の意図した子どもや初心者は男子に限られていた．

5. 後期近代英語の特徴

本節では，学校文法で扱われている文法項目を中心に，後期近代英語を具体的に検証をしていく．

5.1. 関係代名詞

関係代名詞は，学校文法において理解すべき重要な文法項目の1つである．日本語には関係代名詞に相当する構造がなく，先行詞となる語句の修飾の位置は日本語とは逆である（制限用法）．ある意味，規則正しく逆であるので理解は容易かもしれないが，実際には理解できているようでできていない構文であるといえる．

後期近代英語は，中英語期や初期近代英語とは異なり，形式は概ね現在の関係代名詞に定着しているが (the which はほぼ認められない)，まだ幾分混同が見られる（中英語（第 3 章）の 7.2 節，初期近代英語（第 5 章）の 3 節を参照）．

まずは，18 世紀関係代名詞はどのように規定されていたか理解しておく必要があろう．

規範文法家の Lowth は，次のように定義している．

(5) The Relative is often understood, or omitted: as, "The Man I love;" that is, "*whom* I love." The accuracy and clearness of the Sentence depend very much upon the proper and determinate use of the Relative, so that it may readily present its Antecedent to the mind of

the hearer, or reader, without any obscurity or ambiguity.

(Lowth 1799 [1762]: 102-103)

Lowth に従えば，関係詞はしばしば省略されることもあるが，文が正確に明確に解釈されるためには，省略は好ましくないないと述べている．さらに，現代英語と同じく，who は人に，人以外には which を推奨しているが，that については，人にも人以外にも使用可能としている．[12]

(6) The relatives who, which, that, having no variation of gender or number, cannot but agree with their antecedents. *Who* is appropriate to persons... and we apply *which* now to things only:... *That* is used indifferently both of persons and things: but perhaps would be more properly confined to the latter. (ibid.: 99-100)

実際に，18 世紀定期刊行物を出版した対照的な 2 人の散文作家，Jonathan Swift と Joseph Addison (Swift は保守的な作家の代表であり，Addison は中道的作家の代表である)[13] を取り上げて，両者の関係代名詞の選択を頻度分析した．その結果が次の表 1 と 2 である．Swift は the *Examiner* (分析対象期間は 1710-1711 年)，Addison は the *Spectator* (分析対象期間は 1711 年) から約 45,000 語を抽出した．

表 1. 関係代名詞の選択 (先行詞が人)

	Who	Whom	That	Ø[14]	Total
Addison	154 (63.1%)	31 (12.7%)	52 (21.3%)	7 (2.9%)	244
Swift	165 (83.3%)	20 (10.1%)	5 (2.5%)	8 (4.1%)	198

先行詞が人の場合，Swift は最も推奨される who を 83.3％使用している．規範文法では，人が先行詞である場合，好ましくないことば使いと見なされて

---

[12] Quirk et al. (1985: 1251) によれば，先行詞が最上級や，post-determiner (後決定詞) (e.g., first, next, last, only, etc.) による修飾を受ける場合は，that は which, who (m) より好まれるとしている．

[13] 詳しくは，Wright (1994) を参照．

[14] Ø は，関係代名詞の省略を示す．

いた that と関係代名詞の省略の使用頻度が最も低い点において，Swift の文体は，規範文法のお手本といえるであろう．例 (7a) を参照．

Addison は whom と省略に関しては，Swift との間に大きな差異は見られないが，who に関しては Swift より使用頻度はかなり低い．その原因は，Addison に認められる that の使用頻度の高さに因る．現代英語では先行詞が人であっても生起する環境によっては that が好まれ決して粗野な文体ではないとされる（注 12 を参照）．しかしながら，Lowth が指摘しているように (6)，18 世紀当時，that は先行詞が人以外である場合，より適切であるとされていた．その that を Addison は人に対して 21.3％ も使用しており，Swift の約 10 倍であることは注目に値する．

ついでながら，Addison 自身は関係代名詞に that を高頻度で使用しているが，The *Spectator* (No. 78) で，「WHO と WHICH からのささやかな陳情」と称して，that の過度な使用を非難しているのは実に興味深い．

例 (7b), (8a, b) に見られるように，最上級や後決定詞を必ずしも必要としない環境で使用されている点において，現代英語の学校文法とは異なる規則が適用されていたといえる．

もともと，先行詞が人であっても使用が認められていた that が徐々に who(m) に取って代わられた理由の 1 つとして，that は関係代名詞以外にも接続詞・指示代名詞・副詞など多機能品詞であることが指摘されている．つまり，that の使用は解釈の曖昧性を引き起こす原因にもなりかねないことが考えられる．

(7) a. There are seven or eight Millions **who** contribute to the Loss, while the whole Gain is sunk among a few.　　(The *Examiner*: 139)

　　b. But whatever may be the Opinion of others upon this Subjects, whose Philosophical Scorn for *Blood* and *Families* reacheth even to those **that** are Royal,...　　　　　　　　　　　(ibid.: 151)

(8) a. To gratify this Curiosity, ... I design this Paper, and my next, as Prefatory Discourses to my following Writings, and shall give some Account in them of several Persons **that** are engaged in this Work.　　　　　　　　　　　　　　　　(The *Spectator*: 1)

　　b. For my own part, I would never trust a Man **that** I thought was capable of giving these secret Wounds, and ...　　　　(ibid.: 99)

次に，先行詞が人以外を見てみよう．

表 2. 関係代名詞の選択（先行詞が人以外の場合）

	Which	That	∅	Total
Addison	268 (59.3%)	130 (28.8%)	52 (11.9%)	452
Swift	110 (44.5%)	38 (15.4%)	99 (40.1%)	247

先行詞が人の場合とは異なり，Addison が最も多く which を使用している．Addison は，先行詞が人であっても人以外であっても，選択頻度に大きな違いは見られない．一方，Swift は，which と省略をほぼ同頻度で使用している．先行詞が人の場合とは異なり，that の使用頻度が増加している．先行詞が人である場合に観察された that や省略の回避などといった配慮は先行詞が人以外では認められず，Swift は，当時の礼節を重んじる社会（polite society）をかなり意識していたと考えられる．

概ね先行詞が人以外では，現代英語の使用と大きく異なってはいないように思われる．

最後に，現代英語では関係詞節などで前置詞が文末に生起することは問題ないとされているが，Lowth にしたがえば，18 世紀の規範文法では洗練された文体とは相いれない構造であったことを指摘しておきたい．

(9) The Preposition is often separated from the Relative which it governs, and joined to the Verb at the end of the Sentence, or of some member of it: as, "Horace is an author, *whom* I am much delighted *with*." […] This is an Idiom, which our language is strongly inclined to; it prevails in common conversation, and suits very well with the familiar style in writing; but the placing of the Preposition before the Relative is more graceful, as well as more perspicacious; and agrees much better with the solemn and elevated Style.
(Lowth 1799 [1762]: 95–96)

18 世紀の関係代名詞は，中英語期や初期近代英語期と比べてはるかに現代

英語に近いといえる．それでも現代英語とは異なる使用が散見される．

5.2. 否定における助動詞 DO

初期近代英語から後期近代英語にかけて，否定を表す構造も変化が見られる．古英語からの本動詞に直接否定辞 NOT を後続させるパタンと，より現代英語に近い助動詞 do を用いるパタンが混在していた．後期近代英語以前に，ほぼ助動詞型に収束していったとされるが（中英語（第3章）の6.2.1節，初期近代英語（第5章）の4節を参照），保守的な作家は古英語時代のパタンを，より現代的な作家は現代英語のパタンを用いる傾向が見られる．前節に引き続き，Swift と Addison の両散文作家を比較した結果が次の表3である．

表3．否定辞における助動詞 DO の使用頻度

	DO + NOT + V	V + NOT	Total
Addison	64 (81%)	15 (19%)	79
Swift	20 (52.6%)	18 (47.4%)	38

両者ともに，標準化，換言すれば現代化へと移行しつつあるといえるが，Swift は，両形式がやや拮抗しており，関係代名詞同様に保守的な傾向が強い．

(10) a. I **understand not** Ecclesiastical Affairs well enough to comment upon this Matter;... (The *Examiner*: 50)
 b. They **do not think** the *Prerogative* to be yet sufficiently limited, and... (ibid.: 122)
(11) a. Who were the first that established this Rule I **know not**; but I am sure it has no Foundation in Nature (The *Spectator*: 169)
 b. I scarce uttered the quantity of a hundred words; and indeed **do not remember** that I ever spoke three sentences together in my whole life. (ibid.: 2)

関係代名詞と否定における助動詞 do を概観してきたが，Swift の文体はまさに規範文法のお手本であり，当時の社会や道徳を深く意識していたと思われる．一方，Addison は規範文法をある程度遵守しながらも，現代英語に近い特徴も観察され両方をバランスよく取り入れた文体で執筆をしている．このバ

ランスが英語の標準化に貢献をした作家の1人と称されるゆえんである．[15]

　同時代の作家であっても，異なる価値観や信条が如実に言語によって（本節では関係代名詞や否定の作り方の選択）具現化される．各時代の特徴を全体的な傾向から理解する方法もあるが，作家個人から時代の特徴を理解する方法もある．

5.3. 多重否定

　18世紀は科学技術の発達や古典主義の合理精神への傾倒など，理性を重んじる時代であった．科学的理論に基づいた考え方は従来の言語表現にも深く浸透していったのである．その最たる例が，多重否定（multiple negation）である．

(12)　Hamlet:　She married. O, most wicked speed, to post
　　　　　　　 With such dexterity to incestuous sheets!
　　　　　　　 It is **not nor** it **cannot** come to good:
　　　　　　　 But break, my heart; for I must hold my tongue.
　　　　　　　　　　　　　(*Ham.* Act I, Scene II, The Project Gutenberg)

(12)のように，初期近代英語では，まだ同一文内で複数の否定辞が生起していても，否定を表す用法が認められる．しかしながら，徐々に，多重否定における意味の論理が萌芽するのである（初期近代英語（第5章）の5節を参照）．後期近代英語期になると否定辞同士が互いを相殺し合うと肯定になるという論理が一般化した．Lowth は次のような見解を示している．

(13)　Two negatives in English destroy one another or are equivalent to an affirmative: as, '*Nor* did they *not* perceive the evil-plight In which they were, or the fierce pains *not* feel.
　　　　　　　　　　　　　　　　　　　　　　　(Lowth 1799 [1762]: 94-95)

　一方で，18世紀においても口語的表現を多く用いる劇作家たちは多重否定（否定の意味）を使用する傾向が観察される．

---

[15] 詳しくは，Wright (1994: 257, 268-269)，山本 (2017) を参照．

(14) Sir Fran. (Running up with his Watch in his Hand.) Sure she did not speak to him—There's Three Quarters of the Hour gone, Sir George—Adod, I don't like those close Conferences—
Sir Geo. More Interruptions—You will have it, Sir. (Lays his Hand to his Sword.
Sir Fran. (Going back.) No, no, you **shan't** have her **neither.**
(1709 Centlivre, *The Busie Body*, Act II, The Project Gutenberg)

5.4. 進行形と進行形の受動態

時の概念である相（aspect）の1つに進行相（形）がある．関係詞や仮定法よりも比較的容易に理解しやすい．意味も現在行われている進行中の行為を表す．ゆえに，生徒が自ら運用できる構文の1つといえる．進行形の特徴としては，(1) その行為はある程度の持続性を有する，(2) その行為は進行中であり完了している必要はない．持続性を有さない動詞，例えば hit, kick, clap などは，一度きりの行為の反復を意味する．

進行形（be + V-ing）が頻繁に生起するのは，後期近代英語以降である．Shakespeare の時代では，現在形で進行形を表していた．

(15) QUEEN GERTRUDE: **To whom do you speak this**?
HAMLET: Do you see nothing there?
(*Ham*. Act III, Scene IV, The Project Gutenberg)

(15)では，ハムレットが亡霊となったハムレットの実父と会話をしている様を見た母親のガートルードが，「誰に対してこの話をしているのか？」と尋ねるが，ハムレットに「見えないのですか」と逆に問いただされている．このような場面では，現代英語であれば，'To whom are you speaking this?' となるであろう．

後期近代英語では同様の場面で進行形の使用が認められる (16)．

(16) **The Impostor of whom I am speaking**, decends Originally from FALSHOOD. (The *Spectator*: 147)

進行形と並んでこの時代に発達したのが受け身進行形である（初期近代英語（第5章）の4節を参照）．現代英語では，ある任意の行為が未完了かつ受け身で

ある場合，be + being + V-en の形式で示されるが，18世紀には2つのパタン が存在していた (17a-c)．(17a, b) は，現代英語であれば過去進行形と解釈 されがちであるが，18世紀はこの形式で未完了の受動態を表していた．この 形式は19世紀の半ばまでは優勢であったが，それ以降現代の形式である be + being + V-en に取って代わられていく．[16] (17a, b) から (17c) への変化を引き 起こした要因の1つに「下からの変化」(change from below) が関係している といわれる（初期近代英語（第5章）の5節を参照）．この下からの変化は「使用者 の意識レベルの低さ」と「社会的に低いグループからの変化」の2つが考えら れる．[17] 実際，19世紀，(17c) のような長くて見た目が悪い形式の使用は当時 の言語的風刺の対象であった (18)．現代英語でも受け身進行形は稀である． その理由はこの形式を使用する機会自体がめったにないこと，19世紀同様に， 形式が長く使い勝手が悪いことなどが挙げられる．[18]

(17) a. …and while dinner **was preparing**, he was pleased to shew me the great church there,…

(1740 Richardson *Pamela,* The Project Gutenberg)

b. … before whom I was examined for Deacon's orders … I **was** quite half hour **examining**.

(1763, Woodeforde, *Diary*, cited in Beal 2014: 80)

c. … you, like a fellow whose uttermost upper grinder **is being torn out** by the roots by a mutton-fisted barber… will girn and endure it. (1795, Southey, *Life*, ibid.: 81)

(18) Could there be a more absurd affectation than, instead of, The tea **has been drawing** five minutes, to say, The tea **has been being drawn** five minutes? *Been being*—is that sense, or English?— except to children, who say that they **have been being naughty**, thereby saying only that they **have been naughty**.

(1871 White *Words* xi: 362, cited in Denison 1998: 157-158)

---

[16] 詳しくは Nakamura (2016: 10-14) を参照．
[17] 詳しくは，Beal (2004: 78-82) を参照．
[18] 詳しくは，Denison (1998: 157-158) を参照．

5.5. Be going to の発達

　学生から，なぜ be going to で近未来を示すことが可能であるのか，という質問をしばしば受ける．確かに，学校文法ではよく見かけるが，その出生となると謎である．本節では，Traugott and Dasher (2002: 83-84) で提示された例文をもとに，be going to の発達のプロセスを概観する．

(19) …**thy unhappy sowle** by the vyctoryse pompys of her enmyes **was goying to be broughte** into helle for the synne and onleful lustys of her body.

　　　　(c. 1482 *Monk of Evesham*: 44, cited in Traugott and Dasher 2002: 83)
　'this unhappy soul was going to be brought into hell in the victorious procession of her enemies because of the unlawful lusts of her body.'

(20) Witwould: Gad, I have forgot what **I was going to say** to you.

　　　　(1699 Congreve, *Way of the World*, I: 331, ibid.: 84)

(21) Do you think **it's going to rain**?

　　　　(1865 Carroll, chapter 4: 146, ibid.: 84)

　中英語後期になると (19) のような例が現れる．(19) は，受動態であるので，主語の動作性が埋没される．加えて，移動対象物である「魂」は実体がないので，実質的な空間移動の解釈が成立しにくい．魂の目的地である地獄が明記されているが，go ではなく bring の目的地であることも，go の空間的解釈を曖昧にさせている．一方で，「魂」は比喩的表現で実際は実体を伴う罪深い「人」と解釈すれば，文字通り空間移動の解釈が成立する．この時代，be going to には空間と時の概念が両立する状況が観察されるものの，近未来を示す機能は確立されていない．17世紀になると，(20) のような目的地も明記されていない環境では，主語の空間移動の解釈は劣勢になり，時の概念が優勢となる．さらに，19世紀では，(21) のように，無生物が主語となり，動詞も rain が生起しており空間移動を想起させる解釈は排除されて時の概念だけ唯一可能となる．中英語後期に観察された曖昧な機能から，be going to が助動詞化し近未来を示す機能が定着したのは，後期近代英語以降である．

　この一連の過程は，言語変化は，語・句・構文が単独で変化するものではな

く，使用される文脈の中で変化をすることを示している．[19] 話し手は常に聞き手が適切な解釈ができるよう誘導するために自分の意図を反映する文脈で使用する．聞き手は推論を働かせ新たな解釈を模索する．be going to の発達に作用する推論とは，時間的概念を空間的概念のように認識する比喩的プロセス (Time is Space) であり，現在から未来への時間の流れは，基点から着点への空間移動に喩えられる（形式の変化に関しては，後期近代英語（第8章）の4.4節を参照）．

Hilpert (2008: 118-121) によると，後期近代英語における be going to の使用頻度を調査した結果，1710-1780 (159例)，1780-1850 (355例)，1850-1920 (733例) と推移しており，19世紀後半から急激に増加したことがわかる．この年代から be going to に後続する動詞も，dynamic verb（動的動詞）から stative verb（状態動詞）と共起するようになり (e.g., There is going to be some serious trouble here, ...)，主語の動作性が失われ，近未来の解釈が定着したことがわかる．

最後に，be going to のように新たな機能が慣習化して英語の文法として容認されるようになることもあれば，その場限りで消え去ることもある．

5.6. その他の特徴

本節では，上述以外の後期近代英語の特徴を簡単に紹介しておく．現代英語では，shall は主として will のイギリス版と解釈されることが多いが，後期近代英語では，shall は一人称では単純未来を，二人称，三人称では命令や脅迫を示し，will は一人称では約束と脅迫を，二人称と三人称で単純未来を示していた．[20]

ラテン語で gerund と呼ばれる動名詞の発達は，名詞が名詞としての特性を失い（冠詞を取らない，複数形を取らないなど），抽象化し動詞のような機能を帯びるようになったとされる．現代英語では動詞に -ing 形を付加して具現化するが (22a)，18世紀では (22b) のような形式も規範的であった．18世紀の規範文法家 Lowth (1799 [1762]: 81-83) や Murray (1795: 167-168) は，

---

[19] 詳しくは，Traugott and Dasher (2002: 83-85)，Hopper and Traugott (2003: 87-90) を参照．

[20] Lowth (1799 [1762]: 41)．

名詞的用法（冠詞が先行し，所有を表す前置詞 of が後続する）あるいは，動名詞（冠詞も前置詞もとらない）のいずれかの形式でなければならないとしている．ゆえに，(22c, d) を，名詞と動詞の融合的性質を有するこの句は使用者を欺き不正確で誤った用法として非難している．しかしながら，現代英語から見れば，名詞が動名詞化する移行期であると考えられる．[21]

(22) a. Happiness is to be attained, by **avoiding evil; and by doing good; by seeking peace, and by pursuing it**.
  b. These are the rules of Grammar, by **the observing of** which you may avoid mistakes.
  c. by observing of which
  d. by the observing which　　　　　　　　(Lowth 1799 [1762]: 81-82)

最後に，英語学習者を苦しめる構造の 1 つである句動詞を概観する．句動詞は，中英語から確認されているが，最も爆発的に増加したのは後期近代英語期である．当時，句動詞は，洗練された文体では避けられる傾向が観察されるが（例 (9) を参照），Samuel Johnson（サミュエル・ジョンソン）は，*A Dictionary of the English Language* (2015 [1755]) 中で，動詞 come に 19 の句動詞，give に 6 の句動詞を認めている．句動詞に加えて，19 世紀に発達したのが，句前置詞動詞（動詞＋不変化詞＋前置詞）である．Samuel Johnson は句前置詞動詞も辞書に個別のエントリーを与えている (e.g., come up to, come up with, etc.)．

この形式は他動詞用法の句動詞と競合関係になり，やがて，句前置詞動詞が優勢になっていく．例えば，「耐える」は，16 世紀，put up (1573) であったのが，18 世紀には，put up with (1755) に取って代わられた．ほかにも，get away (c. 1375) から get away with (1878) などがある．[22]

---

[21] Nevalainen and Raumolin-Brunberg (2003: 65-66) は，移行期の例として捉えている．
[22] 詳しくは Denison (1998) を参照．

（後期近代英語編 1）

言語と社会

　18世紀以降，異なる社会階層を移動する機会が増えたとはいえ，出生時の身分が当時の人々の人生をしっかりと縛っていた．イギリスでは現在でも，「容認発音」（Received Pronunciation）と呼ばれる発音が存在し，この種の発音で話す人は高い教育を受けた特権階級に属する．では，小説のように音のない世界では，どのように登場人物の発話に彼らの社会的背景を描いていたのであろうか．日本の小説では身分の低さを示すために方言を用いる手法がよく使われるが，ヴィクトリア朝の時代，イギリスの小説では文法的手法がよく見かけられる．例えば，Jane Austen は，登場人物に意図的に文法的間違いを犯させることで，その人物の身分の低さを表現した．(1) では多重否定構文（この場合，意味は否定のまま），(2) では，主語と動詞の呼応の不一致で示している．そして，文法的な間違いではないが，好ましい人物に対しては関係代名詞の省略を避ける傾向が観察される（Phillips (1970: 172)）．つまり，(3) の Sam Fletcher は好ましくない人物であることがわかる．

(1) Now, he had no fortune, and **no nothing** at all.
　　　　　(1811, *Sense and Sensibility*, cited in Phillipps 1970: 186)
(2) Edward **have** got some business at Oxford.　　(ibid.: 158)
(3) Here is a friend of mine, Sam Fletcher, has got one to sell.
　　　　　(1818 *Northanger Abbey*, ibid.: 172)

Charles Dickens も呼応の不一致によって身分の低さを示している．

(4) 'Stand aside!' 'Give him a little air!' 'Non sense! he **don't** deserve it.' 'Where's the gentleman?'
　　　　　(1837 *Oliver Twist*, The Project Gutenberg)

6. 辞書の発達

　英語の辞書は外国語教育に欠かせない存在である．今日の日本では小学生の早ければ低学年から英語の辞書を使用している．辞書は学習者に限らず教育者にとっても研究者にとっても必要不可欠な教材である．その英語の辞書が作られるまでには多くの辞書編者たちの言葉にならないほどの苦労があったことは，現代のようにコンピューターもない時代を考慮すれば容易に想像がつくであろう．現代では生徒たちが当たり前のように使用している辞書の歴史について理解をしておくことは学習上有意義なことだと思われる．

　18世紀は Samuel Johnson の *A Dictionary of the English Language* に象徴されるように，英語の辞書が発達した時代でもある．古くはラテン語の写本に英語の注解をほどこすことから始まり，時代とともに辞書の体をなすようにはなってきた．しかしながら，17世紀まではもっぱらラテン語で書かれた書物を理解するためのラテン語──英語辞書であった．英英辞書の出版は英語の標準化にも重要な役割を果たすだけでなく，ラテン語からの独立を意味する英語史上，重要なランドマークの1つである．

　英語辞書史上，最初の英英辞書は Robert Cawdrey（ロバート・コードリー）の *A Table Alphabetical*（1604）と言われている．しかしながら，Cawdrey の辞書も，ルネッサンス期に大量に英語に入ってきた所謂インク壺語（inkhorn terms）と言った難解語（e.g., thermometer, anonymous, unique, etc.）[23] を理解するための辞書でしかなかった．18世紀に入ると難解語から日常的に使用される英語の語彙を見出し語とする辞書が編纂されるようになり，その主な目的は，語の意味を説明するというより正しい綴り字を子どもたちに教えるという教育的普及にあった．中でも，この時代注目すべきは Nathan Bailey（ネイサン・ベイリー）と Samuel Johnson であろう．Bailey は，教育的背景・性差・年齢差を超えた一般人向けの辞書を編纂し，意味の定義だけではなく，見出し語の語源や派生形まで紹介するなど画期的な改革をした．また，*A Dictionary of the English Language*（1755）で Johnson が用いた見出し語の例を文学作

---

[23] インク壺語とは，ギリシャ語，ラテン語，フランス語，ヘブライ語などから借用された難解語のことを指す．一般の人にはこうした借用語は理解不能であったため学者ぶった語と揶揄される表現である．

品から引用するアプローチは今でこそ辞書の常套手段であるが，英語辞書史上初めての試みであり，その後の辞書の発展に大きく寄与した．もちろん，当時お手本とすべき一流の作家たち（Milton, Shakespeare, Dryden, Pope, Bacon, Addison）の作品からである．

19世紀，忘れてはならない重要な辞書編者が2人いる．1人は，英語辞書の金字塔 A New English Dictionary（後の The Oxford English Dictionary, OED）の主幹編者の1人 James A. H. Murray（ジェイムズ・マリー）と初めてアメリカ英語の辞書を編纂した Noah Webster（ノア・ウェブスター）である．

17世紀から英英辞書は進化を遂げてきたが，見出し語数，語源，例文などその規模において英語という言語を網羅した辞書は誕生してはいなかった．そこで，当時，Dean of Westminster（ウェストミンスター寺院の首席司祭）であった Richard C. Trench（リチャード・トレンチ）が1857年 Philological Society で英国の現存する辞書の欠陥を補うため新たな辞書の編纂の必要性を唱えた．その辞書は，見出し語の初例，発音，語源に始まり，専門用語，文学的なことばから俗語，さらには廃語から方言に至るまでを網羅するものである．最初の主幹編者である Herbert Coleridge（ハーバート・コウルリッジ）の急死によりその仕事はやがて James A. H. Murray へと引き継がれた．1857年に始動したこのプロジェクトは，1884年2月1日に最初の巻が出版されてから最終巻が出版される1928年4月19日まで，ゆうに40年を超える時間がかかったのである．さらに，発案からは70年を超えていた．

OED の編纂は，ワードリストの作成に始まり，見出し語の選別，定義，そして，おおよそ500万冊の文献から編集スタッフだけでなく，名もなき多くの読み手たち（ボランティアたち）から初例を提供してもらいながら進められた．彼らは，主婦から囚人にまで及んだ（1858年から1884年にかけて初例を提供した主たる読み手たちの名が1人1人，The Oxford English Dictionary xxi-xxii に記されている）．[24] ひたすら手作業で行う辞書の編纂はどれほどの苦難の道であったか筆舌に尽くし難いが，動詞 set を具体例に挙げると，当初でも単純動詞 set に51の意味選別と句動詞に81の意味選別が施された

---

[24] 読み手の中に，Dr. W.C. Minor の名が記されているが，彼は医師であり殺人者であった．投獄の中で，Murray に例文を提供することを生きがいとした．彼と Murray の不思議な親交は，The Professor and The Mad Man に描かれているので，ぜひ一読してもらいたい．

が，最終的には合計で 154 まで膨れ上がった．頁数にして 18 頁，時間にして 40 日かかったのである．

　The Oxford English Dictionary は総頁数 15,487 頁，そのうちの半数以上にあたる 7,207 頁を Murray が手掛けた．残念ながら Murray は半生をこの辞書の編纂に捧げたが，1915 年完成を見ることなくこの世を去った．

　歴代の編者たちが心血を注いだこの偉大なる大辞典は，1897 年 Victoria 女王に捧げられ，完成版は George 5 世に捧げられた．

　Noah Webster は，The American Dictionary of the English Language (1828) を編纂した．その目的は 2 つあったと考えられている．1 つは，アメリカ合衆国の真の独立は，政治・経済・文化に加えてそれらの根幹となることばの独立なくしては実現しないと考えたこと，もう 1 つは，英語の発音と綴り字の乖離を嘆き，現状では英語学習者のみならず英語母語話者でさえ正しい綴り字を習得できないという危機感を募らせたことである．こうした状況を一気に解決する手段として，辞書を媒体としてアメリカ英語という新たな英語を国中に普及させ，綴り字改革を実行した．よく学生からアメリカ英語とイギリス英語の綴り字の違いについて質問されるが，こうした背景があったのである．Webster の綴り字改革は，音と綴り字をできる限り一致させようとするものである．例えば，アメリカ英語は labor, honor, color と綴るが，フランス語由来の綴り字を維持しているイギリス英語は labour, honour, colour と綴る．そのほかにも，AmE (traveling, theater, license, medieval, organize, etc.) と BrE (travelling, theatre, licence, mediaeval, organise, etc.) など，アメリカ英語のほうがより音に忠実であるのがわかる．

　辞書は規範文法書に比べて身近な存在であり，当時の人々は辞書からも正しい綴り字・発音・文法などを学んだと推察される．規範文法書と等しく英語の標準化において重要な役割を果たしたといえる．

7. おわりに

　本章では，後期近代英語の特徴を概観してきた．古英語や中英語と比べて現代英語の形にほぼ定着しつつある．しかしながら，規範文法が支配し，標準化の最終ステージにあったこの時代，現代英語では文法的に間違っていない表現でも，規範文法に違反していれば，教養の低い人間と見なされた．規範文法

は，否定的な側面ばかりが強調されるが，規範化のような現象は，英語に限らずどの言語にも見られる．文法書の作成となればある程度の固定化は必要かつ不可避である．この流れがあったからこそ，今日の記述的な文法が誕生したのである．

　また，後期近代英語を深く理解するには，英語だけではなく，当時の社会・文化・習慣など社会言語学的観点から英語を考察する必要がある．この時代ほど，社会と人とことばが密接に絡み合った状況は見られないからである．後期近代英語は，ことばはどのように定義され，どのように定着をしてきたのか，ことばは社会においてどのような役割を果たしていたのかを知る重要な手がかりを与えてくれる．

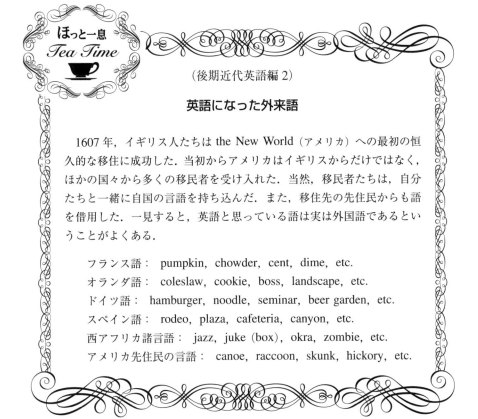

ほっと一息 Tea Time

（後期近代英語編 2）

英語になった外来語

　1607 年，イギリス人たちは the New World（アメリカ）への最初の恒久的な移住に成功した．当初からアメリカはイギリスからだけではなく，ほかの国々から多くの移民者を受け入れた．当然，移民者たちは，自分たちと一緒に自国の言語を持ち込んだ．また，移住先の先住民からも語を借用した．一見すると，英語と思っている語は実は外国語であるということがよくある．

　　フランス語： pumpkin, chowder, cent, dime, etc.
　　オランダ語： coleslaw, cookie, boss, landscape, etc.
　　ドイツ語： hamburger, noodle, seminar, beer garden, etc.
　　スペイン語： rodeo, plaza, cafeteria, canyon, etc.
　　西アフリカ諸言語： jazz, juke (box), okra, zombie, etc.
　　アメリカ先住民の言語： canoe, raccoon, skunk, hickory, etc.

第8章

Victorian Novels の文体と文法
―Wilkie Collins と Conan Doyle を中心に―

秋元　実治
青山学院大学

1. はじめに

　ビクトリア朝小説が書かれた頃は英語史的には後期近代英語期（1700-1900/1950）に属する．この時期の代表的作家としては，Charles Dickens（チャールズ・ディケンズ），Anthony Trollope（アンソニー・トロロープ），William Thackeray（ウィリアム・サッカレー）および Thomas Hardy（トマス・ハーディー）などであろう．同時に忘れてはならないのは，以下に取り上げる Wilkie Collins（ウィルキー・コリンズ，1824-1889）および Conan Doyle（コナン・ドイル，1859-1930）である．

　Collins の傑作 *The Moonstone*（月長石）(1868) は，T. S. Eliot（T. S. エリオット）によると，'the first and greatest of English detective novels' と言われ，Conan Doyle の Sherlock Holmes 物語の先駆けとも考えられている．

　以下において，これら2人の作品を中心にビクトリア朝小説の文体及び文法現象のいくつかについて英語史の観点から考察していきたい．

2. Wilkie Collins と Conan Doyle について

2.1. Wilkie Collins (1824-1889)

　Collins は画家 William Collins の長男として London で生まれた．最初 Collins は画家を志したが，1851年に Charles Dickens に出会うことによりその生涯は大きく変わった．Dickens の雑誌 *All the Year Round* に Collins

第 8 章　Victorian Novels の文体と文法

の最も有名は小説 *The Woman in White* および *The Moonstone* を寄稿した．彼の生涯は彼の小説に劣らず波瀾に富んだものだった．彼は長年慢性関節リウマチに苦しみ，その痛みを和らげるためにアヘンを常用した．

　The Moonstone（月長石）とはインドの伝承にあるイエローダイヤモンドのことで，この呪われた宝石」をめぐっての殺人事件である．この物語の特徴は①帝国主義（imperialism）——この物語の設定は 1848 年から 50 年で，1850 年後半に起きたインド暴動を踏まえている．②煽情主義（sensationalism）——1860 年 6 月に起きた少年惨殺事件（Road murder case）を連想させる物語で急速に発達したマスコミ・新聞などで広く伝えられた．③催眠術（mesmerism）——近代科学は 1840 年代から 1860 年代にかけて大いに発達したが，その 1 つに超（疑似）心理学（parapsychology）があり，夢遊病（somnambulism）や催眠術（mesmerism）などがそこに含まれる．Collins は犯人を捜し出す実験として，物語の最後の部分でこの方法を使っている．[1]

2.2.　Conan Doyle (1859-1930)

　Doyle エジンバラで生まれた．ランカシャーの Stonyhurst にあるイエズス会により運営されていたパブリックスクールで教育を受けたが，そこでの厳格は日課になじめず，もっぱら Sir Walter Scott や Edgar Allan Poe などの文学書を愛読した．1891 年に London で開業したが，ほとんど患者がくることがなく，そのことが逆に小説を書く時間を与えることになった．1899 年は第二次ボーア戦争真っただ中にあり，Conan Doyle も従軍した．1902 年にナイトに叙された．1930 年 7 月 7 日に死去した．

　Sherlock Holmes の 4 つの小説と 56 の短編は 1887 年から 1927 年にかけて書かれた．Sherlock Holmes の面白さはその推理力を働かせての事件の解明であろう．さらにビクトリア朝時代の London は，霧が立ち込め，ガス灯の中に馬車が行き来しており，また伝達手段としては手紙や電報以外にはない時代でもあった．そういうノスタルジックな時代背景に活躍する Holmes や Watson の勇姿に読者は快感を味わうのである．このような Sherlock Holmes 物語の楽しみを共有するいわゆる 'Sherlockian' と言われる多数の Holmes 愛好家が日本にいることは周知の事実である．

---

[1] Sutherland (1999: viii-xxix) を参照．

なお，その物語の中で最も人気があるのは 'The Hound of the Baskervilles', 'The Red-headed League', 'The Speckled Band' のようである．[2]

3. 先行研究

まず個々の作家の研究がある．Dickens に関しては，Brook (1970), Trollope に関しては Clark (1975), Thackeray については Phillipps (1978) など．また，Poutsuma (1914-29) には多数の 18 世紀，19 世紀の例が載っている．また Sherlock Holmes の英語については秋元 (2017) があるが，Collins に関してはないようである．なお，個々の作家ではないが，Phillipps (1984) はクラス階級による言語と社会について扱っている．

英語史的には，後期近代英語の特徴として，Mondorf (2011) や Aarts et al. (2012) は，再帰形の減少，-ing 補文の拡大，命令的仮定法 (mandative subjunctive) の復活，get 受動態の発達，進行形の確立，迂言形 'do' の規則化，補文組織の変遷などをあげている．

本章ではこのような後期近代英語期の特徴を念頭に置きながら，上にあげられていない文体的，文法的特徴について上記 2 作品を基に，具体例をあげながら考察していく．以下において，*The Moonstone* の引用例はページのみで，Sherlock Holmes については物語名＋ページを示した．

4. 分析例

4.1. 挿入詞 (Parenthetical)

挿入詞は通常，修飾語として機能し，発話内容に対してコメントなどを付加する．特に，その内容に対して是認的であるかどうか，というような話者の態度を表すことが多いと考えられる．[3]

まず，*The Moonstone* と Sherlock Holmes において最も多く使われる挿入詞を以下にあげる．[4]

---

[2] 平賀（編）(2010: 135) を参照．
[3] Dehé and Kavalova (2007: 1) を参照．
[4] なお，Sherlock Holmes の挿入詞に関しては，秋元 (2011) も参照．

第 8 章　Victorian Novels の文体と文法

表 1: *The Moonstone* と Sherlock Holmes に見られる挿入詞

	The Moonstone	Sherlock Holmes
1.	I think	I think
2.	I suppose	I suppose
3.	I imagine	I fear
4.	I confess	I believe
5.	I believe	I confess
6.	I own	I know
7.	I hope	I fancy
8.	I suspect	I guess
9.	I fear	I understand
10.	I presume	I hope
11.	I fancy	I see
12.	I grant	I trust
13.	I understand	I presume

1. 'I think' および 'I suppose' が双方に多い点は共通である.
2. *The Moonstone* においては, 'I own' が多い一方, Sherlock Holmes においては 'I fear' が多い.
3. *The Moonstone* においては, このパターンは that 節をほとんど取らないが, Sherlock Holmes には非常に多くなっている (秋元 (2011: 106)).
4. すべてこれらのパターンは文頭に来ることが最も多いが, 文中や文末に来ることもある. *The Moonstone* において 'I think' や 'I believe' は文中に多く現れるし, 'I suppose' は文中のほうが文頭より多く現れる. Sherlock Holmes においては, 文中, 文末はそれほど多くない.

(1) 'And **I think**, Betteredge, Mr Bruff and I together have hit on the right way of telling it.' (7)
(2) What the servants chiefly resented, **I think**, was her silent tongue and her solitary ways. (22)
(3) '**I suppose** she was afraid of your catching her here.' (91)
(4) Some joke tickled her, **I suppose**, of the sort that you can't take unless you are a person of quality. (11)
(5) **I believe** I should have blushed at the notion of facing him myself. (110)

(6) Some unbearable anxiety in connexion with the missing Diamond, has, **I believe**, driven the poor creature to her own destruction. (162)
(7) '**I own** *that* I made a mess of it.' (434)
(8) 'You don't suspect her, **I hope**?' (109)
(9) '**I suspect**, Betteredge, that I have been followed and watched in London…' (27)
(10) **I confess** it made me uncomfortable. (138)
(11) "**I think**, Watson, *that* you have put on seven and a half pounds since I saw you." (A Scandal in Bohemia: 162)
(12) "You have no further evidence, **I suppose**, than that which you have placed before us—no suggestive detail which might help us?" (The Five Orange Pips: 223)
(13) "Then let us do so. Watson, **I fear that** you will find it very slow, but I shall only be away a couple of hours." (The Boscombe Valley Mystery: 209)
(14) "**I believe that** I was of some slight service to you." (The Sign of Four: 94)
(15) "Still, **I confess that** I miss my rubber." (The Red-Headed League: 186)
(16) "Oh, you must not discourage me, Mr. Holmes. **I know that** all is well with him." (The Man with the Twisted Lip: 239)
(17) "Well, Watson, we are, **I fancy**, nearing the end of our quest…" (The Blue Carbuncle: 253)
(18) "**I guess** the very best case I can make for myself is the absolute naked truth." (The Dancing Men: 525)
(19) "But this maid, Alice, **as I understand**, deposed that she went to her room…" (The Noble Bachelor: 293)
(20) "You don't mind the smell of string tobacco, **I hope**?" (A Study in Scarlet: 19)

表1には載せていないが、やはり挿入句的に使われる句として、'I dare

第 8 章　Victorian Novels の文体と文法

say' がある．この句は *The Moonstone* や Sherlock Holmes に現れるが，前者のほうが少ない．[5] 共通している点は共に文頭に来ることが普通のようであるが，Sherlock Holmes においては，that 節を取ることが比較的多いのに対して，*The Moonstone* においては that 節を取る例は見当たらなかった．また，Sherlock Holmes では文末に来る例は見当たらなかったが，*The Moonstone* には一例あり，さらに，独立文的用法の例もあった．以下は *The Moonstone* からの例である．

(21) **I dare say** I had deserved his reproof… (118)
(22) 'You will wonder, **I dare say**' (her ladyship wrote), 'at my allowing my own daughter to keep me perfectly in the dark. (179-180)
(23) Is there a form of hysterics that burst into words instead of tears? **I dare say!** (233)

4.2. Pray vs. please およびその異形

OED (pray, *v.* 8.d.) によると，'pray' は 16 世紀に現れ始めた．しかし，多く使われ始めたのは 17 世紀以降である．[6] 一方，'please' は動詞として，古フランス語から 14 世紀に英語に入ってくるが，副詞的丁寧体用法は 17 世紀に入ってからである．したがって，'pray' と 'please' の競合関係は 17 世紀以降ということになる．

Sherlock Holmes においては双方が使われているが，時代を経るにつれて 'please' が優勢になっていった．Sherlock Holmes において特徴的な使い方は Holmes が事件の依頼者に説明を促す場面で 'pray' がよく使われることである．[7]

それに対して，*The Moonstone* においても 'pray' は使われているが，それほど多くない．次例参照．

(24) Without my diary, I doubt—**pray** let me express it in the grossest terms! (192)

---

[5] Sherlock Holmes における 'I dare say' に関しては，秋元 (2017 : 64-66) 参照．
[6] Akimoto (2000: 73) を参照．
[7] 秋元 (2017: 128) を参照．

(25) 'If there is anything I can do for you, **pray** command my services, sir—**pray** command my services! (360)

The Moonstone においてよく使われる形は 'if you please' である．次例参照．

(26) 'No, sir. What's your interpretation, **if you please**?' (42)
(27) 'Tell him, **if you please**, what you have just told me.' (71)

The Moonstone において多く使われ，Sherlock Holmes には見られない形として，'please to verb' がある．次例参照．

(28) **Please to remember**, I opened the book by accident... (8)
(29) '**Please not to tell** my lady I am discontented—I am not.' (25)

OED (*please, v.* II. 6.c.) には次のような説明がある：

But when followed by an infinitive, *it is* = *Be pleased*: e.g. Please to excuse my keeping you waiting.

その例として，1622 年からのものが載っている．

Archer Corpus からの結果では，'please to verb' は 1700 年から 1799 年の間に最も多く使われ，1800 年以降ほとんど使われなくなった．[8] 多分この形から，丁寧体の 'please' が発達したと考えられる．

4.3. 合成述語構文

この構文の原型はすでに古英語に見られるが，定着したのは中英語以降であり，さらに発達したのは近代英語以降である．[9] この構文の特徴は

1. 動詞は 'do', 'give', 'have', 'make', 'take' といったいわゆる軽動詞である．
2. 目的語となる名詞は大部分動詞派生名詞 (deverbal noun) である（例：fight, impression）など．

---

[8] 秋元 (2014: 282) を参照．
[9] Brinton and Akimoto (1999: 21-58, 207-238) を参照．

第 8 章　Victorian Novels の文体と文法　　　193

3. 目的語の前にはしばしば不定冠詞 'a' が付く．これは名詞の一回の動作を表す．
4. 構造的には「do / give / have / make / take + a + 動詞派生名詞」で，「動詞＋目的語」の形になっているが，意味的には目的語の意味が主であり，動詞はテンスやアスペクトといった，いわば補助的役割をはたしているが，これは機能負担量（functional load）を分散させた構造である．
5. 修飾構造に関していえば，目的語の名詞はしばしば修飾語を伴って現れるが，その修飾語は多様で，形容詞のみならず，現在分詞，過去分詞など，さらには名詞も修飾語になりうる．

以下例を見てみよう．まず，*The Moonstone* の例である．

(30) They simply confined themselves to making a mess; and all they spoilt; to **do them justice**, was the paneling of a door. (50)
(31) 'If I can **do you this little service**, Mr Blake, I shall feel it like a last gleam of sunshine...' (391)
(32) Having **given vent** in those words, I felt greatly relieved. (167)
(33) Mr Bruff took her hand, and **gave it a little squeeze**. (256)
(34) ... he **had reason** to believe that neither he nor his precious jewel was safe in any house... (35)
(35) 'I'm half inclined to think I took Mr Murthwaite too seriously, when we **had that talk** in the shrubbery.' (77)
(36) I **made as good a fight** of it against the indignity of taking my case as I could. (12)
(37) The first thing I did... was to **make a third attempt** to get up from my seat on the sand. (27)
(38) 'Mr Betteredge,' he said, 'have you any objection to oblige me by shaking hands? I have **taken an extraordinary liking to** you. (114)
(39) 'Nothing in the least like a quarrel **took place** yesterday between your son and me.' (255)
(40) Worse even than that, I **took an unwarrantable advantage of** my position. (267)

次に Sherlock Holmes の例を見てみよう．

(41) "If their intentions are evil they might **do you a mischief**…"
(The Hound of the Baskervilles: 694)

(42) "The fact he is **doing his own shopping** looks as though it were his wife." (The Greek Interpreter: 437)

(43) "You don't seem to **give much thought to** the matter in hand," I said at last… (A Study in Scarlet: 27)

(44) He **gave a most dismal groan**. (The Sign of Four: 157)

(45) If you would have the great kindness to get rid of that sottish friend of yours I should be exceedingly glad to **have a little talk** with you." (The Man with the Twisted Lip: 232)

(46) "I am afraid that whatever theory we state **has very grave objections** to it," returned my companion. (Silver Blaze: 339)

(47) "By the way, Lestrade, who **made this remarkable discovery**?"
(The Norwood Builder: 506)

(48) Holmes **made no further allusion to** the matter that day, though he sat lost in thought for a long time after our belated dinner.
(The Three Students: 603)

(49) … I **took a good look** at the man… (The Red-Headed League: 177)

(50) But before doing so I **took a stroll** in the curious old-world garden which flanked the house. (The Valley of Fear: 798)

例 (50) に見られる 'took a stroll' に対して，数行下に動詞 'strolled' が使われている．以下，少し長いがその箇所を引用する．

(51) In that deeply peaceful atmosphere one could forget, or remember only as some fantastic nightmare, that darkened study with the sprawling, bloodstained figure on the floor. And yet as I **strolled** round it and tried to steep my soul in its gentle balm… (798)

'took a stroll' と 'strolled' を上記の文脈の中で比べてみると，前者は計画性を持って，意識的に散歩しているのにたいして，後者は特に目的もなく，ただぶらぶら歩いたという感じである．

なお,'take a verb' は次のような意味合いを持っているという.[10]

(i) 主語が意識的に動作を行う.
(ii) 前もって計画された行為を行う.
(iii) 主語が努力して行う.
(iv) 一連の行動が完結性を持っている.

この構文のもう一つの機能として,動詞派生名詞の前に指示詞を置くことにより,前文の内容をうけながら,同時に新しい情報を付け加える働きがある.次例では,彼女の手が本に触れるように仕組んだ後でという意味であるが,動詞派生名詞 'arrangement' の中に,前文の内容を受け,指示詞 'this' により,談話の連続性を保ちつつ,新しい情報を入れていることがわかる.

(52) I slipped it under the sofa cushions, half in, and half out, close by her handkerchief, and her smelling-bottle. Every time her hand searched for either of these, it would touch the book; and, sooner or later (who knows?), the book might touch her. After **making this arrangement**, I thought it wise to withdraw. (223)

なお,この種の名詞は,前方照応的名詞(anaphoric noun)とも呼ばれる.[11]

4.4. Be going to とその関連構文

Sherlock Holmes においては 'be going to' はそれほど多くないが,[12] *The Moonstone* においては比較的多く使われている.

(53) 'Rachel,' she asked, 'where **are you going to** put your Diamond tonight?' (76)
(54) 'if I can tell them I **am going to** examine the wardrobes of everybody. (107)

---

[10] Dixon (2005: 475) を参照.
[11] Francis (1986) では前方照応的名詞の多くの例があげられている.また,Sinclair (1990: 389-391) にも同様な機能を担う名詞の例をあげている.
[12] 秋元 (2017: 30-31) を参照.

(55) 'Bless your heart alive! She **is going to** leave it!' cried Mrs. Yolland. (125)

'be going to' はこれまで多く議論されてきた. 文法化の観点から, その発達過程を説明すると, 以下のようになる. (多少簡略化してある).

表 2: Be going to の発達過程 (Hopper and Traugott (2003: 69))

Stage I	be PROG	going Vdir	[to visit Bill] [Purp clause]
Stage II	[be going to] TNS (by analysis)	visit Bill Vact	
Stage III	[be going to] TNSV (by analogy)	like Bill	
Stage IV	[gonna][like/visit] Bill (by reanalysis)		

Stage I では 'be going to' は助動詞化しておらず, to 不定詞は本来の用法, 目的を示していた. Stage II では 'be going to' は 1 つにまとまり, 助動詞化の方向に向かう. Stage III では, 類推により運動動詞以外の動詞, 状態動詞にまで拡大する. Stage IV は再分析により, 音声的摩滅が起こり, さらに助動詞化する. *The Moonstone* や Sherlock Holmes では Stage III の状態動詞の例は確認されない. 実際, 状態動詞との共起は 19 世紀後半からである (後期近代英語 (第 7 章) の 5.5 節を参照).[13]

関連したパターンとして, 'be about to' がある. OED (*about*, *adv*. and *prep*.†11, 12) によると, 'to be about (for) to do' 'to be engaged in, to be scheming, to be preparing' という意味であったが, やがて 'on the point of' (まさに~しようとている) という意味を持つようになった. なお, 例は 1535 年のものからである.

---

[13] 秋元 (2015: 124) を参照.

(56) ... what I **am** now **about to** write is, strictly and literally, the truth (1)

(57) 'That is the very point, I **was about to** put to your ladyship,' said the Sergeant. (107)

次例は Sherlock Holmes からのものである．

(58) I **was about to** make some reply in defence of my friend when he entered the room again. (Silver Blaze: 346)

(59) "... the idea of an amateur domiciliary visit would certainly never occur to him. Yet that is precisely what we **are about to** make." (The Bruce-Partington Plans: 926)

4.5. Get-passive

The Moonstone や Sherlock Holmes においては，get-passive はきわめて少ない．以下はその少ない例のいくつかである．

(60) "Three of us **got separated** from the other." (The Illustrious Client: 1009)

(61) "... the knowledge which might be useful to him **gets crowded out**, or at best is jumbled up with a lot of other things..." (A Study in Scarlet: 21)

(62) After looking at it silently for so long a time that Miss Rachel began to **get confused**... (65)

(63) We all **got excited** and impatient as the time drew near for the appearance of this renowned and capable character. (95)

'get-passive' の最も早い例としては，Laurence Sterne (ローレンス・スターン，1713-1768) の *Sentimental Journey* からの次の例がある．[14]

(64) ... and before he had well **got announced**, begg'd I would do him the honour to present him to the lady...

---

[14] Givón and Yang (1994: 131) による．

Mark Twain（マーク・トウェイン，1835-1910）には 'get-passive' が同時代の作家（例えば，Dickens）とくらべて，いわゆる 'adverse passive'（好ましくない状態を表す受動態）が多いとされるが，[15] *The Moonstone* や Sherlock Holmes に見られる例は意味において 'neutral' である。[16]

4.6. 動詞＋補文

ここでは，主として *The Moonstone* を中心に，随時 Sherlock Holmes と比較しながら，「動詞＋to 不定詞／-ing／that clause」のパターンについて述べる．[17]

4.6.1. Decline

OALD には to 不定詞補文しか載せていないが，少数ではあるが，-ing の例がある．

(65) Rachel **declined** *to see* me. (290)
(66) When Rachel **declined eating** anything, and gave us as a reason for it that she was suffering from a headache. (245)
(67) 'Miss Verinder begs to **decline entering** into any correspondence with Mr Franklin Blake.' (291)

4.6.2. Disguise

OALD によれば，この動詞は that 節を取らないが，次例のように that 節を取っている．

(68) I don't **disguise** from you **that** I should have let the agony of it kill me long since... (375)

このパターンは Sherlock Holmes にも見られる．

---

[15] Givón and Yang (1994: 137) を参照．
[16] なお，Visser (1973: 2032) には 1652 年からの例が載っているが，'adversive' の意味はない．この意味が顕著になるのは 20 世紀に入ってからのようである．
[17] なお，Sherlock Holmes における「動詞＋補文」に関しては，秋元 (2017: 54-60) 参照．

(69) … I could not **disguise** from myself **that** even if Holmes's explanation were incorrect the true theory must be equally outré and startling.   (The Sign of Four: 131-132)

4.6.3. Forbear
OALD には to 不定詞のみの例が載っているが，-ing も取る．

(70) Being old and sly, I **forbore to call** out… (47)
(71) Mr Franklin appeared to think it a point of honour to **forbear repeating** to a servant… (87)

4.6.4. Meditate
OALD には「on + noun」および名詞の目的語の例しかあげていないが，次のように，-ing も取る．

(72) … my aunt and her daughter… had arrived from the country a week since, and **meditated making** some stay in London. (193)

4.6.5. Object
動詞 object は補文として，to NP / to-ing / that をとるが，to 不定詞は現代英語では取らないようであるが，*The Moonstone* においては，to 不定詞の例は多い．[18]

(73) I couldn't well **object to improve** Sergeant Cuff in his geography. (118)
(74) 'And I shall have a service to ask of you afterwards, if you don't **object to assist** me.' (211)

4.6.6. Prefer
Sherlock Holmes においては that 節を取るほうが多い（秋元（2017：57））が，*The Moonstone* においては -ing 形を取るほうが多い．

---

[18] なお，Denison (1998: 266) にも 'object to verb' の例がある．

(75) 'For the best of reasons, I **preferred tearing** it up to throwing it away upon such a man as you!' (348)
(76) '… if I could have foreseen the price that was to be paid for it, I should have **preferred leaving** you in the dark.' (351)

4.6.7. Propose

OALD には that 節と -ing を取る例のみが載っているが，to 不定詞も取る．

(77) I **propose setting** a watch at the bank… (353)
(78) At a reasonable time after dinner I **propose to lead** the conversation back again… (408)

4.7. 仮定法

Sherlock Holmes に見られる仮定法と比較しながら，*The Moonstone* における仮定法の特徴のいくつかについて考察する．

まず，興味深いことは，Sherlock Holmes に見られる should, had などの助動詞の倒置による仮定法が *The Moonstone* には見られない．次例のようないわゆる通常の仮定法がほとんどである．

(79) If he had not suspected poor Penelope, I should have pitied him. (100)
(80) 'As things are now,' I said, 'if I was in your place, I should be at my wits' end.' (111)

次例は Sherlock Holmes からのものである．

(81) "**Had** he read that letter his confidence would have been forever destroyed." (The Second Stain: 664)
(82) "**Should** I ever marry, Watson, I should hope to inspire my wife with some feeling…" (The Valley of Fear: 801)

このような if のない倒置現象は，19世紀の英語の特徴の1つであるが，[19]

---

[19] Görlach (1999: 73–74) を参照．

第8章　Victorian Novels の文体と文法

普通になったのは中英語後期からである。[20] また，Archer Corpus に基づく if 節と if のない倒置例の比率によると，倒置は減少の傾向にあり，特に 1850 年から 1899 年以降減少しているという。[21]

命令的仮定法（mandative subjunctive）もほとんどないが，次例（85）の 'find out' はその仮定法であろう．

(83) We went back to the house; the Sergeant **requesting that I would give him a room to himself**… (114)

(84) The deity **commanded that the Moonstone should be watched**… (2)

(85) I shall **take care that you find out** what I have done for you… (327)

(86) 'And Miss Clack, on her side, is most **anxious that the letters should be produced to speak for themselves**.' (239)

(87) 'I was afraid to put it off till next day (the Friday); being in doubt **lest** some accident **might** happen in the interval.' (315)

Sherlock Holmes にも以下のような類例がある．

(88) " 'Arthur *would rather* that we **spoke** the truth,' the girl answered firmly.　　　　　　　　　　　　　　　(A Study in Scarlet: 44)

(89) "And now, Doctor, we've done our work, so **it's time** we **had** some play."　　　　　　　　　　　　(The Red-Headed League: 185)

(90) "Then may I **recommend that** you **return** there and **be** on hand …"
　　　　　　　　　(The Disappearance of Lady Frances Carfax: 947)

(91) "Why, otherwise, should he be so desperately **anxious that** she **should** not get so near him as to see his features?"
　　　　　　　　　　　　　　　　　　(The Solitary Cyclist: 531)

(92) … the decent citizen was terrorized into paying public blackmail, and holding his tongue **lest** some worse thing **befall** him.
　　　　　　　　　　　　　　　　　　　(The Valley of Fear: 826)

---

[20] Molencki (1999: 176-179, 254-257) を参照．
[21] Denison (1998: 300) による．

'take care that' はかつて仮定法を取っていたが，この頃にはほとんど直説法に変わっていった。[22]

4.8. Be accustomed to NP/-ing/Verb

次表が示すように，'be accustomed to' の後には名詞句も動詞もほぼ同じ割合で現れている．-ing は *The Moonstone* には現れていない．現代英語では名詞句，-ing が普通である．OALD には名詞句と -ing の形が載せられている．

表3: Be accustomed to NP/-ing/Verb

	The Moonstone	Sherlock Holmes
be accustomed to		
NP	3	8
-ing	0	2
V	2	8

The Moonstone からの例．

(93) But she is too hot and impetuous in temper, and too little **accustomed to deceit** as a habit... (169)

(94) 'Have you ever **been accustomed to** the use of opium?' (376)

(95) ... and the farmer had a spare bedroom and parlour, which he **was accustomed to let** to artists, anglers, and tourists in general. (295)

Sherlock Holmes からの例．

(96) ... his keys in his hand, and a look on his face which made him a very different person to the round, joval man **to** whom I **was accustomed**. (The Copper Beeches: 327)

(97) "... you can understand that I **am** not **accustomed to doing** such business in my own person," (A Scandal in Bohemia: 165)

---

[22] なお，Charleston (1941: 140) には *Clarissa* (1768) からの仮定法の例が載っている．

(98) ... such as a weary man gives who **is** little **accustomed to set** any tax upon his legs. (The Beryl Coronet: 301)

'accustomed' は 18 世紀には to 不定詞のほうが普通で，この傾向は 19 世紀まで続いており，この頃は -ing も現れたが，まだ to 不定詞のほうが優勢であった．ただし，現代英語では -ing が来ることが圧倒的に多い．[23]

4.9. There is no 〜ing 構文

このパターンは *The Moonstone* によく出てくる．以下はその例である．

(99) On he went, with a cordiality that **there was no stopping** anyhow. (67)
(100) ... **there's no knowing** what obstacles they may not throw in my way—the woman especially. (107)
(101) **There was no use in pointing** this out to Penelope. (182)
(102) **There is no disguising**, Mr Blake, that you interest me. (376)
(103) ... and **there was no raising** the twenty thousand pounds on that. (454)

もちろん，Sherlock Holmes にも出てくる．

(104) But **there was no moving** Prendergast and those who were with him. (The "Gloria Scott": 384)
(105) **There was no mistaking** the poise of the head, the squareness of the shoulders, the sharpness of the features. (The Empty House: 489)
(106) "I see by your telegram, Mr. Holmes, that **it is no use my pretending** to be anyone's deputy." (The Sussex Vampire: 37)

以前は 'no' は付かなかったが，1600 年以降 'no' の付く形が増加した．そしてその意味は 'potentiality'（潜在的可能性）が含意されると言う．[24] この構文は通常，次例のように法助動詞にパラフレーズが可能である．

---

[23] Rudanko and Luodes (2005: 59-64) による．
[24] Visser (1966: 1100-1101) を参照．

(107) There's no mistaking that voice (=One could not mistake that voice). (Quirk et al. (1985: 1066-1067))

なお，OED (*s.v. it, pro*.2.†b.) には "*It* was formerly used where *there* is now substituted." とある．また，"it is no use 〜" に関しては，OED (*use, sb*. 20.b.) に次のような例が載っている．

(108) It is to no use any man's saying he will do this or that.
(1643 CROMWELL Lett & Sp. (1871) II. 288)

5. おわりに

本章では，*The Moonstone* と Sherlock Holmes の２つの探偵小説をビクトリア朝小説の例として，そこに見られる文体的及び文法的特徴のいくつかを概観した．この時代は後期近代英語に属するが，一見すると現代英語（1900/1950年以降）とほとんど変わらない印象も持つが，細かく見ていくと，少なからず，違いがあることがわかる．大事な点はそのような違いに注意しながらこの頃の小説を読むことにより，現代英語の理解をより深めることであろう．

ほっと一息 Tea Time

（後期近代英語編）

アフタヌーンティー (afternoon tea) と ハイティー (high tea)

日本においてすっかり定着した感のあるアフタヌーンティーは Sherlock Holmes にも出てくる（He has breeding in him—a real aristocrat of crime, with a superficial suggestion of afternoon tea ..., The Illustrious Client:988——若い女性をアフタヌーンティーに誘いたげな様子の男爵の形容）．実はハイティーも出てくる（... and returned about five with a ravenous appetite for a high tea which I ordered for him. The

Valley of Fear: 799——夕食も兼ねたお茶をホームズががつがつむさぼっているところ). 前者に対して, 後者は知名度が低いが, 'high tea' に関して, *Longman Dictionary of English Language and Culture* (p. 625) は "an early-evening meal taken in some parts of Britain instead of afternoon tea or a later dinner, esp. by children whose parents eat separately after the children are in bed." と説明している.

　アフタヌーンティーが1800年代中頃上流階級の間で広まった午後のお茶（大体, 17時）に対して, ハイティーは主として, 労働者階級の間で広まった遅い食事のことである. なお, ハイティーのハイ (high) はアフタヌーンティーのテーブルが低いのに対して, テーブルが食事用に高いことに由来する.

Classroom Activity Ⓐ

I. 英語の綴り字は，同じ単語でも国によって異なる．アメリカ英語とイギリス英語の綴り字をそれぞれ以下の空欄に入れよ．

		American English	British English
①	隣人	( )	( )
②	練習	( )	( )
③	プログラム	( )	( )
④	灰色	( )	( )
⑤	満たす	( )	( )
⑥	名誉	( )	( )
⑦	小切手	( )	( )

II. アメリカ英語とイギリス英語は同じ意味を異なる語で表す．次の空欄に適切な英語を入れよ．

		American English	British English
①	秋	( )	( )
②	郵便	( )	( )
③	休暇	( )	( )
④	自動車	( )	( )
⑤	鉄道	( )	( )
⑥	エレベーター	( )	( )
⑦	ガソリン	( )	( )

III. アメリカ英語とイギリス英語は時として同じ語が異なる意味を表す．次の空欄に適切な日本語を入れよ．

		American English	British English
①	corn	( )	( )
②	subway	( )	( )
③	first floor	( )	( )
④	public school	( )	( )
⑤	dresser	( )	( )

第 8 章　Victorian Novels の文体と文法

Classroom Activity B

I. 英語は，外国からの借用によって語彙を増やしてきたが，他にも既存の語を組み合わる，品詞を変える，接辞を付加する，頭文字でも豊かにしてきた．以下に示してある語に適切な英語を入れよ．⑥と⑦にはもとの形を入れよ．

① round　　名詞（　　　　）動詞（　　　　）
② abstract　名詞（　　　　）名詞（　　　　）名詞（　　　　）
　　　　　　動詞（　　　　）副詞（　　　　）
③ strong　　名詞（　　　　）動詞（　　　　）副詞（　　　　）
④ breakfast + lunch　（　　　　　　　　　）
⑤ smoke + fog　（　　　　　　　　　）
⑥ SCUBA　（　　　　　　　　　）
⑦ UNESCO　（　　　　　　　　　）

II. グループ A の語とグループ B の語を組み合わせて英語の複合語を作成せよ．Group A と Group B はランダムに並べてある．

Group A	Group B	Answer
Ex.　high	way	（highway 高速道路）
①　finger	taking	（　　　　　　　）
②　breath	bird	（　　　　　　　）
③　water	print	（　　　　　　　）
④　pick	proof	（　　　　　　　）
⑤　black	pocket	（　　　　　　　）

III. 句動詞は中英語の時代から存在しているが，急速に増えたのは 19 世紀以降である．以下の空所に適切な語(句)を入れて句動詞を完成させよ．

あきらめる	give	up
出発する	set	out
続ける	carry	on
次第に消える	wear	off
実行する	carry	out
〜を絶滅させる	wipe	out
〜に匹敵する	come	up to
勃発する	break	out
我慢する	put	up with
離陸する	take	off
打ち勝つ	get	over
〜に似る	take	after
屈する	give	in
確認する	check	out
廃止する	do	away with
〜を拒絶する	turn	down
〜を近づけない	keep	away
故障する	break	down
理解する	make	out
設立する	set	up

第Ⅴ部

現代英語

(1900-)

第9章

現代英語とグローバル化

川端　朋広
愛知大学

1. はじめに

　本書ではここまで，英語という言語の変化の道筋をたどってきた．ゲルマン語派に属する古英語の基礎の上に，中英語ではロマンス諸語の1つであるフランス語からの語彙が大量に付加され，2つの異なる語系の衝突から，文法体系も大きく変化したことがおわかりいただけたと思う．また，近代英語期以降のイギリスの世界進出や，2つの大戦後のアメリカの台頭を通して世界語としての確たる地位を築き上げた英語は，現代社会においてほかの言語の追随を許さないほどの広がりを見せている．ネイティブ・スピーカーのみならず，第二言語として使用する層や，外国語として学ぶ層も含めると，相当数の人口が関わりを持つことになり，言語そのものから社会との関係性まで含めて，様々なレベルでの動きがみられる．その動きを英語史という大きな流れの中に位置づけたときに，どのような解釈をすべきなのだろうか．本章ではこういった視点から，現代英語において観察される動向を紹介したい．

　なお，これまでの章とは異なり，現代英語については，その多様性を鑑みたときに，代表的なサンプルという概念自体が存在しえないことは明白である．逆に，日常会話から文学作品，公共のメディアまで，ありとあらゆる言語使用が記録され，検証可能となっていることは過去のいかなる時代にもなかったことであり，これこそが現代英語をめぐる言語資料の圧倒的な特性ということができよう．したがって，ここでは特定の文献に基づいて説明を行うのではな

く，個々のテーマに沿った事例をコーパス[1]などの電子媒体を中心とする各種の資料から採取した例を用いて説明していくこととしたい．

この後，第2節では，20世紀から現在にかけて進行中の変化について，語法，文法などの面からいくつかの個別的な例を紹介する．比較的目につきやすい変化だけではなく，一見目立たないが，より大きなスパンでの体系的な変化，インターネットの影響についても併せて考察したい．また，変化に対する話者の抵抗感にも触れるとともに，そういった感情の対象となる変化も，意外と古い歴史を持つ可能性があることを示したい．第3節では，アクセントの問題を取り上げる．アメリカ発音の影響拡大や，イギリスで存在感を増しつつある河口域英語と呼ばれるものを通して，アクセントや発音の持つ社会的意味合いについても考察する．さらに，第4節では，グローバル化の進む現代社会における英語という観点から，世界で起きているいくつかの事象に注目したい．グローバル化とともに，「反」グローバル化ともいえるような動きがあることにも着目し，また，それに関連して，日本における英語教育の現状と今後に関して，若干の私見も述べることができればと思う．

2. 現代英語における語法・文法上の変化

はじめに述べておくが，現代英語に限るならば，体系レベルでの大きな変化はそれほど起きていないと言ってよい．時期を多少広げて，この200年ほどの間で見たとしても，古英語から中英語，近代英語と経てきた変化に比べると文法上で明確な損失や革新はなく，変化は概ね統計的なレベルのもの，すなわち，ある任意の構造が言語使用全体，あるいは特定の分野の言語使用において頻度を増したか減じたか，というものにとどまるといえる．[2] 言い換えると，後期近代英語期以降現代英語に至るまでに起きていることは，ほとんどが「文法的（統語的）変化」と呼べるものではなく，むしろ「文体的変化」とすべきものだということである．

「文法」と「文体」の違いやそれぞれの定義については，ここでは立ち入らな

---

[1] コーパスとは，様々な言語使用の記録を一定のデザインのもとに集積し，品詞タグ付与などの加工を加えることで言語研究に使用できるようにしたものである．

[2] Denison (1998: 93) を参照．

いが，下記に挙げていく変化の例も，こうした文脈で理解する必要があるだろう．それでも観察可能な変化は存在するし，それは直接，話者の注意に上るものもあれば，前述のように電子資料の充実によってはじめて実証可能となったものもある．

2.1. 目につきやすい変化

まずは，比較的話者の意識にも上りやすい，顕著な例から見ていきたい．[3]

    a. go や be like を「言う，述べる」の意味で使用すること
    b. 比較級や最上級の表現における迂言形の使用域拡大
    c. 過去分詞の代用としての過去形の使用
    d. 目的格における who の使用拡大
    e. every + 単数名詞などと複数形代名詞の同一指示
    f. 談話標識としての like

こうした用法は，英語を詳しく学ぶ者や研究者なら，何らかの形で触れたり気付いたりしたことがあるかもしれないが，実際にはその変化のレベルは様々であり，個別の語彙の新語法というべきものもあれば，もっと体系的な，文法レベルの変化に近いとも考えられるものもある．以下，整理しつつ必要に応じてコーパスなどからの具体的を補いながら見ていきたい．

まずは a. で挙げられている「伝聞の go」であるが，以下は Wordbanks On-line（以後，Wordbanks[4]）からの例である．

(1) Now she said that she regrets it.
    Why
    why does she regret it?
    She goes 'cos she could die

---

[3] Brinton and Arnovick (2006: 436-442) を参照．なお，20世紀までの英語における変化について網羅的に言及している代表的な研究書，概説書としては，Barber (1964), Potter (1975) などがある．国内で現代英語の新しい用法について網羅的な記述がなされている研究としては，中尾 (2003) を参照していただきたい．

[4] Wordbanks とは英国の Harper Collins 社で編纂された大規模英語コーパスで，本体は5億5千万語の規模を誇る．本章での調査には小学館コーパスネットワークを通して利用可能な Wordbanks Online（約1億語）を利用した．（2017年11月現在）

> 'cos er Mm. because erm she her erm health and that.
> (Wordbanks: UKSPOKEN_0614)

これはグループ・インタビューで，話者が自分の母親が喫煙に関して述べている内容を語るという状況である．喫煙を後悔している理由を問われ，「（喫煙が理由で）死ぬこともあるから」と言っている，ということを話者は伝聞的内容として語っている．Wordbanks では同様の例が 30 件ほど確認された．一見してわかる通り，こうした用例はほとんどが自由会話の書き起こしなどの口語データからである．こうした用法は，口語の中でも，特に informal な使用域で使用されるようになってきていると思われる．

また，be like も同様に，相手や自身の発言，意図を引用的に表す表現として用いられている．Wordbanks では 47 の類例が観察された．

(2) To be honest, I don't really care if I don't win because it's amazing just to be nominated. **I'm like**, 'Wow! (Wordbanks: NBA_041020)

こうした表現は，特に若い世代の会話に顕著にみられるものとされるが，コーパス上でもやはり，くだけた会話の場面での使用例がほとんどである．

では，こうした用法は，本当に最近発生したものなのだろうか．上記のうち，動詞 go の伝聞的用法について *The Oxford English Dictionary* (OED) を調査すると，the report goes that のような無生物主語の用法が 16 世紀から存在し，19 世紀のディケンズの小説中には下記のような，人を主語とする用例が見られる．

(3) He was roused by a loud shouting of the post-boy on the leader. 'Yo-yo-yo-yo-yoe,' **went the first boy**. 'Yo-yo-yo-yoe!' <u>went the second</u>. (OED: Dickens Pickw. (1837) ix. 85)

すなわち，こうした語法は決して 20 世紀以降に突然現れた，逸脱的な用法とは必ずしも言えないのである．もちろん，著名な作家が使用していたからといって，それで直ちに標準的な用法として認められていたといえるわけではないが，少なくとも，思った以上に古くから存在していることは事実である．後述するように，こういった例はほかにも散見されるため，注意が必要である．

b. で挙げられている more/most を用いた比較級・最上級の迂言形増加につ

いても，現代英語で生じた流れではない．迂言形の比較級，最上級は中英語期に本格的に用いられるようになり，近代英語期には頻度増加の流れが定着したという（初期近代英語（第5章）の5節を参照）．[5] こうした流れは現代まで続いており，これは別の見方をすると，古英語から中英語，近代英語に至る段階で，語の屈折変化の大部分を喪失した英語が，現在でもその分析的な（つまり，文法的な意味関係や格変化などを屈折で示すのではなく，個別の語彙を用いて表す）傾向を強めているということの表れの1つとみることもできるだろう．

なお，教育の現場では，一般に3音節以上の語には more/most の迂言形という指導がなされていると思われるが，それより音節数の少ない語については，実際の使用状況はどうだろうか．Wordbanks で調査したところ，1音節の語である clear は，clearer 661件，clearest 183件に対して，more clear 40件 the most clear 2件という結果になった．これについては，原則に従った予想通りの結果といえる．しかし，2音節の形容詞 common については，commoner 58件，commonest 66件に対して，迂言形は more common 463件，the most common 647件という結果が得られた．

このように，比較級と最上級とで迂言形の定着率は異なっているが，1音節や2音節の語であっても迂言形を用いる例は存在し，上記の common のように，迂言形が圧倒的に多く用いられる状況もみられる．基本ルールの指導と，そこからの逸脱例についてどの程度教室で触れられるかは，状況によって変わってくると思うが，教える側としては，主に迂言形を用いるものについても留意しておく必要があろう．

次に，c. の過去形と過去分詞形の拮抗であるが，これもサンプルとして「should have + 動詞 give」の形で Wordbanks 検索を行った．その結果，should have given が88件だったのに対して, should have gave は0件であった．しかしながら，インターネット上で検索をすると，下記の例が見つかった．

(4) a. Dirty!! They **should have gave** our money back!
 b. Mmm too young too dumb to realize
  That I should have bought you flowers

---

[5] 寺澤 (2002) を参照．

>   And held you hands
>   **Should have gave** you all my hours
>   When I had the chance　　　　　(Bruno Mars, *When I was Your Man*)

(4a) は，ホテルのレビューサイトでのコメントである．[6] また，(4b) は，アメリカの人気ミュージシャンである Bruno Mars の曲の歌詞である．これらの例においては，動詞 give を過去分詞にすべきところに，明らかに過去形が使用されている．こうしたことから考えると，まだコーパスデータに収録されるほどではないが，現実には若い世代の間で用いられることが増えつつあるのではないかということが予測される．[7]

　もちろん，過去分詞には完了形だけでなく受動態での使用もあり，今後，この形式が廃れていくとは一概には言えないだろう．英語の歴史は屈折変化の簡略化を抜きにしては語れないが，現代においても相当量の使用実態がある形式については，廃れるというより用法の差別化などが起きたうえで共存ということが想定されるだろう．

　d. の，whom が who に置き換えられる現象も，しばしば言及されるものであり，これはすでに学習辞書や参考書でも言及されていると思われるが，こちらもデータをみてみよう．Who did you ～? が 60 件，Who do you ～? が 287 件に対し，Whom did you ～? は 0 件，Whom do you ～? は 13 件という低頻度である．

> (5) a. The issue is, **who do you trust**?　　　(Wordbanks: NBA_041113)
>   b. **Who did you meet** today on the show?
>
>   (Wordbanks: TODAY_0156)

あくまで簡易な調査ではあるが，これをみると目的格の who が非常に高い定

---

[6] これはネイティブ・スピーカーの投稿とは確定できないのだが，アメリカのホテル予約サイトであることを考えると，そうである可能性が高いと考えられる．なお衣笠 (2014) では，英語学習者が Google などのインターネットツールを活用して英語の例文を検索するテクニックが紹介されている．こうした技術を参照することで，コーパスが直ちに使用できない環境にある場合でも実際の使用状況を確認することができる．

[7] なお，Mair (2012: 245-55) では，アメリカ英語において，Do I got ～? のように，本来は過去形であるはずの got が原形のように扱われる例についての報告，分析がなされている．

着率になっていることがわかるだろう。なお、who の形が用いられるのは通常、文頭であり、前置詞の後に置かれる場合などは、目的格本来の形である whom が用いられる。英語は中英語期以来、SVO 語順が基準形として定着してきたため、疑問視が文頭に置かれる場合は、意味的には目的格であっても、主語性が優先されていると推測される。

e. については、代名詞の同一指示（同一指標）という、文法上の問題のように見えるが、その契機となっているのは、いわゆる女権運動の高まりや、Politically Correct[8] という概念と関係している社会言語学的な現象である。

(6) a. **Everyone** has to pay **their** weekly pound in advance or they're not in. (Wordbanks: SUNNOW_0008)
   b. Not **everyone** has the job **he or she** wants, or the healthcare **he** would like, but unemployment queues are restricted to a few depressed regions. (Wordbanks: TIMES_0013)

(6a) のように、古い規範文法ならば男性単数形代名詞で受けるべきところを、現在は複数形代名詞で受けることが多くなっている。今回の調査では、主語 everyone と、文中で同一指示となる名詞句を確認したが、「his＋名詞」となるものはほとんど観察されなかった。しかしながら、興味深いことに、(6b) のように、一旦は he or she で受けておきながらも、直後には he で受けている例がひとつ見つかった。最初の段階では、he or she で中立性に対する配慮を示したものの、こうした回避的表現は語数も多く、負担が大きいと感じられていることを示す例であろう。名詞の単数形において中性という文法範疇を失った英語では、単数形では男女のいずれかを選択しなくてはならない。しかしながら、回避表現では複雑すぎる、という拮抗状態の解決策が、複数形代名詞の使用ということなのかもしれない。

文法的な観点から注目したいのは、単数形代名詞と複数形代名詞が同一指示となっていることであるが、ここでは、純粋に文法的な要請よりも社会的な要請が勝っていると考えられる。いずれはそれに合わせて、動詞との一致 (agreement) も複数形扱いになっていくのか、興味深いところである。

---

[8] 男女差別だけでなく、人種、民族など、あらゆる差別表現を、公的な言語使用から排除する動き。例えば、chairman の代わりに chair や chair person とするなど。

最後に，like には f. で述べたように，**談話標識** (Discourse Marker/Pragmatic Marker)[9] としての用法もある．

(7) a. "Basically, my parents got it for me because, **like**, I do a lot of driving, **like**, late at night and, they were really worried about, **like**, emergencies and stuff like that. So it originally started out as an emergency thing, and now it's kind of turned into a social thing, **like** calling your friends and stuff like that."

（安斎みさと　ほか（編）（2000），p. 94）

b. "He, **like**, died for others so everyone should, y'know, respect that and, **like**, go to Mass and pray and do, **like**, good things and be, **like,** nice to other people, and stuff," she proclaimed.

（Wordbanks: NB1_050220）

(7a) は CNN で携帯電話の使用法についてのインタビューに答えた大学生の発言である．はじめは両親が緊急用にと購入したものが，現在では友人との交流ツールになっている，という趣旨のことを答えているのだが，like だけでなく，kind of や stuff like that というような曖昧表現が数多く散りばめられている．また，映像データを参照すると，かなりの早口になっており，現代の日本の学生たちを彷彿とさせる．コーパス上でも（7b）のような類例が見つかった．

こうした用法は，言語の乱れを表すものとして取り上げられがちである．OED でもこうした like の用法は粗野なもの（vulgar）とされているが，その一方で用例については 18 世紀末から多くのものを採録している．次節ではこのように，新しい用法（あるいは，そのように認識されているもの）と一部の話者の間に生ずる抵抗感について考えてみたい．

2.2. 新語法とそれに対する抵抗感

まず下記の 2 つの例文を検討していただきたい．いずれも *Oxford Advanced Learner's Dictionary* (OALD) からの例文である．

---

[9] それ自体が陳述内容を構成するのではなく，内容に対して操作を加える付随的な要素．わかりやすい例としては，発言の最中に挿入される well や y'know（= you know）など．

(8) a. 'Are you free tonight?' she asked **hopefully**.
   b. **Hopefully**, we'll arrive before dark. (OALD)

(8a) の hopefully は様態副詞として動詞 asked を修飾しており，「期待しつつ聞いた」といった意味になる．hope を持っているのは，あくまで主語名詞句の指示対象である she である．ところが，(8b) の例では hopefully が文副詞として使用されており，その意味するところは「できれば～だと良いが」というようなものである．この場合の hope は，主語名詞句の指示対象というよりは発話を行っている話者自身の主観的な態度に関係するものである．[10]

注目すべきことは，この文副詞用法について，少なからず抵抗感を感じる話者が存在するということである．OALD は語義説明として，「最も多く使用される用法ではあるが，かなり新しいもので，中には正用法として認めない人もいる」との注意書きを付している．実際に Wordbanks 上の調査では，約 4000 例のうちのほとんどが，この文副詞用法であった．OED においても同様の言及があり，「もともとはアメリカ語法だが，多くの作家によって使用を避けられている (Avoided by many writers.)」と明記されている．国内の辞書でも，『ジーニアス』や『リーダーズ』などには，人によっては正用法とみなされなかったり，批判的にとらえられたりすることがあるとされている．

しかしながら，この用法にかなりの抵抗感を抱く話者が存在することは事実ながら，同時に，多くの話者によって使用されるからには，相応の理由があるはずである．意味的には，I hope ～ と比べると，「個人的な希望よりも全体的な状況の中で望ましい」という意味合いを表すという差別化がなされているため，利便性が高いとも考えられるだろう．[11] また，この用法は 1960 年代までは稀なものだったとされているが，[12] 実際には意外と歴史が古く，OED の初例は 1932 年である．さらに，それよりも古い例として，アイルランドのダブ

---

[10] Biber et al. (1999: 856-857) は Hopefully のこうした意味機能に注目し，Attitude Adverbial として分類している．なお，このように，語義の変化において，より「話者の主観，態度」を表す方向への変化を「主観化 (subjectification)」というが，近年の意味変化の研究においても大きく取り上げられているテーマのひとつとなっている．高田，椎名，小野寺，編 (2011)『歴史語用論入門』第 1 章，第 3 章および，秋元，保坂編 (2005)『文法化―新たな展開―』第 3 章などを参照．

[11] Quirk et al. (1985: 627) を参照．

[12] Huddleston and Pullum (2002: 768) を参照．

リンで 19 世紀に発行されていた文芸誌 Dublin University Magazine にも 1838 年に以下のような例が見られるという。[13]

(9) The day is **hopefully** not far distant when the rough irregularities of national peculiarities (so far as these peculiarities are offensive) will have rubbed one another away.

この例では，hopefully が文中に置かれており，その意味では，独立して文頭に置かれ，文副詞としての談話機能を担っているということが明白な用例とは異なり，変化の途上にあるものと考えられる．しかしながら，hopefully の「希望」は主語名詞句ではなく，発話内容に関して話者の感じる主観的なコメントであることは明らかである．その意味では，現代の文副詞用法につながるものと言ってよいだろう．

　このように，一部の話者が，実際の使用実態にかかわらず，特定の語句や表現，語法に抵抗感を示す例はほかにもある．例えば，I'm going to really do it. のような分離不定詞であるが，このように to と動詞の間に副詞を挿入する形式には，現在でも反感を感じる話者も多いという．こうした意見は 19 世紀中の雑誌記事などで連続的に表明されて以来，一貫して続いているが，実際のところを調べてみると，早い例では 13 世紀の Chaucer（チョーサー）などにも数か所は見られるという．[14] もちろん，いくら中英語期を代表する Chaucer とはいえ，特定の作家が数回用いたからと言って，それが必ずしも一定数の一般使用を想定できるとは限らないのであるが，少なくとも我々が思う以上に早くから使用されていたとは考えられそうである．

　なお，実際の使用例としては，『スター・トレック』の冒頭部分に用いられるフレーズ，to boldly go が有名である．SF 冒険ドラマの冒頭部にあって，その冒険の大胆さを最も強く印象付けるのが，to go boldly でもなく，boldly to go でもなく，この to boldly go なのであり，文法的な規則からの若干の逸脱が，勇敢さ，大胆さと結びついていると考えられる．このように，文体，口調上の要請により旧来の文法構造から一部が逸脱した用例は常に一定数存在すると考えられるが，そこに「良いか悪いか」という二項対立的な基準を客観的

---

[13] Shea (2014: 2-7) を参照．
[14] Hitchings (2011: 1-14) を参照．

な観点から設定することは困難であるだろう．

なお，to boldly go という表現自体は，それ自体の有名さの故に客観的な頻度が出にくいことが予想されるため，ここでは前述の to really do という連鎖を Wordbanks において調査したが，結果としては 21 例が観察された．(to really+動詞は 862 件であった．)

(10) We soon realised that to stand a fighting chance we'd have **to really do** our research.　　　　　　　　　　　　(Wordbanks: NB1_050320)

少なくとも現代においては，まだ一般のコンセンサスを完全に得たとは言いにくいのかもしれないが，これだけの用例がコーパス上で観察されるということは，反対派の思惑はさておき，一定の使用実態はあるといえるし，目にすることがあるからこそ，一部の人々にとっては嫌悪の対象にもなるのだろう．

2.3. 目につきにくい体系的変化

前節で述べたように，語法・文法上の変化の中には比較的目につきやすく，それ故に話者の注目を浴びるものもある．しかしながら，長期的，継続的な変化であっても，比較的目につきにくいものもある．ここではまず，ひとつの例として，現代英語における進行相（progressive aspect）の使用域拡大を取り上げたい．英語における動詞の相（verbal aspect）を表す表現は現在もなお発達を続けており，20 世紀を通して，「be+ing」の進行形が適用される範囲が増加してきている．変化は，その質的な違いから下記の 3 つに大別されるという．[15]

　a. 19 世紀にはすでに確立されていた用法の，一層の頻度増加
　b. それまでは使用されていなかった「ニッチ的な」用法への適用
　c. understand のような状態動詞への適用の可能性

まず a. についてであるが，新聞記事などからのデータを対象として，すべての進行形の用例を手作業で調査した結果によると，イギリス英語では，1961

---

[15] Mair (2006: 88-95) は，20 世紀後半の英語サンプルを提供する資料として，Brown Corpus, LOB Corpus, Frown Corpus, FLOB Corpus を用いて調査を行っている．また，同様の主張は Barber (1964) や Denison (1998) でもなされている．

年から 1991/1992 年の約 30 年間で，用例数が 606 例から 716 例に増加し（約 18% 増），アメリカ英語では 593 例から 663 例に増加している（約 12% 増）．ただし，ここで必ずしも容易ではないのが，その理由についての説明で，ひとつの可能性としては，より進行形の使用が多く見込まれる口語体の基準が書き言葉にも取り入れられたという可能性が考えられる．

b. の新用法については，かつては使用されなかったような，現在・過去完了受動進行形（I have been being interviewed）や，助動詞に続く進行形（I will/would/might (etc.) be being interviewed），助動詞に続く完了進行形（I will/would/might (etc.) have been being interviewed）などが見られるようになっているが，進行形の使用全体における頻度はまだ極めて少ない．

(11) a. Well, the papers **have been being** put into the Cabinet in-basket and taken out of the Cabinet in-basket since some time in March. (Wordbanks: OZNEWS_0022)
b. Mr. Baker does not expect an answer today as the Palestinians **will be being** asked to give in to Israeli demands that they exclude certain people from their delegation and thus overcome the main obstacle and Israel's main condition.
(Wordbanks: BBC_0023)

上記の例は，より規模の大きい Wordbanks から筆者が採取したものであるが，類例はほとんど見当たらず，ほぼ唯一の例である．大規模コーパスにおいてもこれだけの低頻度ということは，まだ確立された用法とは言い難いが，Web ベースの調査などでは一定数が観察され，特に「be being＋過去分詞」のほうが「have been being＋過去分詞」よりも高頻度であるという．[16]

筆者自身の印象としては，助動詞に続く形はあまりに助動詞を重ねることにより，複雑，煩雑な印象があるため，今後もそれほど高い頻度にはなりにくいようにも感じられるが，might have been（Wordbanks で 2035 件）や must have been（同 2130 件）などは，複雑であるにもかかわらず頻度は高く，口語では頻繁に省略形（might've been/must've been）で用いられている．こうした表現と併用される進行形についても今後の推移を注目する必要があろう．

---

[16] Mair (2006: 92) を参照．

c. の状態動詞への適用については,「文脈的に認可される逸脱」であると考えられる．その具体例は下記のような例である．

(12) When you are reading comic fiction you will very quickly find out whether **they are understanding** you, by whether they laugh or not. (Mair (2006: 92))

これはイギリスの小説家 David Lodge のインタビューで，英語の母語話者以外にコメディを読み聞かせる際の困難について彼が答えている内容なのだが，通常なら understand は進行形ではなく現在形になるところである．本来，「理解する / できる」とは意図的な行動ではなく，自然に発生している内的状態を示すと考えられるからである．それに反して，ここで進行形が用いられる理由としては，外国語でコメディを理解するということに伴って意図性の存在が予想されるからではないかと推測される．こうした逸脱例は古い時代から（少数ではあっても）一定数は見られるものであり，その方向に決定的な動きが生じているとは言えないものであるとしつつも，進行形全体のカバーする意味領域が拡張しつつあるという可能性は否定できない．[17]

なお，下記の例は筆者が Wordbanks から採取したものであるが，ここでは「徐々に理解しつつある」という変化の意味が感じられる．こうしたものも，意味領域が拡大しているという主張を裏付けるものと言えよう．[18]

(13) I feel that we are doing a lot and it's good that our North American, the Canadians and the U.S. ladies **are understanding** that we do need to do more because there's no question, we have to get the competition up. (Wordbanks: SC2_040330)

---

[17] ハンバーガー・チェーンの CM で使用される I'm lovin' it. というキャッチコピーも一つの例であろう．単に I love it. とするよりは，明らかな意図性や継続性が感じられる表現になっている．

[18] なお，Mair (2006) ではこのほかにも，未来の表現における be going to と will の拮抗関係の変化や，get 受動態の発達，for + 名詞句 + to do 形式の不定詞補文の増加などを文法的な変化の例として扱っている．こうした例も興味深いものであるが，小論の紙幅の範囲では扱うことができなかった．コーパスやネット検索を行うことで，これまでとは異なる例も見つかるかもしれないので，ぜひ試してみていただきたい．

2.4. インターネットの影響

前節においては，進行形の増加に関して，口語の基準が書き言葉にも適用されつつある可能性に言及した．それに関連して，インターネットと，そこに展開される言語使用についても触れておきたい．まず，これは英語に限ることではないが，インターネットといっても様々な媒体があり，一言でまとめることは難しい．しかし，書き言葉として存在しながら，実質的には口語体が標準となっているのが，Instagram, Twitter, Facebook などの SNS (Social Networking Service) や，インスタント・メッセージにおける言語である．こうしたメディアにおいては，場合によっては，1回の投稿における総文字数の制限が適用される場合もあり，必然的に省略をともなった短い文による相互的なやり取りが行われることになる．こうした状況で，日常の言語使用のあり方はどのような影響を受けるのだろうか．

メールやチャットで用いられる独特の書き方は，それ以前にも存在した視覚方言や発音綴りの一形態として考えることができる．[19]

(14) a. dammit → damn it / peepul → people（視覚方言）
　　 b. Gimme ... → Give me ... / dunno → don't know（発音綴り）
　　 c. wuz → what's / u → you / r → are（メール，チャット）

(朝尾 (2001: 19))

こうした表現は入力する文字数が少なく，前述の文字数制限と同時に，携帯電話などのハードウェア的に限られた入力環境では，利便性が高いと考えられる．視覚方言や発音綴りと同様に，使用されるのはくだけた場面に限られる．

問題は，こうした表現が書き言葉，それも正式な文章の作成においてどれほど影響を及ぼしているのかということである．Naomi Baron（ナオミ・バロン）は，大学生が使用するインスタント・メッセージやテキスト・メッセージに対して行った調査に基づき，「そうした電子媒体で使用される言語は，方言[20]の中でも小さな変異体 (minor variation) にすぎない」としている．[21] し

---

[19] 朝尾 (2001) を参照．
[20] ここでの方言 (dialect) とは，地域方言だけでなく，民族，階層，職業などの違いによる社会方言も含む．
[21] Baron (2008: 161) を参照．

かしながら，その一方で，彼女は，社会における言語の扱いそのものの変化についても考察を行い，下記のような社会の変化が，書き言葉の変容を引き起こしている可能性があるとも述べている．[22]

 a. 作文教育の目的の変化：正確さよりも自己表現へ
 b. 印刷物の爆発的増加：書き言葉への配慮の減少

 かつては，書き残されるものは常に読み返される可能性があるため，間違いに対しても厳しくあるべきとされたが，現在ではそれよりも，自分の考えていることを表現できることのほうが優先されている．また，かつては貴重品，高級品であったはずの印刷物も現代社会では日常生活にあふれかえっている．不要であるにもかかわらず届けられる広告物に間違いがあったとしても，それを厳しくとがめる人は多くはない．人々が個々の印刷物に払う注意は，総じて減少しているといえるだろう．つまり，問題は，文章校正の力が落ちたこと（＝スキル的な言語操作能力の低下）というよりは，社会全体が書き言葉に敬意を払うことが少なくなったため，必然的に，そこに一貫性を求めることもなくなってきたことなのである．[23]

 こうした社会の変化も含めて，言語の新しい在り方が決まっていくわけだが，おそらく当面は，自己表現優先の流れと規範的な主張との拮抗が続くと思われる．イギリスでは 2012 年，アメリカ語法やネット言葉などの悪影響から「正しい」英語を守ろう，という主張を掲げてきたクイーンズ・イングリッシュ協会（Queen's English Society）がいったん解散を表明したが，現在では一般のボランティアからの支持により活動を復活，継続している．そして，その協会の活動を公報している媒体には，インターネット上のホームページも含まれているのである．

2.5.「変化」か「乱れ」か？

 これまで，現代英語における新語法・新用法と思われるものをみてきたが，日本語に関しても，若者の言葉遣いや，言葉の乱れを対象とする批判的な言説

---

[22] Baron (2008: 165-167) を参照．
[23] Baron (2008: 169) は，こうした流れを，言語における「whateverism（どうでも主義）」と呼んでいる．

はたびたび登場するところである．しかしながら，ここで忘れてはならないのは，先述の通り，こうした言語使用のデータが克明に記録されるようになったのは現代ならではのことであり，例えば，その前の時代において，日常の（そして，特に若者間の）言語使用の実態がどのようなものであったかを実例で示すことのできる資料はそれほど多くはないということである．小説のような散文において登場人物の台詞として記述されるものは，幾分近いと考えることもできるが，やはりこれも作品の一部として用いられるために，ある程度の加工がなされていると考えるべきである．

　いずれにせよ，新語法を否定することは，言語の変化を否定することであり，作法としての意味合いは別として，言語において厳密な意味での「乱れ」や「劣化」は存在しないと筆者は考えている．そこにあるのは「変化」のみであり，むしろ，その変化の中にこそ，言語のダイナミクスや生命力が感じられるともいえるだろう．

　しかしながら，指導の際にはもちろん，正用法ということを抜きにはできないのは当然のことである．教師としては，両者のバランスに配慮しつつ，英語の「生きた」部分も忘れないようにしていただきたい．その際に生きるのは，やはり歴史的な観点である．ここで挙げたような新用法・新語法が今後も定着していくのかどうかは，時間の審判を仰ぐこととなるが，上記の通り，中には意外と古い歴史をもつものもあるということを意識しておくのは，科目としての「深み」を与えるために，決して無駄ではないと思われる．

3. 発音とアクセントをめぐって

　冒頭で述べた通り，英語は今やその使用範囲を拡大し，第一言語として使用する国で主だったところを挙げるだけでも，イギリス，アメリカ，カナダ，オーストラリア，ニュージーランドなどがある．これらの国々にはそれぞれ独自の**変種**（variation）があり，英語の母語話者でなくとも，実用レベルにまで英語を身につけた者ならば，アメリカ，カナダなどのアメリカ系グループとイギリス，オーストラリア，ニュージーランドなどのイギリス系グループを判別することは可能であろう．[24]

---

[24] アクセント，発音だけでなく，各国の英語の特徴を総合的にまとめたものとしては，小

学生によく聞かれる質問のひとつに,「発音の違いがあってもネイティブ・スピーカー同士は話が通じるのですか？」というものがあるが,個人的に聞いてきた範囲では,答えは Yes である.理由はひとつだけではないが,まずは,これだけ情報が共有される世界にあっては,ある程度英語の変種間の違いは想定されているため,少なくとも,教育を受けている英語話者であれば,そのことを前提として話すからである.また,特定の変種,具体的にはアメリカ英語が,メディアやエンターテインメントを通して世界的に認知度を高め,世界の英語に影響を与えているという側面もあるだろう.アメリカ英語が現在,世界で最も影響力の大きい変種であることは,しばしば言及されるところであるし,それはアクセント,発音についても例外ではない.[25]

　例えば,いわゆる弾音化された [t] (Flap T) などがわかりやすい例である.これは例えば,アメリカ英語の water の発音に代表されるものであるが,「ウォーター」よりも「ウォーダー」,場合によっては「ワラ」に近くもなる.この発音は基本的にアメリカ英語の特徴とされているものの,現在ではイギリスやオーストラリアなどでも,くだけた場面ではかなり使用が広がってきていると実感する.このように,強い変種の影響が伝播しやすいということも,メディアの発達した現代ならではである.

　しかしながら,世界が一様にアメリカ英語に近づいていくのかというと,必ずしもそうとも言い切れない.2008 年の USA TODAY に掲載された記事,"Celebrity accents: it's all very tongue-in-chic"[26] によると,アメリカの有名人たちの一部が,あえてイギリス風のアクセントを用いようとする傾向があるという.もちろんこれは,人より目立つことを職業の一部として求められる人々の間に見られる一時的な流行という可能性もあるが,こういった記事に触れると,言語やアクセントに関連する prestige（威光,感化力）の問題も,現代社会においては複雑化の様相を呈していると思わざるを得ない.

　英語発祥の地であるイギリスでも,事情はやはり複雑である.海外からの憧

林 (1992, 1993) を参照されたい.

[25] 例えば,Barber (1993: 262) は,現在ではアメリカ英語の影響が英語を第一言語とするあらゆる地域に一貫して見られるとしている.Crystal (2002: 265) は,この数十年間の間に,アメリカ英語の発音はイギリスの若者によってますます使われるようになってきていると述べている.

[26] USA TODAY, 2008 年 1 月 28 日版.

れの対象となるのは，イギリス国内の数ある変種の中でも，いわゆる容認発音 (Received Pronunciation＝RP) であるが，それを実際に日常生活でも使用するのは，英国内でもごくわずかで，国民の3％以下とされている．[27] これに対して，最近のイギリスで勢力を伸ばしてきたとされるのが，**河口域英語** (Estuary English) と呼ばれるものである．これは大まかにいうと，労働者階級のアクセントであるコックニー (cockney)[28] と容認発音との中間的なアクセントであり，語中や語末のtに声門閉鎖音を用いるなどの特徴をコックニーから受け継いでいる．地域的には，イングランド南東部（すなわち，ロンドンのテムズ川河口域）の地域変種と，非地域変種である RP の混合であるのだが，今では全国的に広がっていると見る向きもある．この用語を最初に用いた David Rosewarne によると，サッチャー首相もエリザベス女王自身も，こうした発音・アクセントを使用することはなかったが，故ダイアナ妃などはこの声門閉鎖音を用いて，There's a lot of it. を「ゼアズアラッオブイッ」のように発音することがあったという．[29]

こうした様々な動きを統一的に分析し，断定的な結論を述べることは小論の手に余ることであり，また，簡単なことでもない．しかしながら，アメリカ英語が世界を席巻し，イギリスでは容認発音が最も強いあこがれの対象であるというような紋切り型の認識だけでは，必ずしも理解できない複雑さも，現代英語は内包しつつあるのではないだろうか．

4. 世界語としての英語をめぐって：グローバル化と反グローバル化

本章を締めくくるにあたって，英語の使用状況と，英語という言語に対する世界の人々の認識をめぐる問題をここでは述べておきたい．英語を第一言語とする話者の数（内部圏）は 3.75 億人，第二言語または公用語として使用する

---

[27] Crystal (2002: 65) を参照．

[28] コックニーはロンドン周辺の労働者階級によって用いられる変異である．語頭の h を発音しない，[ei] の発音が [ai] になるなど，アクセント上の際立った特徴がある．映画『マイ・フェア・レディー』では，主人公のイライザがコックニーを話す花売りから，言語学者のトレーニングを受けてアクセントを矯正し，上流社会に出られる女性になる過程が描かれている．

[29] Rosewarne (1994: 3) を参照．

人数（外部圏）も，ほぼ同数で，さらに外国語として教育，使用されている拡張圏は10億人にせまる勢いである．また，2006-7年にネットワーク上で使用された言語の約80%は英語であり，およそ40億人が，何らかの形で英語を使用しているとの調査もあり，これは世界人口の半分以上ということになる．（2017年現在）[30]

教育の現場においても，グローバル化ということが言われるようになって久しく，その概念と英語の習得は切り離せないものとして，当然のように扱われているのが現状である．しかしながら，事はそれほど単純ではない．ネイティブ，ノンネイティブにかかわらず，英語を使用する必要性，必然性が高まっていることはもちろんであるが，世界の各地ではその状況が生み出す複雑な問題も生じてきている．

4.1. 非英語圏における英語使用と「反」グローバル化

英語が勢力を増すにつれて，その語彙が世界各国の言語において外来語として取り入れられているのは疑いないところである．日本の状況を考えても，そのことは明らかである．しかしながら，こうした流れに関しては，必ずしもすべての地域で好意的にとらえられているわけではない．フランスでは1994年，英語の日常における使用を規制する法律である，いわゆるトゥーボン法が発効されたが，これはテレビやラジオなどの公共メディアからレストランのメニューに至るまで，公共性を有するものは原則としてフランス語で表記すると定めたものであった．

こうした動きはその後も続き，2003年，インターネットが一般に普及するにつれてネット関連の用語がそのままフランスでも使用されるようになると，フランス文化庁ではe-mailという呼称を禁止し，それに代わるものとしてcourriel（courrier electronique「電子的な手紙」の略）の使用が推奨された．しかしながら，現実にはe-mailという語はかなりの割合でそのまま使用されているのが実情である．[31] そのように，自国語に対する強い意識を保持してい

---

[30] 田中・田中（2012: i-v）を参照．ただし，Baugh and Cable（2013: 398-399）は，何をもって「話者」とするかの定義が必ずしも明確ではないため，特に第2言語として使用する話者の数を算定しようとするのは現実的でないとしている．

[31] WIRED（ウェブ版）2003年7月18日 "France Bids Adieu to 'E-mail'"

るフランスにおいても，2013年には，政府がフランス国内の大学で英語を用いた講義の設置を認める決定を下したのだが，これに対してもやはり，強い反発が起きている．[32] それでも，2016年の報道によると，フランス国内の大学ではすでに，約8000もの講座が英語で教えられているという．[33]

また，アジア地域に目を向けると，シンガポールでは長い間英語が第二言語として使用されており，シンガポール独自の英語は「シンガポール標準英語 (Singapore Standard English)」と「シングリッシュ (Singlish)」に大別される．イギリス英語に基づいたシンガポール標準英語に比べると，シングリッシュのほうは，一部省略化された独特の文法を持ち，繰り返しを多用するなどの特徴がある．シンガポール政府は1999年，「スピーク・グッド・イングリッシュ運動」を起こし，シングリッシュの使用を制限する方針を打ち出したが，それでも一般市民の間にシングリッシュの使用は根強く残っているという．現地の中華系大学生を対象として行われた調査であきらかになったのは，公式な，あらたまった場面などでは標準英語が用いられるものの，打ち解けた場面ではシングリッシュの使用が多く，友人間などでは約8割がシングリッシュを使用するということであるという事実である．ただし，その一方で，子供にシングリッシュを話してほしいか，という問いに対しては6割が反対であったり，教育言語として教師がシングリッシュを使用することに対しても約9割が反対であったりと，複雑な胸中が垣間見える．[34]

もともと，中国語，マレー語，タミル語，英語という4つの言語を公用語として用いるシンガポール国民にとっては，複数の言語（あるいは，その変種）を使い分けることは当然の帰結なのかもしれないが，多民族国家における「共通語」として導入されたはずの英語が，地域によっては独自の発達を見せていることは注目に値することであり，これもまた，英語の「グローバル化」を象徴的に表しているといえるだろう．

---

[32] BBC NEWS（ウェブ版）2013年5月22日 "Franglais row: Is the English language conquering France?"

[33] BBC NEWS（ウェブ版）2016年2月3日 "Universities compete by teaching in English"

[34] 原田 (2017) を参照．

4.2. 英語圏における英語の強要とそれに対する反発

　上記のように，非英語圏では，英語に対して開かれていく側面とともに，それに対して反発する動きがあったり，あるいは，地域独自の変種が一定の力を維持したりといった側面がみられたが，英語を主要言語・第一言語とする国々の状況はどうだろうか．

　ここでひとつ謎かけをすることをお許しいただきたいが，アメリカの公用語は何か，と聞かれて即座に答えられるだろうか．この問いに自信をもって答えられる英語学習者は，実はそれほど多くはない．学生に聞いてみても，少し考えた後で，「英語ではないのですか？」という答えが返ってくることがほとんどなのだが，残念ながらこれは正解ではない．少し意地悪な答えとなってしまうのだが，アメリカの「連邦政府」が国全体に対して規定している公用語が英語というわけではなく，公用語は州ごとに規定されているのである．[35]

　アメリカは州ごとに法律も異なり，州政府が業務に使用する言語も様々であるが，このような状況に異議を唱える団体として，アメリカには US English という組織が存在し，長年にわたって，英語を公用語とする州を増やしていくためのロビー活動が続けられている．その公式ホームページにおいて述べられている「オフィシャル・イングリッシュ」という概念は，「政府の業務をすべてのレベルにおいて英語のみで執り行うこと」であるとされている．[36]

　例えば，上記のホームページでは，運転免許試験に用いられる言語についての数値が掲載されているが，アラスカやワイオミングのように，英語のみの州もあれば，移民の多い西海岸のカリフォルニアのように 33 言語を使用している州もある．当然ながら，多言語を使用する州では，それ相応の人的，財政的コストがかかり，それは政府，ひいてはそれを支える国民の負担となる，というわけである．

　しかしながら，英語の法制化は，移民の国という側面も持つアメリカでは，大きな問題にもなりうる．例えばニューヨーク市では 2012 年，漢字などで書かれた外国語の看板にも英語表記を義務付けようとする動きが表面化し，アジ

---

[35] 使用される第一言語はもちろん英語であるが，ここでいう公用語とは，政府によって公式の用途に用いると定められた言語を示す．

[36] US English 公式ホームページ：https://usenglish.org/

ア系移民たちの大きな反発を招いた.[37] こうした動きが表面化する中で，US English も，「オフィシャル・イングリッシュとは，決してイングリッシュ・オンリーを意味するのではない．あくまで政府の使用言語としての意味合いであり，外国語学習や外国（語）文化，日常での言語使用を制限しようとする意図はない.」との声明をホームページに掲載しているが，ここには，自分たちに対して「排外的な主張を持つ組織」という印象があることへの懸念や，そうした印象に基づく批判を避けたいという意向が伺われる．

なお，2017 年の段階では全米 50 州のうち 32 の州が States with Official English Laws とされている．2006 年からの動きとしては，アリゾナ，アイダホ，カンサス，オクラホマ，ウェスト・バージニアの各州が加わり，今後も同様の法整備を検討している州が複数あるという．このことから判断すると，同団体が一部の少数派や過激派などではなく，一定の支持を得た上で活動を進めていることがわかるだろう．2017 年のトランプ政権発足と前後して，白人社会と黒人社会の対立構造が激化し，移民問題への対応も一層問題となってきているアメリカ社会において，今後もこうした流れが強まっていくのか，注目を要するところである．

なお，関連する動きとして，イギリスでも 2016 年に当時のキャメロン首相が移民に対する英語力強化の方針を発表し，基準に満たない場合は国外退去も示唆するという報道がなされた．その後，EU からの離脱をめぐって，イギリス社会は混迷を極め，移民問題もそこに関係して複雑さを増している．英語の「本家」と目されるイギリスやアメリカにおいても，英語は必ずしも「使って当然」の言語ではないのである．

4.3. グローバル化時代の英語教育

前節では，英語が必ずしも世界中の国々において無条件に受け入れられ，あるいは使用されているわけではないことを述べた．しかしながら，ビジネスや学術の世界で標準語としての地位を確立している英語を学習しようという意識は世界中で高く，教育についても同様であることは否定できないだろう．それでは，英語を国際的なコミュニケーション・ツールとして教育するにあたっ

---

[37] 中日新聞，2012 年 6 月 25 日版「「看板に英語も」アジア系が多い NY・クイーンズ 義務化めぐり波紋」．

て，我々はどのような立場をとるべきなのであろうか．

　日本においても，英語の導入そのものに対しては，様々なスタンスの対立がこれまで生じてきている．2000 年には，月刊『言語』誌上において，「公用語論の視点 21 世紀日本の言語政策を考える」と題した特集が組まれ，英語を日本の公用語のひとつとして扱うことに対する複数の意見が掲載されたが，この議論はその後も各所で続いている．[38] 大企業においても，英語を公用語として取り入れるところが現れたが，この効果についても，正確なところは必ずしも明らかではない．海外拠点において英語を使用するのは当然のことであるが，日本人同士で完結する国内での業務に英語を用いることには，異論もあるだろう．

　その一方で，いわゆる中教審の答申（2016 年 12 月）では，小学校における英語教育の教科化が提言されたり，主にヨーロッパでの英語習熟度の基準として用いられている CEFR (Common European Framework of Reference for Languages: Learning, Teaching, Assessment) に基づく目標設定を導入することが提案されたりしている．「グローバル化が急速に進展する中で」の提言ではあるが，その長文による説明の中には，具体的に「どのような英語」を目指すのかに関する記述はみられないし，日常生活においてほとんど英語を必要としないという，日本特有の状況についての考察も，筆者の理解する範囲では見つからなかった．[39]

　本名（2003, 2013）では，こういった状況に関連して，必ずしもネイティブ・スピーカーのようになることを目指す必要はない，という主張が述べられている．これからの時代は英語を「使っていく」時代である．だとすれば，教室での指導も当然，使う訓練を主眼とするものに変わっていくべきであり，発音などについても，完全にネイティブ並みということを目指す必要はないということである．論理構成などについても，日本人は重要事項を後に持ってくる形を好むと言われるが，コミュニケーションが成り立つ限りにおいては，そうした個性的な部分は温存しつつ，日本人らしい「ニホン英語」を使用するようにしていけばよいのだという．

　こうした主張には筆者も賛同する部分があるが，一方において，前述の通

---

[38] 月刊『言語』Vol. 29, No. 8，2000 年，大修館書店．
[39] CEFR を日本の英語教育に応用する試みとしては，CEFR-J (http://cefr-j.org/) がある．

り，日常生活において英語を使う必要のない日本では，英米の文化へのあこがれが，英語学習者・英語教師の英語を学ぶ強い動機付けになっているところも否定できない．これについては，ほかならぬ筆者自身もそうである．しかしながら，今後，世界で英語を使用していくのであれば，英語を主要・第一言語とする国々だけが対象となるわけではないことは明白である．これまで述べてきたように，英語を母語とする人々の間でも，規範についての意識が高くはない現在，学習者・教育者としても，ネイティブ英語一辺倒ではなく，もっと柔軟な姿勢をもって良いともいえる．

　このようなジレンマを解消する妙案は即座には見つからないが，ひとつの鍵となるのは，やはり「使用」ということであろう．日本の移民率は，島国という特徴もあって，諸外国と比較すると極めて低いと言われる．[40] しかしながら，近年では，地方の観光地などでも多くの外国人の姿を見るようになった．今後，数十年のうちには，外国から移住してきた人の割合も増加していく可能性があるが，当然，その内訳は英語のネイティブ・スピーカーばかりではないだろう．むしろ，その割合は決して高くないかもしれない．そうなったときに，日本社会においても「共通語として英語を使用する必然性」が生まれ，単なるあこがれではない，地に足の着いた英語学習，習得が可能になるように思われる．

5. おわりに

　本章ではこれまで，英語における新しい動きを紹介してきた．新しい語法や，文法的な変化は，必ずしも体系的なレベルのものではないが，いくつか目立ったものが存在し，そういったものには話者からの批判も多いこと，また，進行形の使用増加のように，目立たないながらも継続的に進行している変化も存在することを述べた．話者からの批判にもかかわらず，実際には古くから使われている場合があることも，注意点として取り上げた．アクセントや発音に

---

[40] 日本の入国管理局のデータによると，平成 29 年 6 月の時点での在留外国人の数は約 247 万人で，大都市圏を中心に増え続けているものの，総人口の 1.9% にすぎない．アメリカでは，3 億を超える人口の中で，最近急増しているヒスパニック系人口だけでも 5700 万人を超え，全人口の 19%近くになる．(United States Census Bureau 調査による数値．)

については，アメリカ英語や，イギリスの容認発音だけがイギリスで高い地位を保持しているわけではない可能性を示唆した．また，英語の使用をめぐる世界の状況について，必ずしも好意的な反応ばかりではないことにも言及し，それに関連して，「国際共通語としての英語」という立場からの提案についても説明した．

第1節でも述べたように，英語という言語の世界的な使用実態と，その記録化された豊富なデータの量を鑑みると，ここで扱うことができたものはほんの一部にすぎないのかもしれない．とりわけ，新語などの語彙に関しても興味深い動きがあるが，紙幅の制限もあり，ここでは多くを述べることができなかった（後期近代英語（第7章）の Classroom Activity を参照）．読者が各自で，電子資料などで調査をすることをお勧めしたい．

また，国際的な文脈から英語を考察する際には，様々な地域で英語教育がどのように行われているかも考慮しなくてはならないが，やはりこれについても，ほとんど触れることはできなかった．こうした問題については，稿を改めて取り組みたい．

小論を通して，単なる固定化された学習科目ではなく，生きた事象として英語という言語を考えるきっかけとなるなら，筆者にとっては望外の喜びである．

（現代英語編）

政治的に正しいおとぎ話？

本文中でも触れた，Politically Correct, あるいは, Political Correctness という概念であるが，これについては，「行き過ぎである」との指摘も多い．そのような指摘を，おとぎ話をモチーフにして可視化したのが，ジェームズ・フィン・ガーナーによる『政治的に正しいおとぎ話』(*Politically Correct Bedtime Stories*) である．例えば，赤ずきんちゃんがオオカミに出会う場面は，以下のように書かれている．

第 9 章　現代英語とグローバル化　　235

On the way to Grandma's house, Red Riding Hood was accosted by a wolf, who asked her what was in her basket. She replied, "Some healthful snacks for my grandmother, who is certainly capable of taking care of herself as a mature adult."

The wolf said, "You know, my dear, it isn't safe for a little girl to walk through these woods alone."

Red Riding Hood said, "I find your sexist remark offensive in the extreme, but I will ignore it because of your traditional status as an outcast from society, the stress of which has caused you to develop your own, entirely valid, worldview. Now, if you'll excuse me, I must be on my way."

このようなおとぎ話を子供が喜ぶとは，とても思えないのだが，一方で，伝統的な文化の中には，差別的な要素も多く存在していることを痛感させられる一節である．

あ と が き

　言語考察に当たり，通時言語学と共時言語学という二項概念を与えるなど，「近代言語学（構造言語学）の父」といわれているソシュールの『一般言語学講義』(*Cours de linguistique gènèrale*) を世界に先駆けて翻訳した小林英夫（東京工業大学名誉教授）は，科学的な言語研究に捧げた道程を振り返りつつ，今はリングィスティックス（言語学）よりも，はるかに昔のフィロロジー（文献学）に非常に大きな価値を認めていると，『言語生活』(1969 年，第 212 号，筑摩書房) の対談記事中で，半世紀近く前に答えている．人間がなければ言語はない．つまり人間を知らずして，言語だけの法則はあり得ないというのが氏のよりどころである．人間は社会を作り，社会は必ず歴史をもっている．しかし，一国単独で存在する歴史はなく，他国との交渉や力学というダイナミックな関係において，誕生，成長，消滅が生じるのである．そこには必然的に言語が介在することになる．歴史と言語との関係は，かように緊密である．

　国際化が世界中で前提とされている現在，その最も有効な手段である英語運用力を向上させることは必須である．そのために実践的教授法の活用が求められることは言うまでもない．その一方，それだけでは補いきれない文化的背景，納得のいく英語学習，ことばへの深い理解のために，本書で示された各知見は，大きな助けとなるはずである．

　英語史を学ぶことは，決して過ぎ去った過去にとらわれる姿勢ではない．通時的な言語変化の過程を辿ることで，未来の英語を予見する手掛かりも得ることができるのである．

　親指を除いた掌で物を握ってみてほしい．把握は出来るが安定感に欠けてしまう．英語学習で果たす英語史の知識は，いわばその親指である．お酒を嗜む方ならば，ワインを飲む時を想像してほしい．芳醇なワインを楽しむ際には，産地の風土，ブドウの品種，寝かせた月日に思いをはせることが役立つ．英語史の知識は，いわば英語ソムリエ（英語教員）として，学習者に楽しみを与えるため欠かせない素養でもある．

　さらに関心を深めたい読者のために以下，英語力を伸ばしながら英語史の知

識を高めることができる好教材をあげる．校務等に追われる中，効率的に教師力を高めてくれるガイドとなってくれるはずである．なお，インターネットを通じて公開されている教材は日々新たなサイトが世界中から追加されている．世界の窓を通して，新たな知識を得ることは，ともすれば閉塞しがちな教員生活に心地よい刺激を与えてくれるであろう．

1. 英語で書かれた英語史の楽しい物語風の読み物

　いずれも読者は研究者だけに限らず，広い読者層を念頭に書かれたものである，しかし，研究者にとっても学ぶ点が多い充実した書籍である．すべて翻訳が現在容易に入手できるため，校務が多忙で読書時間が取れない時でも，少ない負担で英語読解力を磨き，同時に英語史の知識を得ることができる．

Barfield, Owen (1969) *History in English Words*, 2nd ed., Faber and Faber, London.（渡部昇一・土屋典生訳『英語のなかの歴史』中央公論社）

Bradley, Henry (1968) *The Making of English*, Revised by Simeon Potter, Macmillan & Co, London.（寺澤芳雄訳『英語発達小史』岩波書店）

Bragg, Melvyn (2003) *The Adventure of English—500AD to 2000 The Bibliography of Language*, Sceptre, London.（三川基好訳『英語の冒険』アーティストハウス）

Carver, Craig. M. (2000) *A History of English in Its Own Words*, Barnes & Carver, New York.（渡部勝馬・小野祥子訳『英米単語の歴史辞典』柏書房）

Gooden, Philip (2009) *The Story of English: How the English Language Conquered the World,* Quercus, London.（田口孝夫監訳『物語英語の歴史』悠書館）

Hitchings, Henry (2011) *A History of Proper English*, John Murray, London.（田中京子訳『英語化する世界，世界化する英語』みすず書房）

2. インターネットでの視聴覚教材

　ポッドキャスト，The History of English Podcast では，リスニング力を磨きながら古英語から現代英語までの変遷を耳で学ぶことができる．スマートフォンでアプリを入手すれば，多忙でも通勤時やスキマ時間を，有効活用でき

るだろう．ナレーションはゆったりとした British English であり，とても聴きやすい．

　YouTube にも数多く英語史関連サイトはあるが，その1つ，イギリスに本拠を置く The Open University は，The History of English in 10 Minutes という動画サイトを公開している．その名の通り，1話10分以内のエピソードで構成されており，世界中ですでに100万回以上再生されている．また，イギリス国営放送 (BBC) で，1980年代にテレビ放送され (NHK でも翻訳版が放送された)，書籍版も現代に至るまでのロングセラーである Robert McCrum 他2名による *The Story of English* (BBC Publications) は，英語史を身近に感じさせてくれる．以前は高価かつ限られた流通量であった DVD で視聴したものだが，現在は YouTube で公開されており，楽しく英語史の知識を得たい方には，一押しの作品である．

3. より専門的な英語史教育のために

　本著の読者には，大学で英語史の授業を現在行っている教員，またはこれから英語史教育に携わる方もいるであろう．そのような方により専門的な実践書を紹介したい．

Hayes, Mary and Allison Burkette, eds. (2017) *Approaches to Teaching the History of the English Language: Pedagogy in Practice*, Oxford University Press, Oxford.

　英語史教育の理念から始まり，ESL (English as a Second Language)，EFL (English as a Foreign Language) とのインターフェイス，さらにインターネットやマルチメディアを活用した実践的な教授方法も含み，29名の研究者による論考が掲載されている．

　英語史上の重要作品を語学・文学両面から掘り下げるには，MLA (Modern Language Association of America) から出版された Approaches to Teaching series が便利である．

　本書で取り上げた作品，作者である *Beowulf*, Chaucer, Dickens, Gawain 詩人，Shakespeare，他，近代英語期の作品を教育実践を目的とした視点から述べられた論考が編纂されている．

日本の学会は，フィロロジー（文献学），英語史の研究において，国際的に長年貢献を果たしてきた．英語の実用性への行き過ぎた偏重で，言葉の背景と用いる人間への理解を教育の場で軽んじることがあってはならない．本書では，国内はもとより，国際的に第一線で活躍する気鋭の研究者を執筆者に迎えることができ，開拓社から出版される運びとなった．各執筆者が，読者の手を引きながら英語史の泉へと誘う姿勢で取り組んだことで，小中高等学校教員のみならず，これから本格的に英語史を学ぼうと志している研究者にとっても心強いガイドになったと確信している．各研究者の豊富な学識に裏付けられたメッセージを通して，英語という言語の背景・文学への興味と関心を持ち続けていただければ，執筆者一同望外の喜びである．

　2018 年 3 月

編者一同

Classroom Activity 解答と解説

第 I 部　古英語

Classroom Activity Ⓐ

I.　　　　　　　　過去形　　　　　　　過去分詞
　① come ―（　came　）―（　come　）
　② make ―（　made　）―（　made　）
　③ take ―（　took　）―（　taken　）
　④ give ―（　gave　）―（　given　）
　⑤ is　 ―（　was　）―（　been　）
　⑥ work ―（　worked　）―（　worked　）
　⑦ dig　―（　dug　）―（　dug　）
　⑧ go　 ―（　went　）―（　gone　）

　come, take（古ノルド借用語），give は古英語においても語幹母音を変化させて活用する不規則変化（強変化）動詞であった．make は現代英語では不規則変化動詞に分類されるが，もともとは規則変化動詞で過去・過去分詞形は maked(e) であり，それが縮約されて made となった．go の過去形の went については，第 3 章 6.2.2 節を参照のこと．

II.　① children　　　② oxen　　　　　　　③ feet
　　 ④ kimonos（日本語）　⑤ octopi, octopuses（ラテン語）
　　 ⑥ data（ラテン語）　　⑦ analyses（ギリシア語）
　　 ⑧ kibbutzim（ヘブライ語）　⑨ fish　　　　　⑩ sheep

III.　① 古英語 hlǣf-dīge（パンをこねる人）より
　　 ② 古英語 hlāf-weard（パンを守る人）より
　　 ③ 古英語 dæges-ēage（日の眼，ヒナギク［朝，開花することから］）より
　　 ④ 古英語 godsibb（代理の父［母］）より
　　 ⑤ 古英語 sǣlig（祝福された）より

IV.　① seven　② spring　③ grandmother　④ ship　⑤ tales

Classroom Activity Ⓑ

I.　解説は本書第 1 章の以下の節を参照のこと．
　　①, ②, ③：2.3 節　　④, ⑤：3.1 節

II. ① swan road "sea" (海)
　　② sea horse "ship" (船)
　　③ city owner "king" (王)
　　④ world candle "the sun" (太陽)
　　⑤ bone house "body" (身体)
III. ① カ　② エ　③ キ　④ イ
　　⑤ ウ　⑥ ク　⑦ オ　⑧ ア
IV. ① In this same year died Athered, (who) was Alderman of Devon.
　　② It pleases the king to do that.
　　③ Whose son are you? And whose daughter are you?
　　④ The woman gave the man the book.
　　⑤ The bear killed the king.
　　⑥ I shall (will) perform manly courage.
　　⑦ What shall (will) I sing?

第 II 部　中英語

Classroom Activity Ⓐ

I. ① beef　② pork　③ marriage　④ hotel
　⑤ infant　⑥ aid, assist　⑦ commence, initiate
　⑧ conceal　⑨ inhabit　⑩ sacred

　①，②では，英語本来語が動物を，フランス語系の語は，その食用の肉を指している．労働力として従事していた英語話者と，それを食す征服民としてのフランス人という中英語期の社会階層が反映されている．同義語ではあっても，ニュアンスの違いが出ている．

　③ wedding は，一連の結婚に際しての儀式のことであり，marriage は男女の婚姻を表す．

　④，⑤のように異なる対象を表す組み合わせもある．④は異なった宿泊施設となる．hostel は簡易宿泊所を表すが，hotel は旅行客のために食事を含めた宿泊サービスを提供する施設を表す．

　⑤ child は子供全般を意味するが，infant は学齢期前の 7 歳未満の乳幼児のことである．

　⑥，⑦は，意味の基本概念は共通ながら，異なる状況で用いられるようになっている．help や begin は「手助けする」「始める」という一般的意味で広く用いることが可能であるのに対して，フランス，ラテン語借入の aid には「(労力を要する作業)を手助けする」，assist は「(作業の一部)を手伝う」の使い分けがなされている．commence については，形式的な堅い語であり，initiate は「計画や企てに着手する」の意味である．

⑨ inhabit もラテン語起源のフランス借入語である．この語は主語が人間，動物の集団の場合に用いる．したがって，Small animals inhabit the jungle. は可能だが，John inhabits the city. とはいえない．

　これらの語彙は英語に存在する表現の豊かさを表す例であるが，日本語では別々の語では区別していない．よって英語を母語としない外国人の学習者にとって，こうした語彙のニュアンスの差異を知ることは特に重要である．

II. ① d　　② a　　③ e　　④ b　　⑤ c

III.　　　　　　　　　　　比較級　　　　　　　最上級
　　① small　　—（　smaller　）—（　smallest　）
　　② difficult　—（　more difficult　）—（　most difficult　）
　　③ beautiful　—（　more beautiful　）—（　most beautiful　）
　　④ good　　—（　better　）—（　best　）
　　⑤ little　　—（　less　）—（　least　）

IV. ① ×：比較の対象を導く than（〜よりも）は，もともと，時を表す副詞 then と同一語であり，「それから，そこから」の意味に由来する．Derek is more diligent than Alex. を例にすると，Derek is more diligent; then Alex.（デレックのほうが勤勉で，アレックスはその次だ）という並列構文が，音を通して用いられる過程で，1つの文に統合されたものである．比較の then と同じような変遷をたどったのが，今日ある関係代名詞の that である（本書 3.2 節のティータイム参照）．

② ○：afraid は，現代英語の paid, said や，laid と同様の -id 過去分詞であった．辞書には afraid は形容詞と明記されている．しかし，この英文は元来，「be + 過去分詞」の形式の受動態であった．古中英語では，主語である人間を主体にして感情を表現する発想はなかった．afraid は，廃語となった afray（怖がらせる）という動詞の過去分詞であったのである．

③ ×：語形と意味から同一語源と誤解されることの多い対語である．male はもともと，「男性の」を意味する語として存在していた．やがて 14 世紀にフランス語から，「少女」の語として femelle が借入された．その後，femelle が，「女性の」という意味へと変わり，間もなく綴りも既存の語 male に揃えて，female となったのである．慣用によって変化していく英語のダイナミズムを感じさせる語である．加えて，諸説あるが，人称代名詞 he と she も語源は全く関連性がないという説が最も有力である．

④ ○：near は，元来 nigh の比較級であった．next は最上級であり，語尾音 [-st] にその名残がうかがえる．現代英語では，「〜の隣に」という意味で next to 〜 を用いることにその影響が残っている．near to 〜 の to が脱落して，前置詞の near となった．語源の知識があれば，「〜から近い」という際に，*His house is near from the school. という誤りはしないであろう．

Classroom Activity ⓑ

I.

中英語	現代英語
fir	fire
gyde	guide
yelowe	yellow
fillen	fill
mis	mice
whanne	when
yonge	young

II. ① I will not disappoint you <u>willingly</u>. thankes の語末の -s は副詞属格語尾である．中英語では elles (＝else) や，hennes (＝hence)，nedes (＝needs) などがある（本章 6.5 節を参照）．

② He was employed with a household attendant <u>who</u> was living with Emily. 中英語では wh- 関係詞は接続詞 that と共に用いられることが多い．この that を伴う形は接続詞の働きを持っている．wh- 関係詞がまだ関係詞としての機能を十分に果たしていなかったことが原因である（ほっと一息 Tea Time 7 を参照）．

③ Sir Lancelot, <u>harder</u> than the stone is, and <u>bitter</u> than the wood is　二重比較の例．13 世紀に現れた more, most による迂言的比較が広まるにつれて，このような二重比較が，特に 1, 2 音節形容詞で好まれ，しばしば用いられた．

④ he went again across the Jordan, to the place where John <u>had been baptizing</u> earlier.　古英語から「be＋現在分詞形」の形式は存在したが，それはラテン語原文の直訳によるものと考えられる．時制も明確ではなく，叙述を生き生きとさせる際に用いられていた．中英語では北部から，徐々に南部へ広がり 15 世紀には頻繁になる．なお，現代英語訳での過去完了進行形は，問題文の時代より 100 年ほど後の 15 世紀末頃に頻度を増すようになった．

⑤ As long as our life lasts, let us <u>live</u> together.　原文中の動詞 lyve (live) は，「勧告」を示す仮定法の動詞形である．その適用範囲は現代より広く，仮定以外に，話者の心的態度として思想，概念，願望，意思，計画を表した（ほっと一息 Tea Time 8 を参照）．

III. 1. 語尾の水平化に伴う SVO 語順の確立
2. フランス語を中心とした大量の外来語の借入

第 III 部　初期近代英語

Classroom Activity Ⓐ

I. Group /iː/　　　　　　　　　　Group /ai/
　　prestige (Fr. & Lt.)*　　　　　child (OE)
　　magazine (Fr.)　　　　　　　　fire (OE)
　　machine (Fr.)　　　　　　　　 ride (OE)
　　police (Fr.)　　　　　　　　　 hide (OE)
　　naive (Fr.)　　　　　　　　　　mine (OE)

* Fr. は French, Lt. は Latin, OE は Old English の略称.

II.
1)	avoid	V-ing	2)	agree	to V
3)	pretend	to V	4)	begin	V-ing / to V
5)	continue	V-ing / to V	6)	admit	V-ing
7)	decide	to V	8)	hope	to V
9)	promise	to V	10)	deny	V-ing
11)	cease	V-ing / to V	12)	finish	V-ing

Cassroom Activity Ⓑ

I.
① 　　　they　　　　　　　② 　　　hath
③ 　　　Thou　　　　　　　④ 　　　hast
⑤ 　　　thee

① 先行詞に人称代名詞の主格 they が生起している．（現代英語でも they that の使用は確認されているが，古風な用法とされている．他にも，文法書では they who, they which は非文とされているが (Quirk et al. (1985: 1247))，コーパスではこれらの使用も認められる．文法書の説明と実際の使用の間には隔たりがあることは珍しいことではない．）（上から 3 行目）

② 主語が三人称単数 (the light) であるが，has ではなく古い形の hath が使われている．（上から 5 行目）

③ 二人称の主格に you ではなく，単数の you に相当する古い形の thou が使われている．（上から 6 行目）

④ 二人称単数の thou に対応して動詞の hast が使われている．（上から 6 行目）

⑤ 前置詞の後に二人称単数目的格である thee が使われている．（上から 8 行目）

第 IV 部　後期近代英語

Classroom Activity Ⓐ
I.
		American English		British English	
①	隣人	(neighbor)	(neighbour)
②	免許証	(license)	(licence)
③	プログラム	(program)	(programme)
④	灰色	(gray)	(grey)
⑤	満たす	(fullfill)	(fulfil)
⑥	名誉	(honor)	(honour)
⑦	小切手	(check)	(cheque)

II.
		American English		British English	
①	秋	(autumn)	(fall)
②	郵便	(mail)	(post)
③	休暇	(vacation)	(holiday)
④	自動車	(automobile)	(car)
⑤	鉄道	(railroad)	(railway)
⑥	エレベーター	(elevator)	(lift)
⑦	ガソリン	(gas / gasoline)	(petrol)

III.
	American English		British English	
① corn	(とうもろこし)	(小麦)
② subway	(地下鉄)	(地下道)
③ first floor	(1 階)	(2 階)
④ public school*	(公立学校)	(私立学校)
⑤ dresser	(化粧台)	(食器棚)

　アメリカ英語では，私立学校は private school，イギリス英語では公立学校は state school になる．

Classroom Activity Ⓑ
I.
① round　名詞（round）　動詞（round）
② abstract　名詞（abstractness）　名詞（abstraction）　名詞（abstract）　動詞（abstract）　副詞（abstractedly）
③ strong　名詞（strength）　動詞（strengthen）　副詞（strongly）
④ breakfast + lunch（brunch）
⑤ smoke + fog（smog）
⑥ SCUBA（self-contained underwater breathing apparatus）
⑦ UNESCO（United Nations Educational, Scientific and Cultural Organization）

II.
① fingerprint（指紋）
② breathtaking（わくわくさせる）
③ waterproof（防水性の）
④ pickpocket（すり）
⑤ blackbird（つぐみの一種）

III.

あきらめる	give	up
出発する	set	out
続ける	carry	on
次第に消える	wear	off
実行する	carry	out
～を絶滅させる	wipe	out
～に匹敵する	come	up to
勃発する	break	out
我慢する	put	up with
離陸する	take	off
打ち勝つ	give	over
～に似る	take	after
屈する	give	in
確認する	check	up / up on
廃止する	do	away with
衰退する	turn	down
～を近づけない	keep	off / out
故障する	break	down
理解する	make	out
設立する	set	up

参 考 文 献

電子資料・辞書類・オンライン資料

Archer Corpus (A Representative Corpus of Historical English Registers). <http://www.projects.alc.manchester.ac.uk/archer/> 最終閲覧日：2018 年 3 月 27 日.

BBC News (Online), 22 May, 2013, "Franglais row: Is the English language conquering France?" <http://www.bbc.com/news/magazine-22607506> 最終閲覧日：2018 年 3 月 27 日.

BBC News (Online), 3 February, 2016, "Universities compete by teaching in English" <http://www.bbc.com/news/business-35429233> 最終閲覧日：2018 年 3 月 27 日.

CEFR-J: 新しい日本の英語教育のための汎用枠 <http://www.cefr-j.org/> 最終閲覧日：2018 年 3 月 27 日.

Harvard's Geoffrey Chaucer Website. <https://chaucer.fas.harvard.edu/pages/text-and-translations> 最終閲覧日：2023 年 4 月 6 日.

The ICAME Corpus Collection on CD-ROM, version 2 (1999), including Brown Corpus, LOB Corpus, Freiburg-Brown (Frown) Corpus, and Freiburg-LOB (FLOB) Corpus <http://clu.uni.no/icame/newcd.htm> 最終閲覧日：2018 年 3 月 27 日.

Longman Dictionary of Contemporary English, online <https://www.ldoceonline.com/jp/> 最終閲覧日：2023 年 4 月 6 日.

The Middle English Dictionary, (Online), 1956–2001, University of Michigan Press, Ann Arbor. <https://quod.lib.umich.edu/m/middle-english-dictionary/dictionary> 最終閲覧日：2023 年 4 月 6 日.

文部科学省. 2017.『中学校学習指導要領解説　外国語編』<http://www.mext.go.jp/a_menu/shotou/new-cs/1383986.htm> 最終閲覧日：2018 年 3 月 27 日.

文部科学省. 2017.『教職課程認定申請の手引き（平成 31 年度開設用再課程認定）』<http://www.mext.go.jp/a_menu/koutou/kyoin/1387995.htm.> 最終閲覧日：2018 年 3 月 27 日.

NeCastro, Gerard. "eChaucer: Chaucer in the Twenty-First Century," online <http://ummutility.umm.maine.edu/necastro/chaucer/translation/> 最終閲覧日：2018 年 3 月 27 日.

Oxford Advanced Learner's Dictionary, 9th ed., (2015), Oxford University Press, Oxford. (OALD)

The Oxford English Dictionary, 2nd ed., (1989) [Available in electric form on CD-ROM, Ver. 4.0, Oxford University Press, Oxford. (OED)

United States Census Bureau <https://www.census.gov/> 最終閲覧日：2018 年 3 月 27 日.

USA Today (Online), January 29, 2008, "Celebrity accents: it's all very tongue-in-chic" <http://www.usatoday.com/life/people/2008-01-28-brit-speak_n.htm> 最終閲覧日：2018 年 3 月 27 日.

U.S. English: Making English the Official Language.
<https:// usenglish.org/> 最終閲覧日：2018 年 3 月 27 日.

Wired (Online), July 18, 2003, "France Bids Adieu to 'E-mail'" <https://www.wired.com/2003/07/france-bids-adieu-to-e-mail/> 最終閲覧日：2018 年 3 月 27 日.

Wordbanks Online: 小学館コーパスネットワーク
<http://scnweb.jkn21.com/> 最終閲覧日：2018 年 3 月 27 日.

Texts

Allen, Emily H, ed. (1931) *English Writings of Richard Rolle, hermit of Hampole*, The Clarendon Press, Oxford.

Atkins, John, William, Hey, ed. (1922) *The Owl and the Nightingale: Edited with Introduction, Texts, Notes, Translation and Glossary*, Cambridge University Press, Cambridge.

Benson, Larry D, ed. (2008) *The Riverside Chaucer*, 3rd ed., Oxford University Press, Oxford.

Bond, Donald F. (1965) The *Spectator* Vol. I, The Clarendon Press, Oxford.

David, Herbert (1966) *The Examiner and Other Pieces Written in 1710-11* Vol. III, Basil Blackwell, Oxford.

Dobbie, Elliot, van Kirk ed. (1953) *Beowulf and Judith*, Columbia University Press, New York.

Evans, Blakemore, ed. (1997) *The Riverside Shakespeare*, 2nd ed., Houghton Mifflin Company, Boston.

Fulk, Robert D., Robert E. Bjork and John D. Niles, eds. (2008) *Klaeber's Beowulf and the Fight at Finnsburg*, University of Toronto Press, Toronto.

Garner, James F. (1994) *Politically Correct Bedtime Stories*, Macmillan, New York.

Glasscoe, Marion, ed. (1976) *Julian of Norwich, A Revelation of Love*, University of Exeter Press, Exeter.

Klaeber, Fr., ed. (1950) *Beowulf and the Fight at Finnsburg*, 3rd ed., Heath, Boston.

The Holy Bible: an exact reprint in Roman type, page for page of the authorized version published in the year 1611 with an introduction by Alfred W. Pollard (1985)

Oxford University Press, Oxford/Kenkyusha, Tokyo.
The Holy Bible: containing the Old and New Testaments: King James Version (1979) American Bible Society, New York.
The Holy Bible: New Revised Standard Version (1989) Oxford University Press, Oxford.
The Penguin Complete Sherlock Holmes by Sir Arthur Conan Doyle, Forward by Ruth Rendell (2009) Penguin Books, London.
Shakespeare, William (1997) *Shakespeare: the Four Folios*. 4 vols., Routledge/Thoemmes Press, London.
Tolkien, R. R. John and Eric. V. Gordon, eds. (1952) *Sir Gawain and the Green knight*, Clarendon Press, Oxford.
Vinaver, Eugene, ed. and Peter J. C. Field, revised (1990) The Works *of Sir Thomas Malory*, Clarendon Press, Oxford.
Wilkie, Collins (1999 [1868]) *The Moonstone*, ed. with an Introduction and Notes by John Sutherland, Oxford University Press, Oxford.

Primary Sources
Ash, John (1760) *Grammatical Institutes: or Grammar, Adapted to the Genius of the English Tongue*, Worchester.
Bailey, Nathan (1730) *Dictionarium Britanicum*, London.
Bullokar, William (1586) *Pamphlet for Grammar*, London.
Butler, Charles (1633) *The English Grammar*, Oxford.
Cawdrey, Robert (1604) *A Table Alphabetical*, London.
Fisher, Ann (1750) *A New Grammar: Being the Most Easy Guide to Speaking and Writing the English Language Properly and Correctly*, Newcastle.
Johnson, Samuel (2015 [1755]) *A Dictionary of The English Language*, FB & Ltd, London.
Jonson, Ben (1640) *The English Grammar*, Oxford.
Lowth, Robert (1799 [1762]) *A Short Introduction to English Grammar*, Routledge/Thoemmes Press, London.
Murray, Lindley (1795) *English Grammar*, York.
Priestley, Joseph (1761) *The Rudiments of English Grammar*, London.
Wallis, John (1653) *Grammar of the English Language*, Oxford.
Webster, Noah (1828) *The American Dictionary of the English Language*, New York.

Secondary Sources
Aarts, Bas, Maria José López-Couso and Belén Méndez-Naya (2012) "Syntax," *English Historical Linguistics*, Vol. 1, ed. by Alexander Bergs and Laurel J. Brinton,

869-887, De Gruyter Mouton, Berlin/Boston.
Abbott, E. A. (1988) *A Shakespearian Grammar*. 1869; rpt., Senjo, Tokyo.
Adamson, Sylvia, Lynette Hunter, Lynne Magnusson, Ann Thompson and Katie Wales, eds. (2001) *Reading Shakespeare's Dramatic Language: A Guide,* Arden Shakespeare, Thomson, London.
Akimoto, Minoji (2000) "The Grammaticalization of the Verb 'Pray'," *Pathways of Change: Grammaticalization in English*, ed. by Olga Fischer, Anette Rosenbach and Dieter Stein, 64-84, John Benjamins, Amsterdam/Philadelphia.
秋元実治 (2011)「シャーロック・ホームズの英語に見られる挿入詞の機能」『歴史語用論入門』，高田博行・椎名美智・小野寺典子（編著），91-109，大修館書店，東京．
秋元実治 (2014)『増補　文法化』ひつじ書房，東京．
秋元実治 (2015)「'Be going to' 再考」『より良き代案を絶えず求めて』，江藤浩樹ほか（編），120-129，開拓社，東京．
秋元実治 (2017)『Sherlock Holmes の英語』開拓社，東京．
秋元実治・保坂道雄（編著）(2005)『文法化—新たな展開—』英潮社，東京．
荒木一雄・水鳥喜喬・米倉綽 (1997)『中英語の初歩』英潮社，東京．
荒木一雄・中尾祐治 (1980)『シェイクスピアの発音と文法』荒竹出版，東京．
安斎みさとほか（編）(2000)『CNN English Express』2000年8月号，朝日出版社，東京．
朝尾幸次郎 (2001)「視覚方言の広がり」（「『ジーニアス英和大辞典』刊行記念特集：「爆発」する英語」）『英語教育』2001年5月号, 17-19.
Bailey, Nathan (1730) *Dictionarium Britanicum*, London.
Barber, Charles (1964) *Linguistic Change in Present-day English*, Oliver and Boyd, Edinburgh and London.
Barber, Charles (1993) *The English Language: A Historical Introduction*, Cambridge University Press, Cambridge.
Baron, Naomi S. (2008) *Always On: Language in an Online and Mobile World*, Oxford University Press, Oxford.
Baugh, Albert C. and Thomas Cable (2013) *A History of the English Language*, 6th ed., Routledge, Abingdon.
Bækken, Bjørg (2000) "Inversion in Early Modern English," *English Studies* 81, 393-421.
Beal, Joan C. (2004) *English in Modern Times, 1700-1945*, Arnold, London.
Biber, Douglas, Edward Finegan, Stig Johansson, Susan Conrad, and Geoffrey Leech (1999) *Longman Grammar of Spoken and Written English,* Longman, London.
Blake, Norman F. (1983) *Shakespeare's Language: An Introduction.* Macmillan, London.［森祐希子（訳）(1990)『シェイクスピアの言語を考える』紀伊國屋書店，東京．］

Blake, Norman F. (2002) *A Grammar of Shakespeare's Language*, Palgrave, New York.
Bliss, Alan (1967) *The Metre of Beowulf*, Blackwell, Oxford.
Brinton, Laurel J. and Leslie K. Arnovick (2006) *The English Language*, Oxford University Press, Oxford.
Brinton, Laurel J. and Minoji Akimoto (1999) *Collocational and Idiomatic Aspects of Composite Predicates in the History of English*. John Benjamins, Amsterdam/Philadelphia.
Brook, George L. (1970) *The Language of Dickens*, André Deutsch, London.
Brook, George L. (1976) *The Language of Shakespeare*, André Deutsch, London.［三輪伸春・佐藤哲三・濱崎孔一廊ほか（訳）(1998)『シェイクスピアの英語』松柏社, 東京.］
Brown, Penelope and Stephen C. Levinson (1987) *Politeness: Some Universals in Language Usage*, reissued, Cambridge University Press, Cambridge.
Burchfield, Robert W. (1996) *The New Fowler's Modern English Usage*, revised 3rd ed., Clarendon Press, Oxford
Burrow, John A. and Thorlac Turville-Petre (2005) *A Book of Middle English*, 3rd ed., Blackwell, Oxford.
Cassidy, Frederic, and Richard Ringler, eds. (1971) *Bright's Old English Grammar and Reader*, 3rd ed., Holt, New York.
Cawley, Arthur C., ed. (1958) *The Wakefield Pageants in the Townleye Cycle*, Manchester University Press, Manchester.
Chapman, Don (2008) "The Eighteenth-Century Grammarians as Language Experts," *Grammars, Grammarians and Grammar-Writing in Eighteenth Century England*, ed. by Ingrid Tieken-Boon van Ostade, 21–36, Mouton de Gruyter, Berlin and New York.
Charleston, Britta M. (1941) *Studies on the Syntax of the English Verb*, Verlag A. Francke AG., Bern.
中日新聞, 2012年6月25日版「「看板に英語も」アジア系が多いNY・クイーンズ 義務化めぐり波紋」
Clark, John W. (1975) *The Language and Style of Anthony Trollope*, André Deutsch, London.
Collette, Carolyn P. (2000) "Chaucer and the French Tradition Revisited: Philippe de Mézières and the Good Wife," *Medieval Women: Texts and Contexts in Late Medieval Britain*, ed. by Jocelyn Wogan-Browne et al., 151–168, Brepols, Trunhout.
Crystal, David (2002) *The English Language*, 2nd ed., Penguin Books, London.
Crystal, David (2003) *The Cambridge Encyclopedia of the English Language*, 2nd ed., Cambridge University Press, Cambridge.

Crystal, David. (2008) *Think on my Words: Exploring Shakespeare's Language*, Cambridge University Press, Cambridge.

Crystal, David (2010) *Evolving English: One Language, Many Voices: An Illustrated History of the English Language*, British Library, London.

Davis, Norman et al., eds. (1979) *A Chaucer Glossary*, Clarendon Press, Oxford.

Dehé, Nicole and Yordanka Kavalova (2007) *Parentheticals*, John Benjamins, Amsterdam/Philadelphia.

Delany, Paul (1967) "Constantinus Africanus and Chaucer's *Merchant's Tale*," *Philological Quarterly* 46, 560-566.

Denison, David (1998) "Syntax," *The Cambridge History of the English Language* Vol. IV 1776-1997, ed. by Suzanne Romaine, 92-329, Cambridge University Press, Cambridge.

Dixon, Robert M. W. (2005) *A Semantic Approach to English Grammar*, Oxford University Press, Oxford.

Finegan, Edward (2008) "English in North America," *A History of the English Language*, ed. by Richard Hogg and David Denison, 384-419, Cambridge University Press, Cambridge.

Fludernik, Monika (1995) "Middle English Þo and Other Narrative Discourse Markers," *Historical Pragmatics*, 359-392.

Francis, Gill (1986) *Anaphoric Nouns*, University of Birmingham, Birmingham.

Franz, Wilhelm (1939) *Die Sprache Shakespeares in Vers und Prosa*, 4th edn of *Shakespeare-Grammatik*, Niemeyer, Halle.［斎藤静・山口秀夫・太田朗（共訳改訂版）(1982)『シェークスピアの英語——詩と散文——』篠崎書林，東京．］

浮網茂信（2001）「シェイクスピアの三人称単数動詞語尾 -th/-s 再考——初期近代英語の社会言語学的イメージを求めて——」『菅野正彦教授退官記念独創と冒険——英語英文学論集』，273-284，英宝社，東京．

藤原保明（1990）『古英詩韻律研究』溪水社，広島．

Fukumoto, Hiroji (1993) "The Auxiliary *Do* in Ben Jonson's Plays—With Special Reference to Negative Declarative Sentences—,"『英語英文学研究』第 38 巻，31-43．

Fukumoto, Hiroji (1994) "Ben Jonson's Use of *eth* and *es* in Third Person Singular Present: A Stylistic Approach," *ERA* Vol. 12, No. 1, 17-37.

Fukumoto, Hiroji (2004) "*I say* as a Pragmatic Marker in Shakespeare,"『近代英語研究』第 20 号，33-53．

福元広二（2014）「初期近代英語期における仮定法の衰退と I think の文法化」『歴史語用論の世界』，29-46，ひつじ書房，東京．

Fukumoto, Hiroji (forthcoming) "A Pragmatic Study of Tag Questions in Shakespeare" 地村彰之先生退官記念論文集．

Fulk, Robert D. (1992) *A History of Old English Meter*, University of Pennsylvania Press, Philadelphia.
言語編集部（編）(2000)『月刊 言語』Vol. 29, No.8（2000年8月号），大修館書店，東京．
Givón and Lynne Yang (1994) "The Rise of the English GET-Passive," *Voice: Form and Function*, ed. by Barbara Fox and Paul J. Hopper, 119-149, John Benjamins, Amsterdam/Philadelphia.
Görlach, Manfred (1999) *English in Nineteenth-Century English*, Cambridge University Press, Cambridge.
橋本功（2005）『英語史入門』慶応義塾大学出版株式会社，東京．
林哲郎（1985^2 [1968]）『英語辞書の発達』開文社，東京．
原田慎一（2017）「中華系シンガポール人大学生の英語の実態」日本英語実用学会第42回大会．
Hilpert, Martin (2008) *Germanic Future Constructions*, John Benjamins, Amsterdam/New York.
Hindley, Alan et al., ed. (2000) *Old French-English Dictionary*, Cambridge University Press, Cambridge.
Hitchings, Henry (2011) *Language Wars: A History of Proper English*, Farrar, Straus and Giroux, New York.
平賀三郎（編）(2010)『ホームズなんでも辞典』青弓社，東京．
Hogg, Richard and David Denison, eds. (2006) *A History of the English Language*, Cambridge University Press, Cambridge.
本名信行（2003）『世界の英語を歩く』（集英社新書0217E）集英社，東京．
本名信行（2013）『国際言語としての英語：文化を越えた伝え合い』冨山房インターナショナル，東京．
Hope, Jonathan (2003) *Shakespeare's Grammar*, Thomson, London.
Hopper, Paul J. and Elizabeth Closs Traugott (2003) *Grammaticalization*, Cambridge University Press, Cambridge.
Horobin, Simon (2013) *Chaucer's Language*, 2nd edition, Red Globe Press, London.
堀田隆一（2011）『英語史で解きほぐす英語の誤解』中央大学出版部，八王子．
堀田隆一（2016）『英語の「何故？」に答える はじめての英語史』研究社，東京．
Huddleston, Rodney and Geoffrey K. Pullum, eds. (2002) *The Cambridge Grammar of the English Language*, Cambridge University Press, Cambridge.
市河三喜・松浪有（編注）(1987)『カンタベリー・テールズ』新訂版，研究社，東京．
石崎陽一（2014）「英語史の「なぜ？」に答える」『英語教育』9号号, 13-14.
Iyeiri, Yoko (2010) *Verbs of Implicit Negation and their Complements in the History of English*, John Benjamins, Amsterdam.
Iyeiri, Yoko (2014) "The Shift from *alway* to *always* in the History of English," *Stud-*

ies in Middle and Modern English: Historical Change, ed. by Yoko Iyeiri and Jennifer Smith, 29-47, Osaka Books, Suita.

Iyeiri, Yoko (2017) "Recent Changes in the Use of the Verb *forbid*," *Memoirs of the Faculty of Letters, Kyoto University* 56, 195-218.

Jespersen, Otto (1909-1949) *A Modern English Grammar on Historical Principles*, 7 vols, Munksgaard, Copenhagen.

Jespersen, Otto (1938) *Growth and Structure of the English Language*, 10th ed., Basil Blackwell, Oxford.

地村彰之 (2002)「チョーサーの英語における多元性」『中世ヨーロッパ文化における多元性』, 原野昇ほか, 溪水社, 広島.

Johnson, Keith (2013) *Shakespeare's English: A Practical Linguistic Guide*, Pearson, Harlow.

神山妙子 (編) (2008 [1989])『はじめて学ぶイギリス文学史』ミネルヴァ書房, 京都.

片見彰夫 (2006)「Thomas Malory のアーサー王物語群における談話標識」『埼玉学園大学紀要 経営学部篇』第6号, 203-215.

片見彰夫 (2014)「中世イングランド神秘主義者の散文における説得の技法」『歴史語用論の世界 文法化・待遇表現・発話行為』, 椎名美智・金水敏・高田博行 (編), 163-188, ひつじ書房, 東京.

河合祥一郎・小林章夫 (編) (2010)『シェイクスピアハンドブック』三省堂, 東京.

岸田隆之・早坂信・奥村直史 (2017 [2002])『歴史から読み解く英語の謎』教育出版, 東京.

衣笠忠司 (2014)『英語学習者のための Google・英辞郎検索術』(開拓社言語・文化選書 48), 開拓社, 東京.

小林永二 (1992)『英米語比較研究―擬古と革新の視点』泉屋書店, 大阪.

小林永二 (1993)『英語圏各国英語比較研究―『世界の英語』鳥瞰図』泉屋書店, 大阪.

Kurath, Hans et al., eds. (1952-2001) *Middle English Dictionary*, University of Michigan Press, Ann Arbor.

Mair, Christian (2006) *Twentieth-Century English: History, Variation, and Standardization*, Cambridge University Press, Cambridge.

Mair, Christian (2012) "From Opportunistic to Systematic Use of the Web as Corpus: *Do*-support with *got* (*to*) in Contemporary American English" *The Oxford Handbook of the History of English*, ed. by Terttu Nevalainen and Elizabeth Closs Traugott, 245-255, Oxford University Press, Oxford.

マルクヴァルト, ヘルタ (著), 下瀬三千郎 (訳・注) (1997)『古英語のケニング―古ゲルマン詩文体論への寄与』九州大学出版, 福岡.

桝井迪夫 (1976)『チョーサーの世界』岩波書店, 東京.

桝井迪夫 (訳) (1995)『完訳カンタベリー物語 (中)』岩波書店, 東京.

松浪有 (編) (1986)『英語史』大修館書店, 東京.

Millar, Robert McColl (2012) *English Historical Sociolinguistics*, Edinburgh University Press, Edinburgh.

Milroy, James and Lesley Milroy (1999³ [1985]) *Authority in Language*, Routledge, London.

三輪伸春 (2005)『シェイクスピアの文法と語彙——英語史で読むシェイクスピア』松柏社, 東京.

Molencki, Rafal (1999) *A History of English Counterfactuals*, Wydawnictwo Uniwersytetu Slaskiego, Katowice.

Momma, H. (1997) *The Composition of Old English Poetry*, Cambridge University Press, Cambridge.

Mondorf, Britta (2011) "Variation and Change in English Resultative Constructions," *Language Variation and Change* 22, 397–421.

Mustanoja, Tauno F. (1960) *A Middle English Syntax*, Société Néophilologique, Helsinki.

長瀬浩平 (2014)「なぜ仮定法では If he were … なんですか?」『英語教育』9 月号, 14–15.

中島文雄 (1979)『英語発達史 改訂版』岩波書店, 東京.

Nakamura, Fujio (2016) *Unveilling 'RARE' Usages in the History of English*, Eihōsha, Tokyo.

中尾俊夫 (1991)『英語史 II』第 6 版, 大修館書店, 東京.

中尾俊夫 (2003) (児馬修・寺島迪子 編)『変化する英語』ひつじ書房, 東京.

中尾佳行 (2004)『Chaucer の曖昧性の構造』松柏社, 東京.

中尾佳行 (2016)「Ambiguity in Language——詩人チョーサーから英語教育を見通す——」広島大学定年退職記念講演.

中尾祐治 (2005)『トマス・マロリーのアーサー王伝説: テキストと言語をめぐって』風媒社, 愛知.

Neidorf, Leonard (2014) *The Dating of Beowulf: A Reassessment*, D. S. Brewer, Cambridge.

Nevalainen, Terttu (1994) "Aspects of Adverbial Change in Early Modern English," *Studies in Early Modern English*, ed. by Dieter Kastovsky, 243–250, Mouton de Gruyter, Berlin.

Nevalainen, Terttu (2006a) *An Introduction to Early Modern English*, Edinburgh University Press, Edinburgh.

Nevalainen, Terttu (2006b) "Mapping Change in Tudor English," *The Oxford History of English*, ed. by Lynda Mugglestone, 178–211, Oxford University Press, Oxford.

Nevalainen, Terttu and Helena Raumolin-Brunberg (2003) *Historical Sociolinguisitcs*, Routledge, London.

Nevalainen, Terttu and Ingrid Tieken-Boon van Ostade (2006) "Standardisation," *A History of the English Language*, ed. by Richard Hogg and David Denison, 271-311, Cambridge University Press, Cambridge.

Nurmi, Arja (1999) *A Social History of Periphrastic* Do, Société Néophilologique, Helsinki.

小倉美知子 (2015)『変化に重点をおいた英語史』英宝社, 東京.

Ohno, Hideshi (1999) "Personal and Impersonal Uses of *Meten* and *Dremen* in Chaucer," *Hiroshima Studies in English Language and Literature* 43, 1-15.

大野英志 (2003)「チョーサーにおける語彙論的多元性――『心』に関する語彙に限定して――」『中世ヨーロッパと多文化共生』, 原野昇・水田英実・山代宏道・地村彰之・四反田想・大野英志 (共著), 43-70, 溪水社, 広島.

Ohno, Hideshi (2007) "Impersonal and Personal Uses of *Ouen* in Chaucer," *Language and Beyond: A Festschrift for Hiroshi Yonekura on the Occasion of His 65th Birthday*, ed. by Mayumi Sawada et al., 353-366, Eichosha, Tokyo.

Ohno, Hideshi (2013) "Variation in the Use of *Think* in *The Summoner's Tale*, Line 2204," *Chaucer's Language: Cognitive Perspectives*, ed. by Yoshiyuki Nakao and Yoko Iyeiri, 79-98, Osaka Books, Osaka.

Ohno, Hideshi (2015) "The Absolute Infinitive in Chaucer: With Special Reference to Parenthetical Use of *Seien*, *Speken*, and *Tellen*,"『倉敷芸術科学大学紀要』第20巻, 131-146.

大野英志 (2016)「*The Tale of Melibee の ouen* について」『言葉で広がる知性と感性の世界――英語・英語教育の新地平を探る――』, 柳瀬陽介・西原貴之 (編), 23-31, 溪水社, 広島.

大塚高信 (1976)『シェイクスピアの文法』研究社, 東京.

大山俊一 (註釈) (1987)『カンタベリー物語――プロローグ――』第21版, 篠崎書林, 東京.

小野捷・伊藤弘之 (1993)『近代英語の発達』英潮社, 東京.

Orchard, Andy (2003) A *Critical Companion to Beowulf*, D. S. Brewer, Cambridge.

Pakkala-Weckström, Mari (2001) "Prudence and the Power of Persuasion: Language and *Maistrie* in the *Tale of Melibee*," *The Chaucer Review* 35, 399-412.

Partridge, Astley C. (1969) *Tudor to Augustan English: A Study in Syntax and Style from Caxton to Johnson*, André Deutsch, London.

Phillipps, K. C. (1970) *Jane Austen's English*, André Deutsch Limited, London.

Phillipps, K. C. (1978) *The Language of Thackeray,* André Deutsch, London.

Phillipps, K. C. (1984) *Language and Class in Victorian England*, Blackwell, Oxford.

Potter, Simon (1975) *Changing English*, 2nd ed., André Deutsch, London.

Poutsma, Hendrik (1914-29) *A Grammar of Late Modern English*, Noodhoff, Groningen/Senjo Publishing Co., Tokyo.

Quirk, Randolph, Sidney Greenbaum, Geoffrey Leech and Jan Svartvik (1985) *A Comprehensive Grammar of the English Language*, Longman, London.

Roberts, Jane and Christian Kay, with Lynne Grundy (1995) *A Thesaurus of Old English*, 2 vols., King's College London, Centre for Late Antique and Medieval Studies, London.

Rosewarne, David (1994) "Estuary English: Tomorrow's RP?" *English Today* 37, Vol. 10, No. 1 (January 1994), 3-8.

Ross, Thomas W. (1972) *Chaucer's Bawdy*, E. P. Dutton, New York.

Rudanko, Juhani and Lea Ludodes (2005) *Complementation in British and American English*, University Press of America, Maryland.

Ruggiers, Paul G., ed. (1979) The Canterbury Tales*: A Facsimile and Transcription of the Hengwrt Manuscript with Variants from the Ellesmere Manuscript*, University of Oklahoma Press, Norman.

笹本長敬(訳)(2002)『カンタベリー物語(全訳)』英宝社,東京.

Scheler, M. (1982) *Shakespeares Englisch: Eine sprachwissenschftliche Einführung*, Erich Schmidt, Berlin. [岩崎春雄・宮下啓三(共訳)(1990)『シェイクスピアの英語——言葉から入るシェイクスピア——』英潮社新社,東京.]

Schmitt, Nobert and Richard Marsden (2006) *Why Is English Like That?—Historical Answers to Hard ELT Questions*, University of Michigan Press, Michigan.

Shea, Ammon (2014) *Bad English: A History of Linguistic Aggravation*, A Perigee Book, New York.

Sievers, Edward (1893) *Altgermanische Metrik*, Max Niemeyer, Halle.

Simpson, J. A. and E. S. C. Weiner, eds. (2009) *The Oxford English Dictionary*, 2nd ed., 20 vols., Clarendon Press, Oxford.

Sinclair, John, ed. (1990) *Collins Cobuild English Grammar*, Collins, London/Glasgow.

Sisam, Kenneth, ed. (2005) *A Middle English Reader and Vocabulary*, Dover Publication, Mineola.

Spevack, Marvin, ed. (1973) *The Harvard Concordance to Shakespeare*, Georg Olms, Hildesheim.

Stanley, E. G. (1966) *Continuations and Beginnings*, Nelson, London.

Sutherland, John (1999) Wilkie Collins *The Moonstone*, Oxford University Press, Oxford.

Suzuki, Hironori (2004) "On MV/VM Order in *Beowulf*," *New Perspectives on English Historical Linguistics: Selected Papers from 12 ICEHL, Glasgow, 21-36 August 2002*, ed. by Christian Kay, Simon Horobin and Jeremy Smith, 195-213, John Benjamins, Amsterdam/Philadelphia.

Suzuki, Hironori (2013) "Metrical Influences on Construction with Complex Predicates in Old English Hypermetric Verses," *Phases of the History of English: Selection of Papers Read at SHELL 2012*, ed. by Michio Hosaka, Michiko Ogura, Hironori Suzuki and Akinobu Tani, 241–257, Peter Lang, Frankfurt am Main.

高田博行・椎名美智・小野寺典子（編著）（2011）『歴史語用論入門――過去のコミュニケーションを復元する』（シリーズ・言語学フロンティア 03）大修館書店，東京．

田辺春美（2015）「Shakespeare の英語における 3 人称単数現在形語尾について――*Romeo and Juliet* の場合――」『成蹊英語英文学研究』第 19 号，49–67.

田辺春美（2017）「英語史は役に立つか？――英語教育における英語史の貢献――」『成蹊英語英文学研究』第 21 号，95–113.

田中春美・田中幸子（編著）（2012）『World Englishes：世界の英語への招待』昭和堂，京都．

Taylor, Estelle W. (1986) "Shakespeare's Use of *Eth* and *Es* Endings of Verbs in the First Folio," *A Reader in the Language of Shakespearean Drama*, ed. by Vivian Salmon and Edwina Burness, 349–369, John Benjamins, Amsterdam/Philadelphia.

寺澤盾（2002）「英語における迂言比較変化の発達：新たな文法形式の拡張と定着」『文法化――研究と課題』，秋元実治（編），121–138，英潮社，東京．

寺澤盾（2008）『英語の歴史――過去から未来への物語』中央公論新社，東京．

Terasawa, Jun (2011) *Old English Metre: An Introduction*, University of Toronto Press, Toronto.

寺澤盾（2013）『聖書でたどる英語の歴史』大修館書店，東京．

寺澤盾（2014）「変容する現代英語――英語史と英語教育の接点」『関東英文学研究』13 号，77–84.

寺澤芳雄（編集主幹）（1997）『英語語源辞典』研究社，東京．

寺澤芳雄（編）（2002）『英語要語辞典』研究社，東京．

寺澤芳雄（2004）『ことばの苑――英語の語源をたずねて』研究社，東京．

Tieken-Boon van Ostade, Ingrid (2006) "Eighteenth-Century Prescriptivism and the Norm of Correstness," *The Handbook of the History of English*, ed. by Ans van Kemenade and Bettelous Los, 539–557, Blackwell, Oxford.

Tieken-Boon van Ostade, Ingrid (2008) "Grammas, Grammarians and Grammar Writing: An Introduction," *Grammars, Grammarians and Grammar-Writing in Eighteenth-Century England*, ed. by Ingrid Tieken-Boon van Ostade, 1–14, Mouton de Gruyter, Berlin/New York.

Tieken-Boon van Ostade, Ingrid (2009) *An Introduction to Late Modern English*, Edinburgh University Press, Edingurgh.

Traugott, Elizabeth and Richard B. Dasher (2002) *Regularity in Semantic Change*, Cambridge University Press, Cambridge.

宇賀治正朋（2000）『英語史』（現代の英語学シリーズ 8）開拓社，東京．

Visser, F. Th. (1963–73) *An Historical Syntax of the English Language*, E. J. Bril,

Leiden.
Webster, Noah (1828) *The American Dictionary of the English Language*, New York
Winchester, Simon (1998) *The Professor and The Mad Man*, Harper Collins Publishers, New York.
Windeatt, Barry, tr. (1998) *Troilus and Criseyde*, Oxford University Press, Oxford.
Wright, Laura (2000) "Introduction," *The Development of Standard English, 1300-1800: Theories, Descriptions, Conflicts*, ed. by Laura Wright, 1-8, Cambridge University Press, Cambridge.
Wright, Susan (1994) "The Critic and the Grammarians: Joseph Addison and the Prescriptivists," *Towards a Standard English 1600-1800,* ed by Dieter Stein and Ingrid Tieken-Boon van Ostade, 243-284, Mouton de Gruyter, Berlin.
山本史歩子 (2017)「The *Female Spectator* の英語――関係代名詞を中心に――」近代英語協会『近代英語研究』第33号, 51-83.

索　引

1. 日本語は五十音順に並べてある．英語（で始まるもの）はアルファベット順で，最後に一括してある．
2. 固有名詞は日本語表記を中心とするが，必要に応じて英字表記も記載している．ページ番号は一括して同一箇所に記載する．
3. ～は直前の見出し語を代用し，数字はページ数を示す．

[あ行]

『アーサー王の死』(*Le Morte Darthur*)　64, 74
挨拶表現　152, 153
アディソン，ジョセフ (Joseph Addison)　167, 171-174, 183
アメリカ英語　17, 25, 74, 121, 129, 132, 183, 184, 206, 215, 221, 226, 227, 234, 246
アルフレッド大王　13, 33, 57, 163
アングル人　12
イギリス英語　16, 17, 25, 59, 121, 129, 132, 184, 206, 220, 229, 246
異分析　81
意味変化　19, 85, 218
インク壺語　111, 182
インスタント・メッセージ　223
インターネット　139, 211, 214, 215, 223, 224, 228, 238, 239
韻律　140, 144, 146, 149, 152, 154
韻律論　36
ヴァイキング（バイキング）　12, 18, 50, 57
ウィリアム1世　13
上からの変化　128, 130
ウェブスター，ノア (Noah Webster)　183, 184
迂言形　145, 188, 212-214
迂言的 do　65, 121, 122
ウムラウト（～複数）　23, 24, 70
英語教育　1-6, 8, 9, 13, 51, 169, 211, 231, 232, 234
英仏百年戦争　9, 63
エドワード懺悔王　57
オフィシャル・イングリッシュ　230, 231
音位転換　16, 51, 82, 85

[か行]

カクストン，ウィリアム (William Caxton)　59, 64, 65, 83, 163
河口域英語　211, 227
過去分詞　25, 26, 37, 44, 52, 72, 84, 122, 123, 125, 126, 167, 193, 212, 214, 215, 221, 241, 243
学校文法　1, 70, 166-168, 170, 172, 178
仮定法　3, 10, 28, 40, 49, 81, 102, 119-121, 151, 152, 176, 188, 200-202, 244
関係代名詞　10, 77, 80, 81, 113, 116-118, 170-175, 181, 243
完了形　65, 122, 123, 125, 165, 167, 215

263

規則変化動詞　25, 241
機能負担量　193
規範文法　10, 112, 128, 163-167, 171-174, 184, 216
規範文法家　165-167, 170, 179
脚韻（詩）　34, 50, 84, 94, 136-138, 157
逆成　66, 79
競合関係　128, 180, 191
強変化動詞　71, 72
強変化名詞　24
ギリシア語（ギリシャ語）　7, 24, 25, 50, 66, 134, 158, 164, 168, 182, 241
欽定訳聖書　160
クイーンズ・イングリッシュ協会　224
句前置詞動詞　180
屈折変化　9, 214, 215
句動詞　10, 180, 183, 208
繰り返し　34, 35, 91, 150, 229
グローバル化　10, 210, 211, 227-229, 231, 232
形容語句　35
敬称形　90, 91, 102
欠地王ジョン　58
ケニング　19, 35, 38, 46, 47, 53
ゲルマン民族の大移動　9, 12
現代英語　1, 2, 4, 7-10, 13-29, 37, 50, 52, 53, 56, 60, 64, 67-74, 78, 80, 81, 84-86, 91, 92, 107, 112-127, 129, 131-133, 140, 143, 145-153, 160, 164, 165, 169, 171-174, 176, 177, 179, 180, 184, 199, 202-204, 210-212, 214, 220, 224, 227, 234, 238, 241, 243-245
コーパス（corpus）　114, 167, 192, 201, 211-213, 215, 217, 220-222, 245
口蓋化　36, 39
後期近代英語（期）　10, 112, 126, 128, 164, 170, 174-176, 178-181, 184-186, 188, 204, 211, 246

向上（意味の～）　85
口承定型句理論　35
高等学校学習指導要領　56
公用語　10, 58, 87, 105, 227, 229, 230, 232
古英語（期）　3, 4, 6-30, 33-35, 37, 42, 50-53, 56, 60, 67, 70-74, 77, 78, 81, 82, 110, 113, 115, 116, 119, 120, 122, 123, 126-128, 134, 145, 150, 151, 163, 174, 184, 192, 210, 211, 214, 238, 241, 244
語形　9, 20, 67, 68, 70-73, 76, 84, 97, 122, 134, 243
語源的綴り字　111, 112
黒人英語　21
語順　37, 38, 50, 56, 69, 72, 73, 78, 121, 130, 131, 134, 145, 146, 216
語順の確立　69, 72, 73, 78, 244
語中音消失　84
コックニー　227
古ノルド語　18, 22, 33-35, 50, 57, 60, 76
語尾の水平化　69, 78
混種語　18

[さ行]

最上級　41, 73, 81, 106, 127, 128, 148, 149, 171, 172, 212-214, 243
サクソン人　9, 12, 78, 110, 111
三人称単数現在（三単現）　26, 28, 60, 61, 118, 119, 143
　～の -(e)s 語尾　27, 118, 119, 143-145
　～の -(e)th 語尾　10, 119, 143-145
視覚方言　223
下からの変化　130, 177
七王国　12, 13
『ジェームズ王聖書』　20, 26, 29
シェイクスピア，ウィリアム（William Shakespeare）　10, 20, 26, 28, 29, 50, 51, 71, 133-141, 143-154, 156-158, 176,

索　引

183, 239
弱変化動詞　71
弱変化名詞　24
借用（借入）　6, 17, 22, 24, 60, 65-67, 69, 78, 80, 110, 111, 121, 164, 182, 185, 207, 242-244
借用語（借入語）　2, 4, 6, 7, 9, 18, 24, 50, 65, 67-69, 86, 87, 90, 111, 182, 241, 242
写字生　30, 62, 98, 99
写本　18, 30, 36, 49, 62, 64, 65, 83, 97-102, 182
弱強5歩格　135, 136, 138, 146
ジャンヌダルク　63
ジュート人　12
受動態　2, 37, 106, 125, 126, 148, 176-178, 188, 198, 215, 222, 243
消極的丁寧さ　100
状態動詞　179, 196, 220, 222
初期近代英語(期)　9, 10, 64, 67, 110-134, 140, 151, 152, 156, 157, 166, 170, 173-176, 214, 245
助動詞 do　2, 10, 122, 130, 145, 146, 174
助動詞化　122, 178, 196
シンガポール標準英語　229
シングリッシュ　229
進行形（進行相）　2, 10, 126, 147, 148, 165, 176, 177, 188, 220-223, 233, 244
親称形　90, 91
スウィフト，ジョナサン（Jonathan Swift）　167, 171-174
スピーク・グッド・イングリッシュ運動　229
声門閉鎖音　227
接触節　80
接続法　81, 120
接頭辞　34, 44, 79, 82
ソーン　15
総合的言語　69

[た行]

大憲章　58
大母音推移　8, 10, 64, 112, 113, 132
多重比較　74
多重否定　10, 130, 131, 175, 181
堕落（意味の～）　85
弾音化　226
単純形副詞　128, 129
単純未来　179
単複同形名詞　23
談話標識　10, 75, 150-152, 212, 217
地域方言　84, 102, 223
中英語(期)　6, 8-10, 15, 17, 18, 21-24, 27, 28, 50, 51, 56, 58-60, 62, 66-82, 104, 107, 110-112, 114-132, 134, 135, 140, 143, 145, 151, 158, 163, 170, 173, 174, 178, 180, 184, 192, 201, 208, 210, 211, 214, 216, 219, 242-244
中学校学習指導要領　7, 56
中教審　232
チョーサー，ジェフリー（Geoffrey Chaucer）　9, 64, 83-87, 89-95, 97, 99, 100, 102, 104, 107, 135, 219, 239
直説法　26-28, 45, 60-62, 81, 118, 120, 151, 152, 202
デーン人　12, 13, 22, 31, 32, 38, 57
デーンロー　13, 57
丁寧さ　91, 100, 102, 114
定型表現　34, 85, 120, 124
頭韻　30, 34-36, 38, 42, 44, 50, 157
頭韻詩　30, 34, 35
トゥーボン法　228
トウェイン，マーク（Mark Twain）　15, 198
同音異義衝突　60
同化　24, 26, 85
動詞派生名詞　192, 193, 195

倒置　131, 132, 200, 201
動的動詞　179
どうでも主義　224
動名詞　123-126, 159, 179, 180
特殊化（意味の〜）　86
独立不定詞　84, 91, 92

[な行]

南部方言（アメリカの）　21
二項語　78
二重語　67
二重比較(級)　127, 128, 148, 149, 244
二重複数　51, 70
二人称代名詞　19-21, 80, 84, 90, 91, 101, 102, 113-115, 140, 141
二人称単数代名詞 thou　28, 90
ノリッジのジュリアン（Julian of Norwich）　75, 78
ノルマンディー公ウィリアム（ノルマンディーの公爵であったウィリアム）　13, 57
ノルマン征服（ノルマン人による征服）　9, 13, 29, 34, 57, 58, 67, 68, 75, 78, 86, 134

[は行]

『パストン家書簡集』(*The Paston Letters*)　63
発音綴り　79, 223
『ハリーポッター』　2, 156
バリエーション（ヴァリエーション）　34, 35, 40-42, 44, 62, 76, 79, 84, 104, 111, 133, 134, 140, 145, 152, 154
比較級　73, 106, 127, 128, 148, 149, 212-214, 243
ビクトリア朝小説　186, 204

否定辞　71, 174, 175
非人称構文　40, 72, 84, 94-102
比喩的プロセス　179
標準化　10, 22, 59, 62, 64, 112, 132, 163, 164, 174, 175, 182, 184, 244
風刺的滑稽譚　88
フォリオ　134, 135
　ファースト・〜　134, 135
　セカンド・〜　135
　サード・〜　135
　フォース・〜　135
不規則複数　24
不規則変化動詞　25, 72, 84, 241
副詞属格語尾　244
副詞の属格　129, 130
副詞的対格　74, 129
副詞的与格　129
輻輳性　68
不定冠詞　14, 76, 193
フランス借用語（〜借入語）　6, 18, 50, 87, 111, 243
フリジア人　12
プリストリー，ジョセフ（Joseph Priestley）　166-170
分析的言語　69
分離不定詞　219
文体的変化　211
文法化　150, 151, 196, 218
文法性（grammatical gender）　15
ヘースティングズの戦い　13, 57
変種　21, 26, 163, 164, 225-227, 229, 230
母音交替　25, 72
法助動詞　84, 100, 119, 120, 122, 169, 203
補文　123, 125, 188, 198, 199, 222

[ま行]

マリー，ジェイムズ（James A. H. Murray）

183, 184
マロリー，トマス（Thomas Malory） 9, 64, 74, 75, 107
ミニム 18
無韻詩 138
命令的仮定法 188, 201
黙字 18, 157
物語形式 74, 75

[や行]

夢 9, 94-97
容認発音 59, 181, 227, 234

[ら行]

ラウス，ロバート（Robert Lowth） 166-173, 175, 179, 180
ラテン語 6, 7, 24, 25, 34, 50, 58, 66, 67, 69, 73, 79, 83, 106, 111, 121, 134, 141, 158, 162, 164-166, 168, 169, 179, 182, 241-244
ルーン文字 15, 37
類推 26, 70, 71, 116, 129, 130, 153, 196
労働者階級 205, 227

[英語]

always 74, 129, 130
adversive passive 198
a 半行 34-36
be about to 196
be going to 10, 148, 178, 179, 195, 196, 222
be 動詞 28, 29, 65, 165
b 半行 34-36, 38

The Canterbury Tales (CT) 61, 83-93, 95, 97-99, 101-104
CEFR 232
Chancery English (Chancery Standard) 62, 64, 163, 164
courriel 228
Ellesmere (El) 写本 98, 100-102
Flap T 226
forbid 123-125
God forbid 124
good bye 153
good den 153
good even 153
good morrow 152, 153
help (helpe) 26, 44, 106, 123, 242
Hengwrt (Hg) 写本 98-102
hopefully 218, 219
I dare say 190, 191
I say 150, 151
I think 10, 150-152, 189, 190
i-ウムラウト 70
its 61, 115, 160, 170, 194, 238
The Oxford English Dictionary (OED, 『オックスフォード英語辞典』) 23, 51, 67, 68, 84-87, 92, 95, 97, 99, 150, 153, 183, 184, 191, 192, 196, 204, 213, 217, 218
Politically Correct 216, 234
Shakespeare 風ソネット 137
SNS 223
the which 77, 101, 107, 116, 117, 145, 170
thou 10, 20, 28, 65, 80, 90, 91, 113, 114, 122, 136, 140-143, 149, 151, 160, 245
US English 230, 231
Wordbanks 212-214, 218, 220-222

【執筆者紹介】（掲載順）

寺澤　盾（てらさわ・じゅん）
ブラウン大学大学院言語学科博士課程修了．Ph.D.　東京大学名誉教授．青山学院大学教授．主要業績：『英単語の世界——多義語と意味変化から見る』（中央公論新社，2016年），『聖書でたどる英語の歴史』（大修館書店，2013年），『英語の歴史——過去から未来への物語』（中央公論新社，2008年），など．

鈴木　敬了（すずき・ひろのり）
東北大学大学院情報科学研究科博士課程修了．博士（情報科学）．大東文化大学，同大学院研究科教授．主要業績：*Phases of the History of English: Selection of Papers Read at SHELL 2012*（共編著，Peter Lang, 2013），"Ordering Main and Modal Verbs in the Production of Old English Poetry"（*Language Change and Variation from Old English to Late Modern English: A Festschrift for Minoji Akimoto*, ed. by Merja Kyotö, John Schahill and Harumi Tanabe, Peter Lang, 2010），"On MV/VM order in *Beowulf*"（*New Perspectives on English Historical Linguistics: Selected Papers from 12 ICEHL, Glasgow, 21-36 August 2002*, ed. by Christian Kay, Simon Horobin, and Jeremy Smith, John Benjamins, 2004），など．

片見　彰夫（かたみ・あきお）
広島大学大学院文学研究科博士課程後期修了．博士（文学）．青山学院大学准教授．主要業績：「中英語散文における意思伝達の技法」（『中世英語英文学研究の多様性とその展望』，菊池清明・岡元広毅（編），春風社，2020年），"The Medieval Vision through 'Bodily' and 'Ghostly' in English Devotional Prose"（*The Pleasure of English Language and Literature*, 大野英志・水野和穂・今林修（編），渓水社，2018年），「中世イングランド神秘主義者の散文における説得の技法」（『歴史語用論の世界　文法化・待遇表現・発話行為』，椎名美智・金水敏・高田博行（編），ひつじ書房，2014年），など．

大野　英志（おおの・ひでし）
広島大学大学院文学研究科博士課程後期修了．博士（文学）．広島大学大学院教授．主要業績："On the Use of lief in Chaucer"（*The Pleasure of English Language and Literature*, Keisuisha, 2018），*Variation between Personal and Impersonal Constructions in Geoffrey Chaucer: A Stylistic Approach*（University Education Press, 2015），"Variation in the Use of Think in The Summoner's Tale, Line 2204"（*Chaucer's Language: Cognitive Perspectives*, Osaka Books, 2013），など．

家入　葉子（いえいり・ようこ）
セント・アンドルーズ大学博士課程修了．Ph.D.　京都大学大学院教授．主要業績：*Language Contact and Variation in the History of English*（共編著，開拓社，2017 年），『歴史社会言語学入門─社会から読み解くことばの移り変わり─』（共編著，大修館書店，2015 年），『ベーシック英語史』（ひつじ書房，2007 年），など．

福元　広二（ふくもと・ひろじ）
広島大学大学院文学研究科博士後期課程修了．博士（文学）．法政大学教授．主要業績：「初期近代英語期における付加疑問文について」（『言葉で広がる知性と感性の世界』，渓水社，2016 年），"Pronominal Variation and Grammaticalization of *look*-forms in Early Modern English"（*Language and Style in English Literature*，渓水社，2016 年），「初期近代英語期における仮定法の衰退と I think の文法化」（『歴史語用論の世界』，椎名美智・金水敏・高田博行（編），ひつじ書房，2014 年），など．

山本　史歩子（やまもと・しほこ）
青山学院大学大学院文学研究科英米文学専攻博士後期課程修了．博士（文学）．青山学院大学教育人間科学部教授．主要業績：「The *Female Spectator* の英語─関係代名詞を中心に─」（『近代英語研究』第 33 号，近代英語協会，2017 年），"The Comment Clause in the Spectator"（*Language Change and Variation from Old English to Late Modern English: A Festschrift for Minoji Akimoto*, ed. by Merja Kytö, John Scahill and Harumi Tanabe, Peter Lang, 2010），「後期近代英語における Comment clause」（『Comment Clause の史的研究─その機能と発達─』英潮社，2010 年），など．

秋元　実治（あきもと・みのじ）
東京大学大学院人文科学研究科博士課程満期退学．文学博士．青山学院大学名誉教授．主要業績：『Sherlock Holmes の英語』（開拓社，2017 年），"On the Development of Idiomatic Prepositional Phrases in Collocation with bring, put and set"（*English without Boundaries: Reading English from China to Canada*, ed. by Jane Roberts and Trudi L. Darby, Cambridge Scholar Publishing, 2017），『増補文法化とイディオム化』（ひつじ書房，2014 年），など．

川端　朋広（かわばた・ともひろ）
青山学院大学大学院文学研究科英米文学専攻博士後期課程満期退学．修士（文学）．愛知大学教授．主要業績："On the Rise of *but*-concessive Constructions: From the Viewpoint of Grammaticalization"（*Language Change and Variation from Old English to Late Modern English: A Festschrift for Minoji Akimoto*, ed. by Merja Kytö, John Scahill and Harumi Tanabe, Peter Lang, 2010），「副詞句（just）in case の発達─文法化の観点から─」（『近代英語研究』第 22 号，近代英語協会，2006 年），「英語における動詞派生接続詞の発達と文法化：Provided/providing の接続詞用法」（『文法化─研究と課題』，秋元実治（編），英潮社，2001 年），など．

英語教師のための英語史

編　者	片見彰夫・川端朋広・山本史歩子
発行者	武村哲司
印刷所	日之出印刷株式会社

2018 年 6 月 26 日　第 1 版第 1 刷発行Ⓒ
2023 年 5 月 10 日　　　第 2 刷発行

発行所	株式会社　開　拓　社	〒112-0013 東京都文京区音羽 1-22-16 電話　(03) 5395-7101　（代表） 振替　00160-8-39587 http://www.kaitakusha.co.jp

ISBN978-4-7589-2258-6　C3082

JCOPY ＜出版者著作権管理機構　委託出版物＞
本書の無断複製は，著作権法上での例外を除き禁じられています．複製される場合は，そのつど事前に，出版者著作権管理機構（電話 03-5244-5088, FAX 03-5244-5089, e-mail: info@jcopy.or.jp）の許諾を得てください．